Stephan Schaar

bedenken und bezeugen

Stephan Schaar

bedenken und bezeugen

Protestantische Predigten

Fromm Verlag

Impressum/Imprint (nur für Deutschland/ only for Germany)
Bibliografische Information der Deutschen Nationalbibliothek: Die Deutsche Nationalbibliothek verzeichnet diese Publikation in der Deutschen Nationalbibliografie; detaillierte bibliografische Daten sind im Internet über http://dnb.d-nb.de abrufbar.

Coverbild: www.ingimage.com

Contact:
International Book Market Service Ltd., 17 Rue Meldrum, Beau Bassin, 1713-01 Mauritius
Website: www.bookmarketservice.com
Email: info@bookmarketservice.com

Gedruckt in: USA, UK, Deutschland. Dieses Buch wurde nicht in Mauritius produziert.

Imprint (only for USA, GB)
Bibliographic information published by the Deutsche Nationalbibliothek: The Deutsche Nationalbibliothek lists this publication in the Deutsche Nationalbibliografie; detailed bibliographic data are available in the Internet at http://dnb.d-nb.de.

Cover image: www.ingimage.com

Contact:
International Book Market Service Ltd., 17 Rue Meldrum, Beau Bassin, 1713-01 Mauritius
Website: www.bookmarketservice.com
Email: info@bookmarketservice.com

Printed in: U.S.A., U.K., Germany. This book was not produced in Mauritius.

ISBN: 978-3-8416-0171-1

Inhaltsverzeichnis

INVOKAVIT, 21.2.2010, ÖKUMENISCHE KIRCHE IN PLAYA LAS AMERICAS, TENERIFFA

DIE LIEBE GOTTES, DIE GNADE UNSERES HERRN JESUS CHRISTUS UND DIE GEMEINSCHAFT DES HEILIGEN GEISTES SEI MIT UNS ALLEN! AMEN.

Liebe Schwestern und Brüder,

Sie haben es richtig schön hier unter der subtropischen Sonne Teneriffas!

Ich bin froh und dankbar, daß ich nicht zu jenen gehöre, die im Düstern sind - und damit meine ich jetzt nicht einfach den europäischen Winter.

Ich spreche vielmehr von Menschen, die meinen, daß die Sonne für sie nicht mehr scheinen wird, weil sie einen Familienangehörigen haben hergeben müssen, weil sie an einer schrecklichen Krankheit leiden oder arbeitslos sind und sich abgeschoben fühlen.

Ich bin - Gott sei Dank - keiner von jenen Menschen; doch wir alle wissen: jeder von uns könnte dazugehören, und vielleicht ***ist*** der eine oder die andere von Ihnen inmitten dieser faszinierenden Urlaubswelt ja auch auf manche Weise betroffen von Trauer, Schmerzen, Sorgen.

Wer in einer solchen Situation den Pfarrer aufsucht, erwartet eine Antwort auf die Frage, inwieweit der Glaube helfen kann, mit all dem Leid umzugehen, das man selbst erlebt oder an anderen wahrnimmt.

Der Dogmatiker würde sich womöglich mit dem Satz des Paulus begnügen: Wenn du mit deinem Munde bekennst, daß Jesus der Herr ist, und in deinem Herzen glaubst, daß ihn Gott von den Toten auferweckt hat, so wirst du gerettet.

Ein Seelsorger, der sich in sein Gegenüber einfühlt, sucht mit ihm nach einer Antwort auf die Frage, wie das überhaupt geht: Glauben. Hebräerbrief, Kapitel 11, Vers 1 klingt beinahe wie eine Definition:

DER GLAUBE IST EINE FESTE ZUVERSICHT AUF DAS, WAS MAN HOFFT, UND EIN NICHTZWEIFELN AN DEM, WAS MAN NICHT SIEHT.

Die kraftvolle Sprache Luthers ist manchem Zeitgenossen schwer zugänglich - da gilt es, sich im Zweifelsfall *gegen* die Wahrung der Tradition und *dafür* zu entscheiden, dieselbe Botschaft leichter verständlich zu sagen. Ich versuche es mit einer umschreibenden Übersetzung: GLAUBEN BEDEUTET: DAS, WAS WIR HOFFEN, IST **WIRKLICHKEIT**; DAS, WAS WIR NICHT SEHEN, BESTIMMT UNSER LEBEN.

Lassen Sie mich Ihnen die Geschichte weitererzählen von jenem Mann, der versehentlich in einem Tiefkühlwaggon eingeschlossen wurde, nachts auf dem Güterbahnhof, nach Feierabend: all sein Klopfen und Rufen blieb vergeblich - keiner hörte, niemand half.

Am nächsten Morgen wurde er tot aufgefunden. Er hatte noch, während er eines langsamen Todes starb, einen Brief geschrieben an seine Frau, in dem er sein allmähliches "Erfrieren" genau schilderte.

Erst, nachdem man dies gelesen hatte, wurde bemerkt, daß das Kühlaggregat in dieser Nacht *gar nicht eingeschaltet* war. - Der Mann kann also kaum erfroren sein! Und auch Erstickung kommt als Todesursache nicht in Betracht - es war genügend Sauerstoff im Wagen.

Nun fragen Sie sich sicherlich: "Woran ist er denn nun wirklich gestorben?"

Auf den Totenschein schrieb der Arzt “Herzversagen”, und das war es letzten Endes wohl auch. Aber was ist mit dieser Erkenntnis gewonnen? Ich würde sagen: Er starb an der Hoffnungslosigkeit seiner Lage. So sicher war er, daß er zum Sterben verurteilt war, daß er sich sogar einbildete, er könne die Symptome des Erfrierens an sich wahrnehmen.

Für ihn war nicht das **Erhoffte** Wirklichkeit, sondern das, was er *befürchtete*. Er ließ sich bestimmen von jener unsichtbaren Macht, die nach aller Erfahrung in einem Tiefkühlwaggon herrschen mußte; und natürlich war es darin nicht gemütlich.

Man könnte einwenden, daß es sich hier um eine außergewöhnliche Situation handelt. Das will ich nicht bestreiten. Doch habe ich schon viele Menschen getroffen, die nicht mehr leben *konnten,* weil sie den Glauben an eine gute Zukunft verloren hatten, die nicht mehr leben ***wollten***, weil ihnen alles genommen war, was ihnen im Leben lieb und wert gewesen ist.

Verstehen Sie mich recht: Ich rede nicht von Selbstmördern. Viele Menschen sterben, weil ihr Lebenswille sie nicht mehr trägt, gehen zugrunde an der Hoffnungslosigkeit ihrer Lage.

In einer Bewerbungssituation malt man sich schon mal aus, wie das wäre, dauerhaft hier zu wohnen, zu arbeiten, zu leben. Dabei ist das alles doch reine Zukunftsmusik!

Doch auch Sie haben gewiß schon ein paar Gedanken darauf verwendet, wie Sie den Sommer verbringen wollen, wann Sie ggf. wieder herkommen, was Sie in diesem Jahr zu Weihnachten unternehmen.

Wir machen - ohne uns dabei etwas Böses zu denken - Pläne für dieses Jahr, nächstes Jahr, wer weiß wie lange im voraus?! Als ob uns nichts dazwischenkommen könnte, sei es Krankheit, Unfall, was auch immer! Als ginge unser Leben weiter Tag für Tag, Jahr für Jahr, heute wie gestern, morgen wie heute...

Es mag Ihnen widerstreben, dies "Glaube" zu nennen, was doch nur *Gedankenlosigkeit* ist. Und doch lassen wir *unser Leben bestimmt sein* von Dingen, die wir nicht sehen; und das genau ist es, was der Hebräerbrief "Glaube" nennt.

Solange das Leben in gewohnten Bahnen verläuft, sind wir ebenso unbeirrbar davon überzeugt, daß wir weiter leben werden, wie umgekehrt der Mann im Kühlwagen an der Gewißheit starb, daß er *erfrieren müsse*. Wir haben für diese Zuversicht keinen anderen Grund als eben den Glauben selbst; es gibt keine Beweise, und normalerweise fragen wir auch nicht danach.

Wenn dann aber die Krise ausbricht und jemandem bewußt wird, daß jeder Tag seines Lebens der letzte sein könnte, dann klammern sich manche an das, was sie - gerade eben noch - besitzen. Denn schließlich: **wissen** können wir nicht, was uns danach erwartet.

Es gibt allerdings auch diejenigen, die loslassen und sich voller Vertrauen an **DEN** wenden, der uns dies Leben gab und jeden Tag neu schenkt.

Nicht, als ob uns mit der Not zugleich auch der Glaube gegeben würde. Nein, solcher Glaube kommt nicht von allein, ist weder durch irgendeinen Zufall noch aufgrund der Taufe plötzlich da. Er ist eine *Gabe Gottes* - wir können ihn nicht aus uns selbst hervorbringen, und wir können auch nicht davon ausgehen, daß er, einmal geschenkt, uns quasi *übereignet* wäre wie ein Ding, über das wir nach eigenem Ermessen verfügen können.

Nein, Schwestern und Brüder: Glaube ist ein Ereignis, und *daß* er sich ereignet, kann immer wieder nur erbeten sein!

Wir wissen: das kann dauern, das kann uns qualvolle Durststrecken des Zweifelns kosten, die manchmal die Geduld überstrapazieren und einen Menschen an den Rand der *Ver*zweiflung bringen.

Noch eines: Ich fragte ja nach **dem** Glauben. Den gibt es so aber gar nicht - trotz aller inhaltlichen und strukturellen Beschreibungen, die man geben kann. Denn *der* Glaube ist immer jeweils *mein* Glaube oder *dein* Glaube. Damit ist dieses Phänomen GLAUBE eben jenen Schwankungen und Anfechtungen unterworfen, die das Auf und Ab unseres Lebens mit sich bringt.

Ich spitze es noch ein wenig weiter zu: Letzten Endes ist der Glaube nichts als die Sehnsucht nach Gott. Aber ich denke, gerade darin besteht zugleich seine Stärke, seine Kraft: er hofft und vertraut auf die Hilfe dessen, *der Himmel und Erde gemacht hat*.

Wenn Glauben also heißt, daß ich mit leeren Händen vor Gott trete, dann kommt es darauf an, ob wir es aushalten, mit leeren Händen durch's Leben zu gehen; oder ob wir bemüht sind, sie schnell zu füllen - sich an ***irgend etwas*** zu klammern -, um nur ja nicht leer auszugehen. Manch Zeitgenosse zieht es vor, die Sterne zu befragen oder Karten zu legen, wenn er wissen will, was ihm die Zukunft bringt, statt Gottes Wort zu hören und mit ihm zu reden.

Und eben hier, liebe Gemeinde, fällt die Entscheidung, ob wir uns Illusionen verschreiben oder ob unsere Hoffnungen begründet sind - ihren Grund haben in der **Wirklichkeit Gottes**.

Wir haben gehört, Glauben bedeute, *sein Leben bestimmt sein zu lassen von Dingen, die man nicht sieht.* Damit ist aber nicht menschliche Schwärmerei und Utopie gemeint, die sich über die Wirklichkeit durch Wunschvorstellungen hinwegtäuscht. Sondern: **daß wir, statt ganz der sichtbaren Wirklichkeit verhaftet zu sein, frei sind für die Zukunft, die Gott uns eröffnen will.**

Wir haben gelesen, Glauben bedeute, daß *das Erhoffte* ***Wirklichkeit*** sei. Das bedeutet nicht, ein Glaubender lebe in der Erwartung, daß alle Wünsche wahr werden. Vielmehr: **wer glaubt, vertraut auf Gottes Treue, verläßt sich darauf, daß ER seine Verheißungen erfüllt.**

Der Hebräerbrief hüllt uns in eine *Wolke von Zeugen* für solchen Glauben, erzählt von Menschen, die auf das Versprechen Gottes hin lebten, alle anderen Möglichkeiten ausschlugen und sich auf den Weg machten ins Ungewisse.

Der Glaube war ihnen nicht **eine** Möglichkeit von vielen, nicht Überzeugung und nicht Gefühlsrausch, sondern erfüllte ihr ganzes Wesen, bestimmte ihr Denken und Fühlen und Tun:

Abraham und Sarah, heimatlos, alt und ohne Kinder, hielten sich an Gottes Segenswort: *Ihr werdet ein Volk sein so zahlreich wie der Sand am Meer.*

Mose machte sich mit Gott auf den Weg in das verheißene Land, *wo Milch und Honig fließen,* und wurde nicht irre am murrenden Volk in der Wüste.

Und auch **Jesus** hörte und gehorchte dem Anruf Gottes und folgte bis zum Ende in der Erwartung, daß Gott zu seinem Wort steht.

Allerdings war dieses Ende vordergründig *kein* HAPPY END: *Mein Gott, mein Gott, warum hast du mich verlassen?* - bis hin zu **dieser** Frage, am Kreuz von Golgatha gestellt, treibt der Glaube, bis zur Preisgabe der letzten Gewißheit, bis dahin, daß nur noch die **Frage nach Gott** übrig bleibt, sich leere Hände hilfesuchend an ihn wenden.

- Doch dies nicht vergebens!

Denn ER versagt seine Hilfe nicht! Gott ist treu, über den Tiefpunkt menschlicher Existenz hinaus; ER führt *aus* dem Tode *in ein neues Leben*.

Die Jünger Jesu haben das erfahren, allem Augenschein zum Trotz. Sie waren am Ende - aber Gott war nicht am Ende mit ihnen! Sie erlebten das Wunder der Wende zum Leben. Sie gaben nicht auf, weil sie nicht aufgegeben waren.

Liebe Geschwister! So mancher lebt im Gefängnis seiner Angst wie unser Mann im Kühlwaggon, dessen Geschichte zwar literarisch ist, aber deswegen ja nicht weniger wahr.

Hinzu kommt, daß, wer Augen hat zu sehen, sich umgeben sieht von Ungerechtigkeit, Unfriede, Zerstörung der Schöpfung.

Aber trotz alledem legen Christen nicht resigniert die Hände in den Schoß, und wir leben nicht nach der Devise: "Laßt uns essen und trinken, denn morgen sind wir tot!"

Wenn ich Menschen begegne, die in ihrer Trauer und Verzweiflung am liebsten sterben möchten und wir dann miteinander reden und gemeinsam beten, daß Gott sein Antlitz nicht für immer verbergen soll, dann geschieht es - nicht immer und nicht von allein, aber dieses Wunder ereignet sich tatsächlich -, daß sie allmählich wieder Lebensmut fassen und sogar wieder lernen, jeden neuen Tag als Gottes ***Gabe*** *und* ***Aufgabe*** anzunehmen.

Der Glaube nimmt nicht einfach hin, daß diese Welt so bleibt, wie sie ist. Der Glaube erwartet die **neue Welt Gottes**, geht ihr entgegen - ohne sie schon zu sehen, im Vertrauen darauf, daß sie **WIRKLICHKEIT** geworden ist in Jesus Christus, unserm Herrn.

AMEN.

. . . .

Die Predigt über Hebr. 11, 1 geht im Kern auf eine Ausarbeitung zum 2. Theologischen Examen 1990 zurück und wurde von mir bereits mehrmals bearbeitet und einer je neuen Gemeinde zu Gehör gebracht.

Pfingsten 2008, Ev. Kirche Schönow-Buschgraben

Gott, die Quelle aller Hoffnung, erfülle euch in euerem Vertrauen mit aller Freude und Frieden, daß ihr von Hoffnung überfließt durch das Wirken der heiligen Geistkraft. AMEN.

Als der 50. Tag, der Tag des Wochenfestes, gekommen war, waren sie alle beisammen. Da kam plötzlich vom Himmel her ein Tosen wie von einem Wind, der heftig daher fährt, und erfüllte das ganze Haus, in dem sie sich aufhielten. Es erschienen ihnen Zungen wie von Feuer, die sich zerteilten, und auf jede und jeden von ihnen ließ sich eine nieder. Da wurden sie alle von heiliger Geistkraft erfüllt und begannen, in anderen Sprachen zu reden; wie die Geistkraft es ihnen eingab, redeten sie frei heraus.

So beginnt, liebe Gemeinde, die uns geläufige Erzählung vom Pfingsttag, den man die Geburtsstunde der christlichen Kirche genannt hat.

Plötzlich war das Feuer der Leidenschaft entfacht, das Licht der Erkenntnis leuchtete im Nu auf bei denen, die wenig mehr gemein hatten als ihre Tradition, die sie nach Jerusalem, zum Tempel, zur Feier von Schawu-ot geführt hatte, 7 Wochen nach Passa.

Am Anfang also der Geist, die Begeisterung - jüdische Pilger waren mit einem Mal "Feuer und Flamme" für den Messias, angefeuert von Gott, wenn man so will, zu Zeugnis und Dienst.

- Was ist das für ein Geist, der Menschen einander verstehen läßt, obwohl sie aus entlegenen Winkeln der Welt zusammenströmen, verschiedene Sprachen sprechen?

- Was ist das für ein Geist, der Menschen hinreißt zu Visionen von einer gerechten Welt, Frieden, Versöhnung und Freude?

Manche Theologen betonen, daß der Pfingstbericht ja keine historische Aufzeichnung ist, sondern die Schilderung einer großartigen Vision.

Zweifellos reden wir von einer historischen Tatsache, wenn wir die Ereignisse vom 10. Mai 1933 in den Blick nehmen. Und zugleich doch auch von einer Vision - wenngleich, wie ich einmal unterstellen möchte, nicht von unserer:

- Da war die Vision von einem Deutschland, das die als Schmach empfundene Niederlage im 1. Weltkrieg vergessen macht mit neuer nationaler Größe.

- Da war die Vision von einem Volk, das sich auf seine Wurzeln und Ideale besinnt und eben daraus neue Kraft schöpft und Selbstachtung gewinnt.

Dagegen wäre erst einmal wenig zu sagen, wenn nicht von vornherein Selbstübersteigerung einhergegangen wäre mit der Geringschätzung und willkürlicher Ausgrenzung anderer.

Die Vision der Nationalsozialisten bestand aus einer holzschnittartigen Neubestimmung dessen, was als deutsch zu gelten hatte und was nicht: Weder "jüdisch" noch "demokratisch", weder "sozialistisch" oder gar "kommunistisch" noch "modern" hatte darin Platz. Pazifismus wurde als Defätismus diskreditiert, Kunst war entweder "völkisch" oder "entartet". Das Streben nach Emanzipation oder sexuelle Selbstbestimmung galt als dekadent, als gefährlich, als auszumerzen. Der Kälte der Aufklärung setzte man die Wärme der Romantik entgegen.

Gerade junge Menschen ließen sich für das Programm begeistern, daß jetzt Schluß sein sollte mit dem Relativismus, daß wieder eine klare Linie vorgegeben wurde - freilich nur dann, wenn sie nicht zu den Marginalisierten gehörten; fairerweise sei hinzugefügt, daß auch unter denen, die mühelos im Strom der neuen Zeit hätten schwimmen können, nicht nur Jasager und Mitläufer waren - die konsequentesten unter ihnen wurden selbst zu Opfern.

Und wieder: Am Anfang Begeisterung, ein neuer Geist - und Flammen: Fackelzüge am 30. Januar, der brennende Reichstag am 27. Februar und schließlich - nach Wochen sorgfältigster Vorbereitungen - am 10. Mai Scheiterhaufen des Geistes, denen erst brennende Synagogen und später dann millionenfach verbrannte Leichen ermordeter Juden folgen sollten.

Ich sage ganz bewußt "Scheiterhaufen", denn man hat ja nicht einfach nur Papier den Flammen übergeben, sondern die darauf festgehaltenen Ideen gebrandmarkt und in Rauch aufgehen lassen. Dafür gab es ja in der Geschichte genügend traurige Beispiele - brennende Schriften, als Ketzer und Hexen verbrannte Menschen.

Inquisition - erdacht, um die rechte Lehre zu bewahren, vor Verfälschung zu schützen - wurde zur Waffe gegen eben den Geist, auf den sie sich berief. Die meisten hielten das, was sie taten, für notwendig und richtig. Es sind immer die Bösen, die in den Flammen der Hölle braten müssen, man selbst hantiert vermeintlich mit dem Licht der Wahrheit.

Wie konnte der Geist so pervertieren, liebe Geschwister?

Was ist geschehen auf dem Weg von Pfingsten zu den Autodafés in der Geschichte des Christentums?

Nur wenn wir eine Antwort finden auf diese Fragen - und diese Antwort dann auch leben -, wird das Gedenken an frühere Taten und Untaten uns davon befreien, die Fehler von einst wiederholen zu müssen.

Ich kann hier natürlich nur Andeutungen machen - aber wir haben ja nachher Gelegenheit, im Gespräch das eine oder andere zu entfalten:

Zunächst einmal halte ich es für wichtig zu betonen, daß der Geist Gottes von Menschen Besitz ergreift - nicht umgekehrt! Gegen die Tendenz, diesen - wie man unseligerweise sagt - "Geistbesitz" als persönliches Eigentum zu reklamieren und im Rangstreit als Waffe oder wenigstens Argument zur Behauptung gegenüber anderen einzusetzen, gilt es zu sehen und einzusehen: Wo der Geist Gottes wirkt, da nimmt er Menschen in Dienst, Gott selbst ist frei, seinen Geist walten zu lassen, wann und wo immer er will.

Doch wie will man beurteilen, ob jemand Gottes Werkzeug oder ein Manipulator ist, der nur sich selbst zu verwirklichen trachtet?

Schon Paulus hatte sich auseinanderzusetzen mit jenen Egoisten, die im religiösen Rausch schwelgen wollten, ohne mit anderen zu teilen, denen es genug war - ja als unübertrefflich galt -, in Zungen zu reden. Das ging so weit, daß man die Trance höher achtete als das Bekenntnis zu Jesus Christus, dem gekreuzigten und auferstandenen Herrn der Kirche.

Eben das, so der Apostel, ist ausgeschlossen. Es gibt Kriterien, die Bibel ist voll davon - denn wo der Geist Gottes ist, da sind Frieden und Freude und Gemeinschaft, da sind Glaube und Gehorsam, da ist Bekenntnis in Wort und Tat. Wo der Geist Gottes ist, ist Leben.

Die Menschen, die das Pfingstereignis miterleben durften, haben das gemäß Apostelgeschichte gespürt - und waren begeistert in jenem schöpferischen, positiven Sinn, wie wir das zu recht üblicherweise ausdrücken.

Was aber haben jene Menschen erlebt, denen man z.B. die Bibel in Muttersprache wegnahm und ins Feuer warf? Oder was haben Muslime, Juden und Christen in Spanien erlebt, als das Christentum triumphierte nach Jahrhunderten friedlicher Koexistenz und Toleranz unter muslimischer Herrschaft, in denen Wissenschaft und Kunst blühten wie seitdem nicht mehr?

Sie erlebten jeweils eine Organisation, die sich Autorität von Gott anmaßte, um damit eben jenes Leben, jene Freude und Gemeinschaft zu zerstören, die sie eigentlich hätten ausbreiten sollen. Angst und Intoleranz waren die Folge, eine Abwendung von einem aufrechten Glauben und ein allein auf Äußerlichkeiten schielender Fundamentalismus die Nachwirkungen, mit denen wir uns heute auseinanderzusetzen haben.

Nichts gegen ein Ringen - auch ein eifriges Ringen - um Wahrheit! Bekenntnis geht immer auch mit Verwerfungen einher.

Aber gilt nun Wer nicht für mich ist, der ist wider mich oder gilt Wer nicht wider uns ist, der ist für uns?

Gewiß, wir sind der Welt ein Zeugnis schuldig. Aber dieses Zeugnis lautet nicht: Wir sind im Besitz der alleinigen Wahrheit. Sondern: Gott allein weiß, wie es in uns aussieht, Gott allein ist wahrhaftig, gerecht und gut. Wir können das niemals sein.

Das einzusehen, ist eine Frucht des Geistes Gottes. Der macht nämlich das Wunder möglich, daß Menschen sich ändern, daß z.B. aus engstirnigen Rechthabern geduldige Gesprächspartner werden, die darauf vertrauen, daß Gott sein Werk vollbringt, die deswegen auch nicht mit Feuer und Schwert missionieren müssen, sondern ebenso freundlich und beharrlich wie demütig darüber Rechenschaft geben, welches die Hoffnung ist, die sie erfüllt.

Menschen annehmen, wie sie sind - das ist Toleranz, das ist, was wir lernen müssen, wenn nicht wieder erst Bücher und dann Menschen verbrennen sollen.

Menschen annehmen, wie sie sind - und nicht so, wie man sie am liebsten haben möchte - das vermag Gott, weil er uns liebt.

Und eben durch diese Liebe bewirkt Gott, daß Menschen nicht bleiben, wie sie waren, sondern sich verändern, sich öffnen, zu leben beginnen.

Gebe Gott an diesem Pfingstfest, daß wir es spüren dürfen - den Geist, der lebendig macht in Glaube, Hoffnung und Liebe!

AMEN.

2. SONNTAG NACH WEIHNACHTEN, 3.1.2010, EV. KIRCHE SCHÖNOW-BUSCHGRABEN

GNADE SEI MIT EUCH UND FRIEDE VON GOTT, UNSERM VATER, UND DEM HERRN JESUS CHRISTUS! AMEN.

Liebe Schwestern und Brüder,

am Anfang war das - "am", nicht wahr? - Mit dem *Anfang* sollte etwas beginnen, nicht mit etwas Beliebigem.

Ich habe Sie nicht mit einem "Amen" begrüßt, und unser Gottesdienst endet aus gutem Grund mit der Bitte um den Segen.

Eine Gottesdienstordnung ist nichts Heilsnotwendiges, aber durchaus sinnvoll, da wir ja nicht jeder für sich, sondern als versammelte Gemeinde feiern, daß Gott uns dient.

Es ist jetzt fast genau 10 Jahre her, daß in der EKD das "Evangelische Gottesdienstbuch" feierlich in Gebrauch genommen wurde. Seit Ostern 2000 gibt es für die deutschsprachigen evangelischen Gemeinden einen festen Orientierungsrahmen zur Gestaltung von Gottesdiensten. Darin finden sich auf annähernd 700 Seiten nicht nur viele interessante Texte, sondern auch unterschiedliche Gottesdienstmodelle, die allesamt offen für gemeinschaftliche Gestaltung sind, weil im Hintergrund die Überzeugung steht, daß Lebendigkeit von der *Variation im Detail* lebt, während die ebenfalls wichtige Beständigkeit darauf angewiesen ist, daß *Strukturen wiedererkennbar* sind.

Ich war damals sehr erleichtert, daß es in der so konservativen Gemeinde Perleberg aufgrund einer intensiven Auseinandersetzung mit der Theologie des Gottesdienstes gelang, unter anderem von der (leider noch heute mancherorts anzutreffenden) Unsitte abzukommen, gleich nach der Begrüßung die Abkündigungen zu verlesen, die uns gedanklich bereits in die kommende Woche geleiten.

Als ich vor 7 Jahren in unsere Gemeinde kam, fielen mir gleich ein paar Dinge auf, die anders waren, als ich es sonst je erlebt hatte. Zum Thema "Glaubensbekenntnis" - und ob man dazu aufstehen muß - wie auch zum Thema "Evangelium" (und ob man nicht eher hierfür sich erheben sollte) kommen wir noch im Verlaufe des Monats Januar. Heute soll es um die Begrüßung gehen - oder vielleicht zutreffender formuliert: Um die Eröffnung des Gottesdienstes.

Bis mein Kollege mit denselben Fragen wie ich auf die hier übliche Praxis reagierte und wir daraufhin mit einer behutsamen Veränderung begannen, wurden in Schönow-Buschgraben die Gottesdienste mit einer Formel eröffnet, die zwar ebenso schön wie ökumenisch ist, dafür aber ohne erkennbaren Grund aus dem Rahmen evangelischer Gottesdienste fällt; darüber hinaus eröffne ich mit diesem Vers aus dem zweiten Korintherbrief besonders gern die Predigt - schließlich ist er allgemein als Kanzelgruß bekannt und beliebt.

Warum sollten wir unsere gottesdienstlichen Zusammenkünfte im Namen des Vaters und des Sohnes und des Heiligen Geistes eröffnen, liebe Gemeinde? Weil es beim Propheten Joel - und ähnlich öfter - heißt: Jeder, der den Namen des HERRN anruft, wird gerettet, denn auf dem Berg Zion und in Jerusalem wird Rettung sein, wie der HERR es gesagt hat, und bei den Entronnenen, die der HERR ruft?

Ein solches Vorgehen würde einem Gottesdienstverständnis folgen, das in der kommunikativen Interaktion mit Gott so etwas wie ein wechselseitiges Geben und Nehmen zum beiderseitigen Vorteil sieht - "do ut des", wie die Lateiner unter Ihnen sagen: Ich preise Gott, und *zur Belohnung für meine fromme Tat* wird er mir Wohlergehen bescheren.

Ich vermute, daß nicht nur außerchristliche Religionen sehr häufig dieser Vorstellung verhaftet sind, ich bin überzeugt, daß weite Teile der Christenheit - ohne sich etwas Arges dabei zu denken - gedanklich ebenfalls von einem derartigen Tauschgeschäft ausgehen.

Nur sagte ich ja bereits, daß wir zusammenkommen, um zu **feiern**, **daß Gott uns dient**. Nicht ***wir*** dienen GOTT - das können wir gar nicht -, sondern wir *reagieren* auf all das, was **er uns zugut bereits getan hat** und täglich neu uns an Gutem zuwendet: agimus quia factum est.

Wer - und sei es in bester Absicht - den Höchsten anruft in der Annahme, dieses Tun sichere ihm göttliches Eingreifen zu seinen Gunsten, der lasse sich doch bitte daran erinnern, daß Jesus in der Bergpredigt gewarnt hat: Nicht jeder, der zu mir sagt: Herr, Herr!, wird ins Himmelreich hineinkommen, sondern wer den Willen meines Vaters im Himmel tut. Aber das betrifft, recht verstanden, jenen anderen Gottesdienst, den vernunftgeleiteten, alltäglichen, von dem Paulus im Römerbrief geschrieben hat.

Bleiben wir jetzt lieber bei jenem Geschehen, das nach evangelischem Verständnis stets ein gemeinsames und gemeinschaftlichen Tun ist und deshalb auch von allen Beteiligten bedacht werden sollte: der Versammlung unter Gottes Wort, das Singen und Beten und Bekennen.

Wenn man zu Beginn einer Veranstaltung sagt, in wessen Namen hier gehandelt wird, dann erinnert das unter Umständen an eine Gerichtverhandlung, wo ja auch vor der Urteilsverkündung auf die Grundlage verwiesen wird, auf der das Folgende fußt: "Im Namen des Volkes" ergeht folgendes Urteil, wie zuvor schon "im Namen des Gesetzes" der Delinquent verhaftet worden war.

Geht es bei der Eröffnungsformel unserer Gottesdienste also um so etwas wie eine Bekräftigung der Legitimation für jene heiligen Handlungen, die im weiteren Verlauf zu erwarten sind? - Bei Taufen muß ein solcher Eindruck entstehen, zumindest wenn die ansonsten von mir so geschätzte Gute-Nachricht-Übersetzung für die Einsetzungsworte herangezogen wird. Denn da wird das BAPTIZEIN EIS TO ÓNOMA wiedergegeben mit "taufen im Namen", vielleicht weil man meinte, niemandem zumuten zu dürfen, wie es wörtlich hieße, nämlich: taufen in den Namen.

Wenn ich - was in zwei Wochen wieder der Fall sein wird - die Freude habe, jemanden zu taufen, dann muß ich weder mir noch der Gemeinde Rechenschaft ablegen darüber, daß ich dazu berechtigt bin - Sie wissen ja, daß ich ordnungsgemäß zu meinem Dienst berufen wurde -, das Verlesen der Einsetzungsworte dient vielmehr dazu, uns an die Verantwortung dafür zu erinnern, daß die Gute Nachricht von der Liebe Gottes weitergegeben wird: alle Welt soll erfahren, was Jesus uns in Worten und Taten gelehrt hat. Und jemand, der vorher fern war, soll *eingetaucht* werden in den Machtbereich Gottes, der Name Gottes wird ausgerufen über ihm oder ihr: "Ich habe dich bei deinem Namen gerufen - du bist mein", spricht der Herr.

Es geht also - ich hoffe, Sie haben das heraushören können! - nicht um unsere Vollmacht, unsere Befugnis, unsere Legitimation zum Predigen, Taufen und Kommunizieren.

Es geht - ganz im Gegenteil - um **Gottes Machtanspruch**, der sich gewiß auf die ganze Welt bezieht - weswegen wir ja auch nicht versäumen hinzuzufügen, daß er es ist, der Himmel und Erde gemacht hat.

Übrigens wird hier von etlichen Liturgen der Fehler gemacht - zumindest wurden wir in der Ausbildung vor eben jenem Tun als Fehler gewarnt -, den Satz so zu betonen, als gebe es neben unserem Herrn noch irgendwelche andere, so daß man also sagt: “Unsere Hilfe steht im Namen ***des*** Herrn,...” Es gibt aber nur diesen einen Herrn, und der hat Himmel und Erde gemacht - egal, was die Völker sagen. Daher muß es (so lernten wir es an der Kirchlichen Hochschule) ganz schlicht heißen: “Unsere Hilfe kommt von dem Herrn,...”

Als erstes gilt es zu betonen, daß wir hier versammelt sind gemäß seiner Weisung und seiner Verheißung, daß er mitten unter uns sein will, wo sich zumindest zwei oder drei im Namen des Herrn versammeln.

Die sogenannte “trinitarische Formel” wegzulassen, war meines Erachtens eine schwerwiegende Entscheidung der in Fusion begriffenen Gemeinden Schönow und Buschgraben.

Daß es nicht etwa inhaltlich um etwas ganz anderes ginge, geht aus der Nähe der offiziell noch immer in Geltung befindlichen Formel hervor, die ja den Vater, den Sohn und den Heiligen Geist ausdrücklich benennt.

Gleichwohl gewinne ich den Eindruck, daß, wohl in dem Bemühen, etwas gemeinsames Neues zu schaffen, nicht nur der Sprachduktus verändert wurde: ein Gruß tritt an die Stelle, die zuvor der Selbstvergewisserung ebenso diente wie sie das gottesdienstliche Geschehen in der Andréezeile verband mit unseren Schwestergemeinden nicht nur im Kirchenkreis, nicht nur in unserer Landeskirche, sondern weitestgehend mit allen evangelischen Gemeinden deutscher Sprache. - War das ein guter Tausch?

Ich füge noch ein Argument für die Rückbesinnung auf die vormalige Tradition hinzu. Beim Propheten Jesaja heißt es - und im Römerbrief wird es später aufgegriffen: Ich ließ mich suchen von denen, die nicht nach mir fragten, ich ließ mich finden von denen, die mich nicht suchten. Zu einem Volk, das meinen Namen nicht anrief, sagte ich: Hier bin ich, hier bin ich! Und weiter: Und es soll geschehen: ehe sie rufen, will ich antworten; wenn sie noch reden, will ich hören.

Wenn es uns darum geht, eine Traditionslinie zu ziehen, Verbindungen sichtbar zu machen, dann bitte nicht nur bis hinüber in die Straße “Heimat” zu den Ottonen, sondern - wenn irgend möglich - bis zurück zur Hebräischen Bibel!

WIR sind ja *die, die vormals nicht gekannt und nicht gerufen haben*, nun aber - um Christi willen - hineingenommen sind in Gottes Bund, hinzugezählt zu jenen, über denen sein Name ausgerufen ist als Zuspruch und Anspruch auf unser ganzes Leben!

Daran erinnert Gottesdienst. Nicht nur, aber auch und vor allem.

Vor allem anderen benennen und bekennen wir, “wes Geistes Kinder” wir sind, was uns hierher zusammengeführt hat: “Wir sind zusammengekommen im Namen des Vaters und des Sohnes und des Heiligen Geistes.”

Wir sind nicht in eigener Sache hier - obwohl es zu unserer ureigenen Sache wird, dadurch daß Gott uns angesprochen, seinen Namen über uns ausgerufen und uns damit in Dienst genommen hat, eben diesen Namen zu preisen und aller Welt zu verkündigen.

"Gott loben, das ist unser Amt", heißt es im Lied zu Psalm 100. Um nicht weniger und nicht mehr geht es, wenn wir zusammenkommen im Namen des dreieinigen Gottes, um zu feiern, daß er uns hört, noch ehe wir rufen, daß er uns kennt, ehe wir seinen Namen genannt haben.

Nun aber, da wir ihn kennen, soll von allem Anfang an klar sein, was wir hier zu tun haben: Nicht um das Erflehen seiner Gunst geht es, nicht um die Anmaßung seiner Macht, sondern um die Anerkenntnis seiner Herrlichkeit, um das Preisen seines Namens, um das Danken und Teilen all dessen, was wir von ihm empfangen haben.

Gelobt sei der Name des Ewigen, vom Aufgang der Sonne bis zu ihrer Wiederkehr!

AMEN.

. . . .

Wie die folgenden drei Predigten ist die obenstehende Bestandteil einer zehnteiligen Predigtreihe über die liturgischen Elemente des Gottesdienstes, die im 1. Halbjahr 2010 in der Ev. Kirchengemeinde Schönow-Buschgraben von den beiden Pfarrern Schaar und Ehrhardt gehalten wurden, woraufhin - nach weiteren Beratungen - eine neue gemeindliche Gottesdienstordnung auf der Grundlage des Evangelischen Gottesdienstbuches beschlossen wurde. Die sechs Predigten des Amtsbruders sind hier jedoch nicht abgedruckt.

2. Sonntag nach Epiphanias, 17.1.2010, Ev. Kirche Schönow-Buschgraben

Die Liebe Gottes, die Gnade unseres Herrn Jesus Christus und die Gemeinschaft des Heiligen Geistes sei mit uns allen! AMEN.

Meine Zunge soll dein Wort besingen, denn alle deine Gebote sind gerecht.

So und ähnlich, liebe Gemeinde, wird Gottes Wort allein im 119. Psalm 21 mal gelobt.

Man könnte ein wahres Feuerwerk an Bibelzitaten abbrennen, in denen auf vielfältigste Weise gelobt, gepriesen und gerühmt wird - ich will es bei einigen fundamentalen Worten belassen: Das Wort des HERRN ist gerecht, und all sein Tun verläßlich, heißt es im Psalm 33.

Am Anfang war das Wort, wissen wir, und auch das letzte Wort behält er, der Alpha und Omega ist: Das Wort ward Fleisch und wohnte unter uns, und wir sahen seine Herrlichkeit, eine Herrlichkeit als des eingeborenen Sohnes vom Vater, voller Gnade und Wahrheit, jubelt der Evangelist Johannes.

Land, Land, Land, höre das Wort des HERRN, mahnt der Prophet Jeremia, während sein Kollege Amos prophezeit, daß die Leute einen Hunger verspüren werden - nicht nach Brot, sondern nach eben diesem Wort. Denn der Mensch lebt nicht vom Brot allein, sondern von einem jeglichen Wort, das aus Gottes Mund hervorgeht, betont Jesus, und der Prophet Ezechiel wird sogar dazu aufgefordert, sich buchstäblich von Gottes Worten zu ernähren: Und er sprach zu mir: Du Mensch, iß, was du vorfindest, iß diese Schriftrolle, und geh, sprich zum Haus Israel! Und ich öffnete meinen Mund, und er ließ mich jene Rolle essen. Und er sprach zu mir: Mensch, gib deinem Bauch zu essen und fülle dein Inneres mit dieser Schriftrolle, die ich dir gebe! Da aß ich sie, und in meinem Mund wurde sie wie Honig, süß.

Ganz ähnliches berichtet Jeremia: Empfing ich deine Worte, so habe ich sie verschlungen, und deine Worte wurden meine Wonne, die Freude meines Herzens, denn dein Name ist ausgerufen über mir, HERR, Gott der Heerscharen.

Freilich wissen wir, daß Gottes Wort durchaus nicht immer honigsüß ist: Wie ein zweischneidiges Schwert kann es sein: Lebendig und kräftig ist es, geht durch Mark und Bein und kehrt das Innerste nach außen; auch davon wissen die Propheten ein Lied zu singen: Der HERR sprach zu mir: Sieh, ich lege meine Worte in deinen Mund, schreibt abermals Jeremia, doch dann liegt ihm die Botschaft Gottes schwer im Magen, weil sie ihn zum Einzelgänger macht.

Liebe Geschwister, daß wir Protestanten als "Kirche des Wortes" von der Wichtigkeit der Predigt überzeugt sind, auch wenn Zeitgenossen mehr Sinnenfreude einfordern und etliche Amtsgeschwister einknicken, indem sie Alben und Stolen tragen; daß wir am schlichten Wort Gottes festhalten, obwohl es so gar nicht modern ist im Medienzeitalter - mag sogar sein, daß etliche dies nur schweren Herzens tun, aus Traditionsbewußtsein oder um Ärger mit Kirchenältesten und Konsistorien zu vermeiden - all dies basiert auf den grundlegenden Aussagen etwa des Apostels Paulus, so im Brief an die Römer: Also kommt der Glaube aus der Verkündigung, die Verkündigung aber geschieht durch das Wort von Christus.

Übrigens aus diesem Grund sprechen wir heute im Gottesdienst das Glaubensbekenntnis erst *nach* der Predigt. Denn insbesondere der Taufkandidat soll die Möglichkeit erhalten, noch einmal zu hören, ehe er denn mit allen übrigen bekennt und schließlich gefragt wird, ob er aufgrund der Verkündigung des Wortes von Jesus Christus getauft werden und zur christlichen Gemeinde hinzugehören will.

Hinter ihm liegt ein ähnlicher Weg, wie er in der Apostelgeschichte im 8. Kapitel beschrieben wird: Da reist ein wohlhabende Äthiopier - ein Eunuch der Kandake - nach Jerusalem, um anzubeten. Doch weder als Ausländer, noch als "Verschnittener" hat er eine Chance, das Heiligtum zu betreten. Gleichwohl ringt er um die Nähe Gottes, liest den Propheten Jesaja. - "Verstehst du denn, was du da liest?", fragt ihn der plötzlich neben ihm auftauchende Apostel Philippus. - "Wie soll ich denn - es erklärt mir ja keiner!", entgegnete der Suchende. Daraufhin geht Philippus die ganze Heilige Schrift durch und erschließt dem Fremden in Jesus Christus den lang ersehnten Zugang zu Gott.

Wieder anders - und doch auch wiederum ähnlich - erging es den beiden Jüngern auf dem Weg nach Emmaus: Der scheinbar ahnungslose Unbekannte weiß so mit den Worten der Verheißung umzugehen, daß sich die beiden im Rückblick nur wundern können, wieso sie ihn nicht identifizieren konnten: "Brannte nicht unser Herz?"

Ich weiß nicht, liebe Schwestern und Brüder, ob Ihnen je das Herz brannte beim Predigthören. Manchem schwillt der Kamm - etwa, wenn sie der Neujahrspredigt unserer EKD-Ratsvorsitzenden einen naiven Pazifismus entnehmen, der ganz neu sei. Erst beim tatsächlichen Nachlesen dessen, was sie gesagt hat, trat zutage, daß ihre Position weder naiv ist noch im Gegensatz zu dem steht, was in den einschlägigen kirchenlichen Verlautbarungen zum Thema längst gesagt worden ist.

Die Predigt, so scheint mir, ist in unserer Gemeinde kein Konfliktthema, auch wenn natürlich nicht immer alle das Gefühl haben, daß gerade sie heute besonders angesprochen wurden. Am ehesten noch billige ich diese Schwierigkeit, sich wiederzufinden, den Konfirmandinnen und Konfirmanden zu, bei denen ich oft genug den Eindruck gewinne, daß es nicht die Sprache ist, die ihr Verstehen hemmt, sondern bereits die Tatsache, daß wir uns um Orientierung bemühen im Hören auf Gottes Wort.

Brannte Ihnen das Herz? Verstehen Sie, wovon hier die Rede ist? - Wenn nicht: Wer immer mag, hat die Möglichkeit, im Nachgespräch Fragen zu stellen oder Kommentare abzugeben zu dem, was gerade zu hören war.

Wie sagte Ernst Lange? - Die Predigt sei ein Gespräch mit dem Hörer über sein Leben im Licht des Evangeliums. Das gefällt mir - als Anspruch, der gewiß nicht immer eingelöst wird, aber immerhin als Ziel stets vor Augen ist.

Doch wie steht es mit den Lesungen? Wenn wir zurzeit die Gottesdienstordnung überprüfen, dann müssen wir uns auch darüber Rechenschaft ablegen, ob wir lediglich gedankenlos einem längst nicht mehr verständlichen Modell folgen, das in der Regel zwei Lesungen - Epistel und Evangelium - vorsieht, ob wir womöglich halbherzig festhalten an einer Struktur, die immerhin in weiten Teilen der Christenheit seit frühester Zeit gepflegt wurde, oder ob wir wissen und wollen, was hier geschieht; und wenn nicht: ob und wie diese Praxis gegebenenfalls verändert werden sollte.

Nur als Anregung, nicht etwa als Norm bitte ich Sie zu verstehen, was ich Ihnen vorlesen möchte aus den Erläuterungen, die in der "Reformierten Liturgie", dem Gottesdienstbuch der evangelisch-reformierten Christen in Deutschland, zu diesem Thema ausgeführt wird:

Gott *spricht zu der hörenden Gemeinde* von dem Weg, den er in der Erwählung Israels und in der Sendung des Sohnes mit allen Menschen gegangen ist. Er erzählt die Geschichte, die uns trägt. Er redet zu uns, damit wir glauben, hoffen und lieben können. Er spricht mit uns über unser Leben. Er gibt unserem Handeln Orientierung. Er erinnert uns an die Zukunft, die er seiner Schöpfung zugedacht hat und uns mit ihr. Im Wort der Predigt, in den Lesungen aus der Heiligen Schrift und im »sichtbaren Wort« von Taufe und Abendmahl spricht Gott zu uns.

Die Alte Kirche hat ein Modell entwickelt, das ihrem Verständnis der Verkündigung der Guten Nachricht entsprach. Im Zentrum stand das Evangelium als unübertroffene Frohe Botschaft. Darauf zielten die beiden ersten Lesungen hin: Zunächst das Alte Testament als Wort der Verheißung, dann eine apostolische Schrift als Wegbereitung zu Christus.

Bei uns kommen, nimmt man den wöchentlich wechselnden Psalm hinzu, auch mindestens drei biblische Texte pro Gottesdienst vor; es sei denn, man sparte sich Epistel oder Evangelium, wo eines von beidem zugleich als Predigttext vorgesehen ist.

Mir scheint es jedoch nicht vorrangig eine Frage der Anzahl, gar der Gesamtdauer des sonntäglichen Geschehens zu sein, sondern eher darum zu gehen, ob wir - wie die Orthodoxen - den Gottesdienst vorwiegend als Ritual begreifen und zelebrieren, oder ob das verkündigte Wort im Zentrum steht.

Ich plädiere für letzteres - und das schließt ein, nicht nur bei einem Themengottesdienst wie heute die Lesungen auf den Predigttext hin zu ordnen und nicht etwa auf einen vorgegebenen Text, dem - wie es in der Liturgensprache heißt - "Proprium" des jeweiligen Sonntags.

Ist diese Frage geklärt - aber das haben wir noch vor uns -, stellen sich weitere, etwa: Soll oder gar muß einleitend kommentiert werden, was in den Lesungen zu Gehör kommt? Versteht es sich womöglich von selbst? Und überhaupt: In welcher Übersetzung wird gelesen: in der vom Pfarrer favorisierten, in der kirchenamtlich festgelegten oder in jener Fassung, die dem jeweiligen Lektor oder der jeweiligen Lektorin am liebsten ist?

Diese Fragen zu klären, bedeutet die Frage zu beantworten, wozu wir überhaupt aus der Bibel mehr lesen als das, was hinterher ausgelegt wird. - Eine, wie ich finde, überaus spannende Frage!

Ich weiß nicht, ob Sie schon mal ein biblisches Buch im Zusammenhang gelesen, an einer Predigtreihe oder Bibelwoche zu einem bestimmten biblischen Buch teilgenommen haben.

Wenn ja, ging das gewiß einher mit dem einen oder anderen Aha-Erlebnis: Denn nicht nur gilt nach wie vor der gute alte Grundsatz, daß die Bibel sich selbst auslegt, daß also Querverweise hilfreich sind zum besseren Verständnis. Sondern es ist auch so, daß mancher Satz, der - aus dem Zusammenhang gerissen - problematisch klingt, sich beim Lesen des ganzen Kapitels oder gar Buches erschließt .

Was wir gehört und erfahren haben, was unsere Vorfahren uns erzählten, wollen wir ihren Söhnen nicht verschweigen, sondern erzählen der künftigen Generation die Ruhmestaten des HERRN und seine Stärke und seine Wunder, die er getan hat. So singen die Beter der 78. Psalms, und sie sprechen mir aus dem Herzen, denn:

In Gottesdiensten, bei denen der Geist weht, wo er will - oder auch wo die Willkür frommer Prediger waltet -, die ohne jeden biblischen Anknüpfungspunkt auskommen, fühle ich mich ausgeliefert an den Geist derer, die dort zusammenkommen.

In Gottesdiensten, bei denen sozusagen jedes Wort vorhersehbar ist, fühle ich mich jener Freiheit beraubt, die den Kindern Gottes erlaubt, sie selbst zu sein.

Wir sind nicht so biblisch bewandert wie unsere Vorfahren. Tägliche Gottesdienste gibt es heute nur noch in Klöstern und Kommunitäten.

Sollen wir dem dadurch Rechnung tragen, daß unsere Textbasis immer mehr verengt wird - damit wenigstens diese Stücke geläufig sind?

Mir wäre es schade um den Reichtum, den es in der Breite der biblischen Überlieferung zu entdecken gilt. Im Abwägen zwischen Form und Inhalt, zwischen Tradition und Situation, spreche ich mich mehr für die thematische Stimmigkeit aus - aber nicht als Monopol der Prediger.

Sind wir auf dem Weg zu einem Gottesdienst "in der Verantwortung und unter Beteiligung der ganzen Gemeinde", wie es das offizielle Gottesdienstbuch der EKD anrät?

Dann sollten wir uns - je und je - bei der gemeinschaftlichen Vorbereitung von Gottesdiensten die verantwortete Freiheit nehmen, alles zu prüfen und das Gute, das Stimmige, das, was uns anspricht, zu behalten.

AMEN.

REMINISZERE, 28.2.2010, EV. KIRCHE SCHÖNOW-BUSCHGRABEN, BERLIN-ZEHLENDORF

GNADE SEI MIT EUCH UND FRIEDE VON GOTT, UNSERM VATER, UND DEM HERRN JESUS CHRISTUS! AMEN.

"Singt dem Herrn ein neues Lied, denn er tut Wunder!", fordert der Psalmdichter - aber er spricht nicht zu uns, und er redet nicht von der "TonTaube" oder sonst modernem Liedgut!

Das neue Lied, liebe Gemeinde, ist zunächst einmal inhaltlich bestimmt, und wenn ich die Erläuterungen unseres Kirchenmusikers zu Qualitätsmerkmalen in der Musik richtig verstanden habe, dann ist auf der musischen Seite einiges an Regeln zu beachten - Melodieführung, Harmonik und so weiter -, damit ästhetischen Ansprüchen Genüge getan wird - völlig unabhängig von der Epoche, in der eine Komposition entsteht.

Ein eben erst geschriebenes Lied kann, fachlich betrachtet, grottenschlecht sein (auch wenn es womöglich viele begeisterte Zuhörer und Mitsänger findet), und ein uraltes Werk erweist sich mitunter bei näherer Betrachtung - vielmehr: bei eingehendem Hinhören - als ein Kunstwerk, das allerdings oftmals zunächst einige Mühe bereitet, wenn es den jeweiligen Hörgewohnheiten nicht entspricht. Diese freilich sind auch wieder bei jedem ein bißchen anders - und während manche sich vielleicht freuen, daß im heutigen Gottesdienst ein wenig Big-Band-Sound zu hören ist, sind andere froh, wenn in der Kirche ausschließlich barocke Orgelwerke erklingen.

Kann man nun festlegen, welche Art von Musik für Gottesdienste geeignet ist und welche nicht?

Auf jeden Fall, so scheint mir, spielen Geschmacksfragen hierbei eine Rolle, und damit begeben wir uns auf schwieriges Terrain; denn wie soll man darüber streiten? Den einen rühren diese Klänge an, die andere hört ihre Gefühle auf jene Weise zum Ausdruck gebracht.

Sind es nicht am Ende doch die WORTE, die den Unterschied machen?

Wenngleich in Psalm 150 und andernorts dazu aufgerufen wird, Gott auf vielerlei Weise zu loben, seine Phantasie einzusetzen und mancherlei Instrumente zu bemühen, um ihn zu preisen, wird doch des einen Getrommel den andern möglicherweise nerven und filigrane Flötenklänge unter Umständen nur als Gepiepse wahrgenommen werden.

"Singt dem Herrn ein neues Lied" ist ja nicht unbedingt gleichbedeutend mit dem Aufruf, nur künstlerisch Wertvolles zu Gehör zu bringen - jedenfalls entdecke ich dieses Kriterium in der Bibel nicht. Das *neue* Lied soll vor allen Dingen an die Stelle treten, an der sonst die "alte Leier" steht, wo das ewige Lamento oder auch die Lobhudeleien der Hofpoeten zu hören sind.

Der Volksmund sagt: "Wes Brot ich eß, des Lied ich sing" - und *wie recht er hat*, ist vor kurzem erst wieder durch die Presse gegangen bezüglich unseres Herrn Außenministers, der Banken, Versicherungen und andere Sponsoren in feierlichen Worten zu preisen wußte - wobei ich mal annehme, daß bei jenen Anlässen nicht Brot verzehrt wurde, sondern Jakobsmuscheln gereicht wurden oder ähnliches.

Wenn in der Bibel das *neue Lied* angestimmt - oder auch nur dazu aufgerufen - wird, dann geht es immer darum, GOTTES GROẞE TATEN - sein Befreiungswerk für Israel oder das Offenbarwerden des Neuen Jerusalem - in Worte zu fassen, die im Chor erklingen.

Daß Singen demonstrativen Charakter hat, daß man mit Gesängen wunderbar Inhalte transportieren kann, das wußte auch schon der gute alte Luther, der sich bekannter Volksweisen bediente, um reformatorische Lehren zu verbreiten; das wußten und wissen die Organisatoren von Streiks und politischen Manifestationen, auf denen man Parolen skandiert, um Forderungen mehr Nachdruck zu verleihen; das ist zu erleben in Sportstadien, wo das Gegröle der Fans die eigene Mannschaft zum Sieg tragen soll.

Singen, liebe Geschwister, kann man gewiß auch allein. Singen kann man, was einem gerade einfällt - ob Schlager oder Choral; man kann sich etwas Eigenes ausdenken oder aber imitieren, was man kennt und mag. Dem Singen sind, so gesehen, kaum kreative Grenzen gesetzt - wem's so und so ums Herz ist, der findet wohl auch die passenden Töne.

Wenn wir heutzutage den Psalter als Gebets- und Gesangbuch aufschlagen, finden wir darin die Lebenserfahrungen von sehr unterschiedlichen Menschen, die ihr Herz ausschütten über das, was ihnen an Freud und Leid widerfahren ist.

Psalm 22: Ich will deinen Namen meinen Brüdern verkünden, in der Versammlung will ich dich loben.

Psalm 35: Ich will dich preisen in großer Versammlung, vor vielem Volk will ich dich loben.

Psalm 109: Ich will den HERRN laut preisen mit meinem Mund und inmitten vieler ihn loben.

Zunächst war es oft nur eines Menschen Lied, doch dann stimmten andere mit ein, und es entstanden Hymnen - deren Bedeutung mitunter mehr im Rituellen liegen als im konkreten Text.

Singen - da werden Sie mir gewiß nicht wiedersprechen - singen kann man zwar auch allein (das berühmte Schmettern in der Badewanne, weil es da so schön hallt) - aber besser geht es in der Regel doch gemeinsam. Und ein Mensch, der vielleicht stumm bliebe in seiner Trauer, wird mitgetragen von den Stimmen anderer, herausgeholt aus seiner Passivität, er atmet durch und atmet auf, weil er spürt, daß er nicht allein ist, sondern eingebunden in eine Gemeinschaft.

Freilich ist diese Art Gesang nicht mehr ganz so spontan. Doch dafür klingt es - mit etwas Übung - viel eindrucksvoller, erst recht, wenn es sich um Gesänge handelt, die - ob Trauer, ob Freude, ob Bitte, ob Dank - in bestimmten Situationen anzustimmen sind, weil sie es vermögen, dem Lebensgefühl einer Gruppe Ausdruck zu verleihen..

Wie eine Hymne haben wir im heutigen Gottesdienst das Glaubensbekenntnis gesungen - nicht weil die hier verwendeten Worte so viel besser wären als die uns Geläufigen, aber man kann noch besser im Chor singen als nur rhythmisch sprechen.

Da geht es dann zwar immer noch um Gefühle - also um je Persönliches -, aber zugleich auch darum, im Einklang miteinander ein Gegenüber zu erreichen - hier also: Gott zu loben.

Meines Erachtens wird die Frage zu diskutieren sein, wie spontan und wie zeitgebunden ein solches Lob sein darf und soll. - Die Gegenposition fordert eine Einübung in Traditionen und zuweilen sogar eine ganz eigene Kultur, wie man das im Mittelalter kannte und noch heute in der Orthodoxie pflegt, eine geistliche Kultur, die sich ganz bewußt abhebt von den kurzlebigen Moden, denen man sonst unterworfen ist.

Zu fragen ist dann aber aus meiner Sicht, ob wir unsere Hörgewohnheiten überwinden müssen, wenn eine gemeinsame musikalische Sprache gefunden werden soll - oder ob umgekehrt diese gemeinsame Musik zum Lobe Gottes eben dort anzusetzen hat, wo wir in unserem Alltagsleben zuhause sind und also auch in den Liedern und Gesängen, die uns geläufig sind, die wir im Radio hören oder im Konzertsaal, die wir auf Tonträgern verfügbar haben, damit sie unsere Trauer und unsere Freude begleiten und je nachdem abmildern oder verstärken?

Als ich am vergangenen Sonntag nicht nur für Predigt und Gebet zuständig war, sondern auch die musikalische Gestaltung des Gottesdienstes von mir erwartet wurde - Posaune und Saxophon haben wir nicht mitgenommen nach Teneriffa, also blieb nur die Gitarre zur Begleitung des Gemeindegesanges -, da wurde die Auswahl der Gesänge (bei uns hätte man die TonTaube zu Hilfe nehmen müssen, dort aber waren alle Lieder im Gesangbuchanhang zu finden) von den einen gerade deswegen gelobt, weil endlich mal modernere Lieder gesungen wurden, während andere bedauerten, daß ja fast ausschließlich neuere Lieder gesungen worden seien.

Die Befürworter zeitgenössischen Liedgutes kamen eher aus dem freikirchlichen Raum und erwähnten, daß sie diese Art Gesänge ja auch sonst kennten. Die Kritiker bekundeten ihre Zugehörigkeit oder Nähe zur katholischen Kirche...

Was kann man daraus für Schlüsse ziehen?

- Daß man es keinesfalls allen recht machen kann, okay - aber das ist nun wirklich keine neue Erkenntnis.

- Daß es womöglich keine eigenständige evangelische Gottesdienstkultur - mehr - gibt?

Auf jeden Fall gibt es zwischen Johann Sebastian Bach und Pete Janssens ein breites Spektrum - was man als Reichtum oder auch als Überfluß betrachten kann.

Man kommt wohl nicht drum herum, Akzente zu setzen und eine kluge Auswahl zu treffen. Ebenso wie bei der Wahl der Bibelübersetzung für die Lesungen und beim Formulieren der Gebete kann ein einzelner Vorbereitender nicht immer alle erreichen.

Gibt es auch Lösungen?

Bei der gemeinsamen Tagung von Gemeindeentwicklungs- und Kirchenmusikausschuß in der vorvergangenen Woche gab es ein paar Anregungen, die ich hier weitergebe, weil sie uns helfen können, jene Töne und Texte zu finden, die gebraucht werden, wenn die Gemeinde dem Herrn ein neues Lied zu singen beabsichtigt:

Zum einen hieß es, neue - im Sinne von "noch nicht alte" oder unbekannte - Lieder seien ja schön und wichtig, aber sie müßten eingeübt werden, wenn sie in das Liedgut der Gemeinde aufgenommen werden sollen.

Daraus sind zwei Konsequenzen zu ziehen:

Erstens können das nur relativ wenige Lieder sein, soll es nicht zu einer Überforderung auch der Sangeswilligen und Sangeskundigen kommen - von den Nichtsängern mal ganz zu schweigen.

Zweitens sollten wir uns - wann auch immer - die Zeit zum Kennenlernen nehmen, und der Kirchenmusiker als Profi ist mit seiner pädagogischen Kompetenz gefragt, mit uns einzuüben, was noch nicht vertraut ist.

Zum anderen wurde darauf hingewiesen, daß zwischen Pfarrern und Kirchenmusikern ein Austausch stattfinden solle über Themen und Texte eines Gottesdienstes und dazu passenden Liedern - seien sie alt oder neu, bekannt oder noch bekannt zu machen.

Liebe Gemeinde, Gott hat laut dem Propheten Amos kein Gefallen am "Geplärr" jener Lieder, die nicht von Herzen kommen, mögen sie noch so routiniert gesungen werden. Er will, daß unsere Lippen sein Lob verbreiten, daß unsere Zungen bezeugen, was er uns Gutes getan hat.

Deshalb - was immer das im Einzelfall bedeuten mag, wie auch immer man es angemessen in die Praxis umsetzt - "Singt dem HERRN ein neues Lied, sein Lob in der Versammlung der Getreuen!"

AMEN.

Palmarum, 28.3.2010, Ev. Kirche Schönow-Buschgraben, Berlin-Zehlendorf

Friede sei mit euch von dem, der da ist und der da war und der da kommt! AMEN.

Liebe Schwestern und Brüder,

in unserer Predigtreihe geht es heute um die Psalmen, genauer: um die Psalmen im Gottesdienst.

Doch bevor wir fragen, woher Psalmengesänge und Wechselgebete als liturgische Elemente kommen und was das möglicherweise heute noch soll, möchte ich zunächst der Eigenart dieser biblischen Texte nachspüren.

Einmal nahm ich an einem Gottesdienst im Rahmen einer Predigtreihe der französisch-reformierten Gemeinde Potsdam teil, bei der jeden Monat ein anderes biblisches Buch vorgestellt wurde - von den bekannten Evangelien bis hin zum 2. Buch der Chronik. Jedesmal wurde dieselbe Frage gestellt: "Was würde uns fehlen, wenn dieses Buch nicht zum Kanon der Heiligen Schrift gehörte?"

Genau diese Frage möchte auch ich heute an den Anfang stellen: Ohne die Psalmen - worauf müßten wir da verzichten?

Sicher hat jeder von uns so seine Lieblings-Bibelstellen, und abgesehen davon gibt es natürlich Texte, die sowohl theologisch wichtig sind als auch für den gottesdienstlichen Gebrauch nicht wegzudenken.

Aber allein schon jene Psalmverse, die einem von selbst einfallen, wenn man kurz darüber nachdenkt, sind so kostbar, daß man sie durch nichts ersetzen kann; man müßte sie geradezu erfinden, wenn es sie nicht schon gäbe, etwa:

☞ Dein Wort ist meines Fußes Leuchte und ein Licht auf meinem Wege. (Ps. 119, 105)

☞ Meine Zeit steht in deinen Händen. (Ps. 31, 16)

☞ Der HERR ist mein Hirte, mir wird nichts mangeln. (Ps. 23, 1)

Hier kann man eigentlich gleich den ganzen Psalm zitieren, zumindest aber noch den vierten Vers:

☞ Und ob ich schon wanderte im finstern Tal, fürchte ich kein Unglück; denn du bist bei mir, dein Stecken und Stab trösten mich.

Ich will Sie nicht mit zu vielen Zitaten langweilen, liebe Gemeinde.

Aber ich finde, man kann sich diese Köstlichkeiten ruhig einmal auf der Zunge zergehen lassen! Vielleicht war der Vers, der Ihnen persönlich am wichtigsten ist, ja auch noch gar nicht dabei. Aber wo anfangen und wo aufhören?

☞ Unser Leben währet siebzig Jahre, und wenn's hoch kommt, so sind's achtzig Jahre, und was daran köstlich scheint, ist doch nur vergebliche Mühe; denn es fährt schnell dahin, als flögen wir davon, weiß der Beter des 90. Psalms (Vers 10), und er fügt hinzu:

☞ Herr, lehre uns bedenken, daß wir sterben müssen, auf daß wir klug werden. (Ps. 90, 12)

So klagen wir, seufzen wir, bitten wir um Trost in der Trauer.

Aber wir wissen auch zu loben und haben dafür bewährte Verse:

☞ Wer unter dem Schirm des Höchsten sitzt und unter dem Schatten des Allmächtigen bleibt, der spricht zu dem HERRN: Meine Zuversicht und meine Burg, mein Gott, auf den ich hoffe. (Ps. 91, 1-2)

☞ Lobe den HERRN, meine Seele, und was in mir ist, seinen heiligen Namen! Lobe den HERRN, meine Seele, und vergiß nicht, was er dir Gutes getan hat: der dir alle deine Sünde vergibt und heilet alle deine Gebrechen, der dein Leben vom Verderben erlöst, der dich krönet mit Gnade und Barmherzigkeit, der deinen Mund fröhlich macht, und du wieder jung wirst wie ein Adler. (Ps. 103, 1-5)

☞ Aller Augen warten auf dich, und du gibst ihnen ihre Speise zur rechten Zeit. Du tust deine Hand auf und sättigst alles, was lebt, nach deinem Wohlgefallen. (Ps. 145, 15-16)

Lassen Sie mich noch drei weitere Beispiele nennen:

In der Passionszeit, insbesondere zu Karfreitag, geht uns der Vers

☞ Mein Gott, mein Gott, warum hast du mich verlassen? (Ps. 22, 1) durch den Kopf, am Reformationstag darf

☞ Gott ist unsre Zuversicht und Stärke, eine Hilfe in den großen Nöten, die uns getroffen haben (Ps. 46, 1) nicht fehlen.

☞ An den Wassern zu Babel saßen wir und weinten, wenn wir an Zion gedachten (Ps. 137, 1) spielt zwar in unseren Gottesdiensten und Gebeten eine untergeordnete Rolle, zeigt dafür aber umso mehr, wie biblische Motive unsere Kultur beeinflussen - selbst dort, wo dies kaum noch jemandem bewußt ist.

In der Perikopenordnung tauchen übrigens nur sehr wenige Psalmtexte auf. Das liegt vielleicht daran, daß Psalmen gebetet und gesungen sein wollen und weniger geeignet erscheinen für die Auslegung. Ich hoffe allerdings, am vergangenen Sonntag bewiesen zu haben, daß es sich durchaus lohnen kann, sich die Botschaft eines Psalms gründlich anzusehen - gerade dann, wenn man diesem Psalm eher selten begegnet, weil er seine Ecken und Kanten hat und deshalb auch unter den Wochenpsalmen nicht auftaucht.

Psalmen sind, wenn ich das mal so pauschal sagen darf - eine "Herzensangelegenheit". Man kann sich Worte leihen, wo man selber lange herum stottern würde, wenn man dafür eigene Worte finden müßte.

> Okay, ein Liebesgedicht zu klauen, ist nicht so wahnsinnig romantisch - zumindest wenn das dann auffliegt. Aber für eine ganze Reihe von Situationen ist es zweifellos gut und wichtig, auf geprägte Formulierungen zurückgreifen zu können.

Wer - wie ich - Schwierigkeiten mit dem Auswendiglernen hat - ist klar im Nachteil. Aber man kann ja gut und gerne auf Gedrucktes zurückgreifen.

In der Bibel und - praktischerweise - auch im Gesangbuch finden wir diese uralten Gedichte und Gebete, die auf ihre Weise sowohl ein "neues Lied" sind als auch zu "meinem Lied" werden können, indem ich mir fremde Worte leihe, um eigenen Gedanken und Gefühlen Ausdruck zu verleihen.

Nicht Martin Luther, nicht Paul Gerhardt und nicht Dietrich Bonhoeffer sind die Autoren dieser biblischen Lieder, sondern David, Korach, Asaf, Salomo, Etan, Mose, dazu noch zahlreiche Ungenannte. 150 Psalmen sind im "Liederbuch des Alten Bundes", dem Psalter, zusammengestellt, dazu kommen eine Handvoll weiterer Psalmen in der Hebräischen Bibel und einige wenige im Neuen Testament.

Man findet Gedichte, Gebete, Lieder für jeden Anlaß. Nicht umsonst beginnen etliche Psalmen mit "Halleluja" - übersetzt: "Lobt den Herrn". Denn da wird Gottes Güte und Treue gelobt <Ps. 111>, die großen Taten Gottes in der Schöpfung <Ps. 104> und in der Geschichte <Ps. 105> besungen. Gott wird als König verehrt <Ps. 47>, ihm wird für Rettung gedankt <Ps. 107>, und er wird um Rettung angefleht - ob aus der Hand der Feinde <Ps. 7> oder aus schlimmer Krankheit <Ps. 41>. Ihm trägt Israel seine Klage vor, etwa wegen Unterdrückung und Gefangenschaft <Ps. 69> oder auch wegen Katastrophen und Notlagen <Ps. 137>. Die große Sehnsucht nach Zion, der Stadt Gottes, wird zum Ausdruck gebracht <Ps. 46> und von Wallfahrten zum Tempel gesungen <Ps. 24>.

Aber was ist mit all diesen Einzelbeobachtungen gewonnen? Wissen wir nun, was das ist - ein Psalm?

Erklären kann man die Herkunft des Wortes, nämlich von der griechischen Bezeichnung eines Saiteninstruments: "Psalterion" hieß das Ding, das manchmal als "Zither", manchmal als "Laute" übersetzt wird.

Aber egal, ob man einer Harfe sanfte Klänge entlockt oder die E-Gitarre zum Weinen bringt: Die Psalmen helfen uns, Gott zu erreichen, wo uns eigene Worte fehlen.

Man kann im Kirchenchor einen vierstimmigen Satz anstimmen, man kann aber auch - ich habe das auf dem Bremer Kirchentag sehr eindrucksvoll erlebt - in den Worten und Rhythmen heutiger Jugendlicher Psalmen reimen und rappen und so seinem Herzen Luft machen: Auch David kannte Lust und Frust und hat das in Worten und Weisen zum Ausdruck gebracht.

Wut und Mut kommen in dieser biblischen Poesie zum Vorschein, man muß manchmal nur die zuweilen spröde sprachliche Schale abklopfen, ehe man entdeckt, was in diesen Texten alles drinsteckt.

Die Psalmen - für mich sind sie so etwas wie ein fremdes Tagebuch, das mich trösten kann, wenn ich erfahre, daß auch andere ihre Krise überwunden haben.

Und dann wieder laden sie uns ein, Gott zu loben in lauten Worten, mit vereinigten Stimmen: Christen leben nicht isoliert, Christenmenschen bilden eine Gemeinschaft. Christenleute haben Kontakt miteinander und mit Gott. Christen stehen in einer Traditionslinie. Was damals galt, das stimmt auch heute noch - man muß es nur entdecken!

Zum Vorschein kommt dabei mancherlei. Ich will zwei Entwicklungen skizzieren:

Daß die Psalmen im Eingangsteil unserer Liturgie vorkommen, geht einerseits auf Israels Tempelpsalmen und andererseits darauf zurück, daß der Kaiser im antiken Rom unter Jubelrufen des Volkes von siegreicher Schlacht heimkehrte.

Dieses Empfangsritual wurde beibehalten, als die Kaiser christlich geworden waren, und es wurde ausgeweitet: Nicht mehr nur als Gruß der Bevölkerung an dem Heimkehrer, sondern als permanente Huldigung an den "Pontifex Maximus", den großen Brückenbauer zwischen

Himmel und Erde, wurden des Volkes Lobgesänge angestimmt, mittlerweile biblische Verse.

Der Papst erbte den Titel, als das Römische Reich zerfiel, und anstelle einer staatlichen Zeremonie war es im Mittelalter der Gottesdienst, in dem die Psalmen eine Grußfunktion übernahmen.

In der Reformation wurde dieses Ritual teilweise mit geringer Modifikation übernommen - noch heute wird in lutherischen Gottesdiensten mitunter psalmodiert.

Zum anderen entdeckte man in der Schweiz den Charakter der Psalmen als Lieder neu, als nämlich die Frage zur Klärung anstand, mit welchen Worten und in welchen Formen man fortan Gottesdienst feiern sollte, nachdem die Messe als untaugliches Modell verworfen worden war.

Bald setzte sich der einstimmige und ohne Orgelbegleitung angestimmte Gesang der eigens bereimten Psalmen als einzig legitime Form der Kirchenmusik durch: Sie sollte textorientiert sein, und zwar auf der Grundlage biblischer Texte, nicht menschlicher Dichtkunst.

Das findet man in dieser puritanischen Form heute kaum noch. Auch in Genf, Zürich und Amsterdam weiß man inzwischen die Schönheit mehrstimmigen Gesanges zu schätzen. Daß Stimmen von Instrumenten getragen werden können, haben mittlerweile auch die Erben Zwinglis und Calvins entdeckt.

Und unser Gottesdienst in Schönow-Buschgraben?

Ich will es kurz machen und zum Schluß kommen:

Nicht nur können und sollten wir an den bewährten Praxis festhalten, Psalmen im Wechselgebet zu sprechen - wobei ich mir allerdings eine größere Vielfalt an Texten wünschte, als sie der Gesangbuchanhang bietet, in dem nicht einmal alle Wochenpsalmen auftauchen.

Wir können diese Tradition ein wenig auflockern, indem nicht immer nur Pfarrer und Gemeinde einander abwechseln; das kann man auch anders zuordnen.

Ferner kann man sich daran machen, den großen Schatz zu heben, der in den bereimten, für den Gesang bestimmten Psalmen besteht - nicht nur in der Genfer Tradition.

Schließlich gibt es - selbst unsere Konfirmandinnen und Konfirmanden haben dazu etwas beigetragen - moderne Psalmübertragungen und Nachdichtungen. Manchmal mehr, manchmal weniger gelungen, bieten sie eine Möglichkeit für eigene Kreativität und stellen eine Form der Aneignung uralter Texte für die Gegenwart dar.

Wie anders könnte ich jetzt schließen als mit einem Psalmwort? Ich wähle dafür Psalm 66, Vers 20: Gelobt sei Gott, der mein Gebet nicht verwirft noch seine Güte von mir wendet.

AMEN.

Quasimodogeniti, 11.4.2010, Ev. Kirche Schönow-Buschgraben, Berlin-Zehlendorf

Friede sei mit euch von dem, der da ist und der da war und der da kommt. Amen.

Liebe Schwestern und Brüder!

"Wie neu geboren" fühlt man sich laut Anbieter, wenn man sich den Luxus eines "Wellness-Wochenendes" leistet, wenn man eine Kur macht oder wenigstens mal in die Sauna geht.

Zumindest gut erholt sind - so hoffe ich - Schülerinnen und Schüler, Lehrerinnen und Lehrer am Ende der Ferien, wenn sie auch recht kurz gewesen sind.

Manche kennen und beschreiben sogar ein Gefühl von neu geschenktem Leben - wenn sie um Haaresbreite einer Katastrophe entkommen sind oder nach lebensbedrohlicher Erkrankung wieder genesen sind.

QUASIMODOGENITI - so heißt der erste Sonntag nach Ostern. Man könnte das mit den Worten "wie neugeboren" übersetzen - ganz genau heißt es: wie die neugeborenen Kinder. Aus diesem Grund pflegte man früher an diesem sogenannten "weißen Sonntag" zu taufen, in der Regel neugeborene Kinder, nur daß die gerade jene Empfindung nicht kennen, wie einem zumute ist, wenn man eine zweite Chance erhält, den "alten Adam" ersäufen durfte und aus dem "Wasser der Wiedergeburt" gezogen wird.

Aber vielleicht spielten derartige theologische Erwägungen schon vor längerer Zeit keine entscheidende Rolle. Möglicherweise genügte den meisten Leuten ein unbestimmtest Gefühl von "Frühlingserwachen", von - so sehe ich das - "saisonalem Neubeginn": Was tot und matt schien, ist wieder zum Leben erwacht; man spürt frische Kräfte.

Nicht nur Goethes Osterspaziergänger erlebten solches, in gewisser Hinsicht ist das auch zu spüren beim Ostermarsch - auch wenn diese fünfzigjährige Tradition mittlerweile stark ausgedünnt ist.

Aber es geht bei dieser Unternehmung ja vornehmlich darum, seine eigene Wachheit zu zeigen und andere aufzuwecken; bekanntermaßen lassen sich auch heute noch Massen motivieren - ich nenne die Datenschutz-Demo als Beispiel. Freilich wäre zu wünschen, daß auch das Friedensthema wieder mehr Aufmerksamkeit erfährt, zumal inzwischen selbst der Militärminister sagt, in Afghanistan herrsche - umgangssprachlich ausgedrückt - Krieg. Und Frau Merkel kam wohl nicht umhin, am Freitag drei Gefallenen ihre Reverenz zu erweisen...

Wie tot fühlen sich auch solche Menschen, die unter den Lasten ihres Lebens stöhnen, sei es das Alter, sei es die soziale Isolation, seien es Krankheiten. Gewiß: Sie sind am Leben - aber ohne Freude, ohne Kraft, ohne recht zu wissen, wozu das eigentlich noch gut sein soll.

Dagegen hört man Paare, die frisch verliebt sind oder einander neu entdecken, frohlocken; von Frühjahrsmüdigkeit keine Spur, dafür erwachen die sprichwörtlichen "Frühlingsgefühle": Vorbei die Leere der Verlassenheit, endlich kann man wieder mit Freude am Leben teilhaben - das gibt Kraft sogar für solche Aufgaben und Anforderungen, denen wir uns eigentlich ungern stellen.

Wie tot - und doch am Leben; wie neugeboren - und doch im Grunde lediglich erfrischt.

Wir fühlen und sagen das, obwohl wir in allem Leid dennoch Gutes mit Dankbarkeit empfangen und trotzdem wir auch mit neuem Schwung bald merken, daß die Kräfte unseres Leibes, unserer Seele sich verbrauchen.

Wir denken und sagen das, weil sich in unserer Klage und in unserem Überschwang letztlich die Sehnsucht nach Leben ausdrückt: Leben, das wir empfangen haben, aber nicht festhalten und nicht selbst wiederherstellen können.

Diese Spannung zwischen Freude und Furcht teilen wir mit letzten Endes mit *allen* Menschen - auch wenn etliche diese Spannung nicht ertragen, sondern zwischen Jubeln und Jammern hin- und hergerissen sind.

Ist es wirklich so, daß Christen ausgeglichener sind, wo es um Leben und Sterben geht? Ich bin mir nicht sicher. Wenn aber ja, dann vermutlich deshalb, weil wir um Jesu Christi willen wissen, daß der Tod **nicht** das letzte Wort hat über unser Leben, sondern der, der es uns gab und der uns erhält:

3 Gelobt sei Gott, Ursprung von Jesus Christus, zu dem wir gehören. Gott hat großes Mitleid gehabt
und uns wiedergeboren, so daß Hoffnung in uns lebendig geworden ist, weil Jesus Christus von den
Toten aufgestanden ist.

4 Wir hoffen, daß wir etwas erben werden, das nie vergeht, das ohne Fehler ist und nicht verwelkt. Es
wird in den Himmeln für uns aufbewahrt, 5 für uns, die wir behütet werden von Gottes Kraft, weil wir
an die Rettung glauben, die darauf wartet, am Ende der Zeit für alle offen gelegt zu werden.

6 Deshalb könnt ihr euch freuen, obwohl ihr jetzt, wenn es denn sein muß, verschiedenartige Prüfungen
durchsteht. 7 Darin zeigt sich, daß euer Glaube echt ist, wertvoller als Gold! Denn wenn Gold im Feuer
erprobt wird, vergeht es. Lob werdet ihr erhalten und Glanz und Ehre, dann, wenn Jesus Christus für
alle erkennbar wird. 8 Auch wenn ihr ihn nicht gesehen habt, liebt ihr ihn. Obwohl ihr den, dem ihr
vertraut, jetzt nicht seht, jubelt ihr mit einer Freude, die nicht mit Worten ausgedrückt werden kann,
die im Glanz strahlt, 9 denn ihr erreicht das Ziel eures Glaubens: euer Leben wird gerettet.

Mit diesen Worten bringt es der Briefschreiber Petrus zum Ausdruck: Vom Tode bedroht, sind wir doch vom Leben umfangen, das uns um Christi willen geschenkt ist.

Aber Vorsicht: Nüchtern betrachtet, sieht alles aus wie vorher. Dem Außenstehenden können wir nicht beweisen und kaum begreifbar machen, inwiefern sich da etwas ereignet hat, das uns mit neuer, mit lebendiger Hoffnung erfüllt.

Was gibt es schon anzuführen außer einem alten Buch? - Aber andere Bücher gibt es doch auch, ebenso alt, aus anderen Religionen... Weshalb geben wir gerade *diesem* den Vorrang, was macht es, daß wir unsere Hoffnung gründen auf *jene* Schriften?

Liebe Geschwister, wir können darauf antworten, daß wir es nicht besser wissen, daß unsere Eltern uns nun mal diese und keine andere Religion gelehrt und nahe gebracht haben. Das wäre ehrlich, aber irgendwie auch unbefriedigend.

Was sich viele wünschen: Eine Antwort im Sinne eines Beweises, *daß und inwiefern das Christentum die alle anderen überragende Religion sei*, gibt es nicht. Das ist hart, zugegeben. Andererseits wissen wir: Wir leben im *Glauben*, nicht im SCHAUEN. Eine Hoffnung, die sich bereits erfüllt hat, so lehrt uns Paulus, ist schon keine Hoffnung mehr. Das gilt es auszuhalten, aber auch festzuhalten!

Eine Antwort, die mich durchaus überzeugt und viel gibt, lautet: Wir schlagen die Bibel auf, weil diejenigen, die vor uns auf der Suche waren, dort ihre Erfahrungen niedergelegt haben und also die Heilige Schrift uns antwortet auf unsere Sehnsucht nach Leben.

Ich weiß nicht, wie es Ihnen damit geht, liebe Gemeinde, aber mich ficht es nicht an, wenn auch *andere* in *ihren* Heiligen Schriften und Traditionen entsprechende Antworten finden. Mir genügt es vollauf, aus Gottes Wort die Zusage zu hören, daß nicht nur dieses oder jenes, sondern unser ganzes Leben neu werden soll, ja, **schon geworden ist**!

JESUS WAR TOT - UND SIEHE: ER LEBT! Und so sollen, dürfen, werden auch wir leben mit ihm, heißt es, verheißt ER. So haben es uns unsere Eltern weitergegeben, dies wollen wir auch unsern Kindern überliefern.

Gelobt sei Gott, Ursprung von Jesus Christus, zu dem wir gehören. Gott hat großes Mitleid gehabt und uns wiedergeboren, so daß Hoffnung in uns lebendig geworden ist, weil Jesus Christus von den Toten aufgestanden ist.

Was damals dort geschah an Ostern, das bleibt nicht fern, das ereignet sich wieder und wieder ***hier und heute***: Auferweckung zum Leben. Gott, ein Gott der **Lebendigen** und nicht der Toten, macht aus dem ENDE einen neuen ANFANG; und zwar auch dort, wo *wir* "am Ende" sind mit unserer Hoffnung, mit unseren Kräften - wenngleich nicht automatisch, nicht sofort, sobald wir es brauchen. Und auch nicht unbedingt in derselben Weise, wie wir seine Hilfe erwarten. ..

Es kommt, denke ich, darauf an, daß ich mich einlasse auf jene Erfahrungen, die ich mit Gott machen kann, ohne daß es dafür eine verbindliche Norm, irgend ein Abbild gibt, dem diese Erfahrungen gleichen müßten.

Wenn man sich die Zeit nimmt, genauer hinzuhören, wenn Glaubensgeschwister von ihren Erfahrungen berichten, dann höre ich inmitten bitterer Klagen oft genug, daß gerade in den schwersten Zeiten, in Situationen, in denen die Hoffnung zu ersticken droht, das Vertrauen zu Gott umso größer wurde, den letzten Halt bildete, am Leben hielt.

Auch wenn da manches im Rückblick romantisiert wird - ein Vertrauensfundament trägt, wenn vieles ins Wanken geraten ist. Am Beispiel des vor 65 Jahren, am 9. April 1945, ermordeten Dietrich Bonhoeffer ist das immer wieder illustriert worden; ich belasse es heute bei einer flüchtigen Erwähnung.

Ganz sicher haben jene Menschen recht, die sich am Ende eines langen Weges angekommen wissen und gelassen darauf warten, daß Gott sie nun bei der Hand nehmen wird. Aber derartige Gelassenheit resultiert nicht aus Resignation, weil für dieses Leben halt nichts mehr zu hoffen sei, sondern erwächst im Gegenteil aus dem Vertrauen, daß uns Gott nicht fallen läßt im Leben und im Sterben.

So ist es für mich ebenfalls Gewißheit, daß jene Unrecht haben, die sich am Anfang eines neuen Weges glauben und meinen, ihn getrost *ohne Gott* beschreiten zu können. Kraft, Jugend, Phantasie - all das, was uns als unverzichtbar gepriesen wird und tatsächlich von großem Vorteil ist - bewahrt doch nicht vor Überforderung und Scheitern, und ein vermeintlich neu Geborener ist schneller als gedacht am Ende seiner Kräfte.

Ich möchte denen unter uns wieder Mut machen, die ihre Hoffnung vielleicht allzu schnell begruben; aber nicht nur das: LEBEN *aus dem Grab*, HOFFNUNG *aus der Verzweiflung* ist **kein** *Wieder*beleben vom Totgeglaubtem. Ich bleibe dabei: um das Sterbenmüssen kommen wir nicht herum! Das "Wunder von Ostern" ist die Auferweckung des Gestorbenen aus dem Geist des Lebens.

Gott schafft Fakten, liebe Schwestern und Brüder, er "gebiert (oder *zeugt*) uns neu zu einer lebendigen Hoffnung", so Petrus wörtlich, dh er macht wahr und wirklich, worauf wir immer schon hofften, weil er es uns verheißen hat.

Ohne Frage sind wir immer noch vom Tod umgeben, ist erst der Keim des Lebens aufgegangen, mehr noch nicht. Aber dieser Keim ist - anders als das vorübergehende Aufblühen in der Natur - ein Anfang jenseits des Endes.

Die Jüngerinnen und Jünger haben den Auferstandenen nicht erkannt - zumindest nicht an seinem Aussehen. Und dennoch haben sie gespürt: er lebt.

Und so wie ER lebt, Jesus, so dürfen auch wir leben.

Gott hat dem Tod die Macht genommen, uns in der Angst gefangen zu halten. Wer darauf vertraut, wird wie Jesus aus dem Grab befreit, wird auferweckt aus aller Traurigkeit zu einer lebendigen Hoffnung. Dann wird die Hoffnung wahr, daß es ein Leben gibt - auch ***vor*** dem Tod.

AMEN.

Okuli, 26.3.2000, Ev. St.-Jakobi-Kirche, Perleberg

Friede sei mit euch von dem, der da ist und der da war und der da kommt. Amen.

Liebe Geschwister!

Zwei Wochen nach ihrem eigentlichen Beginn hält nun bei uns die Passionszeit mit ihrem besonderen Charakter Einzug in unser gottesdienstliches Leben. Zwei Sonntage hintereinander waren einem Extra-Anliegen gewidmet, der ökumenischen Bibelwoche mit ihrem diesjährigen Thema: „Wege in die Zukunft - die Trostbotschaft des zweiten Jesaja". Nun aber kehren wir zum Kirchenjahreskalender zurück, wie ja auch schon an der Liedauswahl zu merken war.

Aber, Ihr Lieben: Die Tatsache, daß wir uns in der Passionszeit befinden und das Leiden Jesu bedenken, bedeutet keineswegs, daß nun fortwährend Beerdigungsstimmung zu herrschen hätte!

Genau genommen müßte sich eigentlich die entgegengesetzte Atmosphäre ausbreiten angesichts der Botschaft, die wir immer, besonders jedoch jetzt zu hören haben: Gott tritt für uns ein, ist für uns da, gibt sein Leben für unser Leben.

Vielleicht fällt es uns nicht leicht, einen Leidensbericht als Frohbotschaft zu hören. Wenn die Bibel die Opferbereitschaft Jesu schildert, uns aber die grausamen Bilder vom massenhaften Selbstmord fanatischer Christen in Uganda in der vergangenen Woche vor Augen stehen - wie sollten wir da fröhlich werden?!

Und überhaupt: Wenn ein Unschuldiger für einen anderen die Schuld übernimmt, wenn jemand bereit ist, für einen anderen Menschen sein Leben zu lassen, dann verdient das gewiß größte Aufmerksamkeit und großen Respekt.

Aber es sind doch Ausnahmesituationen, in denen auf diese Weise tatsächlich manches Menschenleben gerettet werden kann durch den Opfermut eines anderen. In unserem Alltagsleben kommt so etwas nicht vor. Also fragen sich viele: Was haben wir von diesem Opfer Christi?

Bevor wir darauf vorschnell dogmatisch antworten, sollten wir erst einmal innehalten und einander gegenseitig attestieren, daß unser gesunder Menschenverstand anscheinend noch funktioniert, daß unser natürliches Empfinden für Trauer und Mitleid wohl noch vorhanden ist, wenn Tod und Gewalt in uns Abscheu hervorrufen. Halten wir fest: Es ist an und für sich überhaupt nichts Erfreuliches, wenn von menschlichem Leiden und Sterben die Rede ist!

Nun ist es allerdings kein bißchen besser, sich über die Abgründe des Lebens hinwegzutäuschen. Eben darum gedenken wir Jahr für Jahr der eigentlich hinreichend bekannten Leidensgeschichte Jesu, weil eben das Leiden und Sterben zu unserer Welt und zu unserem Menschsein hinzugehören; und weil Jesus Christus gekommen ist, uns vom Nichtigen zu befreien und den Weg zu weisen zu einem Leben, das nichts, nicht einmal der Tod, zerstören kann.

In der Passionszeit ist also mit anderem Akzent derselbe Inhalt zu verkündigen wie das ganze sonstige Jahr hindurch auch: Wir dürfen leben aus Gottes Liebe, wir dürfen hoffen auf Gottes Treue.

In eben diese Kerbe haut der Verfasser des 1. Petrusbriefes. Wenige Verse aus dessen erstem Kapitel sind uns heute zur Auslegung empfohlen; ich lese aus der Übersetzung von David Stern, einem messianischen Juden:

Ihr sollt euch bewußt sein, daß das Lösegeld, das gezahlt wurde, euch aus dem unwürdigen Leben zu befreien, das eure Väter an euch weitergaben, nicht aus Vergänglichem wie Silber oder Gold bestand; im Gegenteil, es war der kostbare blutige Opfertod des Messias als eines Lammes ohne Fehl und Tadel.

Gott kannte ihn vor der Schaffung des Universums, doch er offenbarte ihn in den letzten Tagen um euretwillen.

Durch ihn vertraut ihr auf Gott, der ihn von den Toten auferweckt hat und ihm Herrlichkeit gab; damit euer Vertrauen und eure Hoffnung in Gott sind.

Ich fange hinten an mit der Erklärung:

Durch ihn vertraut ihr auf Gott ist zu Leuten gesagt, die das noch als etwas Neues, gewissermaßen Unerhörtes verstehen, daß sie, die vormals ohne Gott und ohne jeden Zugang zu ihm existierten, auf einmal das Vorrecht des erwählten Gottesvolkes teilen und zu Gott gehören dürfen.

Man muß nicht Jude werden, um an Gottes Bund teilhaben zu können!

Für uns - aus der großen zeitlichen Entfernung und der Entfremdung von unseren jüdischen Geschwistern heraus - kaum mehr nachvollziehbar, was hier verkündet wird „Wir sind doch Christen!“, höre ich einwenden. Für diejenigen, die damals nur „Zaungäste“ waren ohne wirkliche Aussicht auf Zutritt zum Heiligtum war es jedoch geradezu eine Revolution.

Denken Sie an die schöne Geschichte aus der Apostelgeschichte von dem äthiopischen Kämmerer!

Jedes Mal, wenn Erwachsene zu mir kommen und getauft werden wollen, beginne ich damit, daß wir gemeinsam diese Geschichte lesen:

Da macht sich jemand auf eine unsagbar weite Reise, um den Gott, den er nur vom Hörensagen kennt, näher kennenzulernen und Zugang zu ihm zu finden. Doch im Vorhof des Tempels ist für ihn die Pilgerreise zu Ende: Kein Einlaß für Ausländer; erst recht haben dort, wo die Beschneidung gefordert ist, Verschnittene nichts zu suchen - und der Finanzminister der Kandake war Eunuch.

Der Gottesfürchtige hält trotzig an seinem Glauben fest, wenngleich ihm vieles von Gottes Wort verborgen bleibt. Und nachdem er die Verkündigung der Guten Nachricht von Jesus Christus gehört hat, weiß er, daß die weite Reise nicht vergebens war: Es gibt nun doch - ganz unerwartet - einen Zugang zu Gott. Nichts anderes als den Glauben braucht man, um in den Bund mit Gott aufgenommen werden zu können.

Was hindert's, daß ich getauft werde?, fragt er, als sie an einer Wasserstelle vorbeikommen...

Durch ihn - durch Jesus Christus - habt ihr Vertrauen auf Gott, sagt der Schreiber des ersten Petrusbriefes. Denn Jesus Christus ist derjenige, dessen Treue zu Gott der himmlische Vater so bestätigt, daß jeder, der ihm nachfolgt, dieselbe Hoffnung auf

Auferstehung aus dem Tode haben darf. Zugleich ist er derjenige, in dem Gott seinen Bund erneuert und erweitert auf alle Menschen, die vom Nichtigen erlöst werden wollen.

Die Opfertheologie ist - sehr zu recht! - in die Kritik geraten. Das kann ich hier nicht entfalten und will es auch nicht. Ich möchte die unstreitig positiven Gesichtspunkte hervorzuheben versuchen:

1. Der Opfertod Christi ist das letztgültige, damit unwiederholbare und also nach Gottes Willen letzte Opfer. Bedenkt man, welch nichtigen Zwecken Menschenleben leichthin „geopfert" werden, kann diese Botschaft nicht hoch genug bewertet werden - sei es in der Debatte über Krieg und Frieden, sei es bei Nachdenken über die Todesstrafe, sei es bei den einkalkulierten Todesfällen in Verkehr und Technik!

2. Läßt man einmal die problematische moralische Dimension beiseite(denn „Sünde" ist nicht angemessen beschrieben mit „Verbotenes tun"), bleibt die andere Seite des alttestamentlichen Opfergedankens übrig, daß nämlich ein Opfertier geschlachtet werden mußte, um mit seinem Blut einen Vertrag zu besiegeln. Dieser Vertrag, dieser Bund ist das Bündnis, das Gott auf völlig neue Weise schließt, indem er den bestehenden und ungekündigten Bund mit seinem Volk Israel radikal ausweitet und jeden Menschen einlädt, hinzuzutreten.

Auf diese unverdiente Gnade können und sollen Christenmenschen nicht anders als mit Lobpreis - mit Herzen, Mund und Händen - reagieren. Und deshalb beginnt der 1. Pertrusbrief auch mit einem ausführlichen Lobeshymnus.

Doch an der Stelle, wo unsere Perikope einsetzt, ist der Schreiber an den Punkt gelangt, an dem man vor der „billigen Gnade" warnen muß:

Freut euch, ja, freut euch, daß ihr die Eintrittskarte geschenkt bekommen habt! Aber nun bildet euch bitte nicht ein, daß es ein Hin und Her geben könnte!

Gott hat einen sehr hohen Preis bezahlt für euch, nicht damit ihr für immer in seiner Schuld steht, sondern im Gegenteil, um euch aus der Schuld zu befreien, die eben darin bestand, daß ihr das von Gott geschenkte Leben verwirkt, indem ihr irrigen Idealen und Götzen hinterhergelaufen seid.

Das, liebe Schwestern und Brüder, war die Situation der ersten Christen. Aber hier hilft uns, meine ich, der große historische Abstand nicht dazu, daß wir sagen könnten: Das haben wir hinter uns, das ist überwunden und vergessen.

Und doch sind diese Zeilen genau darum geschrieben, daß wir die Gnade erkennen und die Chance ergreifen zu einem neuen Leben, zu einem Leben in der Gemeinschaft mit Gott.

Man kann - sicher etwas verkürzt, aber wohl doch der Absicht des Petrusbriefschreibers entsprechend - die Botschaft des heutigen Sonntags vielleicht so zusammenfassen:

Gott hat euch frei gemacht - laßt euch nicht wieder gefangennehmen!

Gott gibt eurem Leben Sinn - vergeudet es nicht an unsinnige Dinge!

Gott schenkt euch Hoffnung - laßt euch von nichts und niemandem einschüchtern!

Ihr seid Gott unendlich wertvoll - freut euch und dankt dem Herrn! AMEN.

Miserikordias Domini, 26.4.1998, Ev. St.-Jakobi-Kirche, Perleberg

Gnade sei mit euch und Friede von Gott, unserm Vater, und dem Herrn Jesus Christus! Amen.

Liebe Schwestern und Brüder,

was würden Sie dazu sagen, wenn ich Ihnen einen Auszug aus - sagen wir: - einem Medikamenten-Beipackzettel vorlese, der so klingt, daß man meint zu verstehen, wovon die Rede ist, und bleibe Ihnen eine nähere Erklärung der Zusammenhänge schuldig?

Sie hören die Beschreibung und spielen in Gedanken durch, wie Sie es handhaben würden - und ganz zum Schluß erfahren Sie erst die Rahmenbedingungen, wodurch auf einmal alles in einem völlig neuen Licht erscheint...

So ähnlich ist es mit folgendem Bibelabschnitt, den wir vorhin in einer anderen Übersetzung schon einmal gehört haben als Epistel des heutigen Sonntags:

Dazu seid ihr berufen:

Christus hat für euch gelitten und euch darin ein Beispiel hinterlassen.

So folgt seinen Fußspuren!

Er hat keine Sünde getan; Betrug hat man aus seinem Munde nicht vernommen.

Er wurde geschmäht, doch er schmähte nicht wieder.

Als er leiden mußte, drohte er nicht, sondern stellte es Gottes gerechtem Gericht anheim.

Er hat unsere Sünden selbst am eigenen Leibe auf das Fluchholz hinaufgetragen, damit wir, tot für unsere Sünden, für die Gerechtigkeit leben.

Wie umherirrende Schafe seid ihr gewesen;

jetzt aber habt ihr euch zu eurem Hirten bekehrt, der euer Leben behütet.

Ihr seid berufen... - da fühlt man sich doch gleich angesprochen, liebe Gemeinde, erst recht, wenn der Apostel näher ausführt, in welcher Wechselbeziehung das Leiden Christi und ein angemessenes Verhalten eines guten Christenmenschen zueinander stehen.

Welch Überraschung dann, beim Blick auf die Überschrift jenes Abschnittes zu erfahren, daß all diese Belehrungen sich an eine ganz bestimmte Gruppe von Christenmenschen richtet, mit der wir uns vermutlich gar nicht gern identifizieren: Die Sklaven!

Aber, liebe Schwestern und Brüder, deswegen sind diese Worte für uns dennoch nicht gleich unbrauchbar.

Denn es könnte ja durchaus sein, daß das, was den Sklaven insbesondere gesagt ist, im Großen und Ganzen auf alle Christenmenschen zutrifft, wenn auch vielleicht mit gewissen Abstrichen.

Und weiterhin wäre es möglich, daß es auch heute, auch unter uns Menschen gibt, deren Lebensumstände denen der antiken Sklaven so ähnlich sind, daß sie sich sehr wohl angesprochen fühlen, wo davon die Rede ist, daß man nicht Herr seines eigenen Lebens ist, sondern abhängig von den Entscheidungen anderer.

Gewiß sind die Leiden von Sklaven, deren Rechtsstellung damals denen von Haustieren heute glich, ganz andere als etwa gesundheitliche Beschwerden, die einem zu schaffen machen - auch wenn es wiederum Formen von Leiden gibt, von denen man sich ebenso sehnsüchtig wie ein Sklave die Erlösung wünscht...

Ich denke eher an die Schmach, trotz bester Arbeitsmoral und besten Arbeitsleistungen seinen Arbeitsplatz zu verlieren; und ich denke an den Fluch des Mithalten-Müssens, wenn von den Trophäen der Marktwirtschaft geredet wird, die man sich leistet, wenn man etwas geleistet hat.

Den Menschen, die in dieser Weise unfrei sind, die wie Sklaven gebunden sind an die Werte und Normen der Ellenbogen-Konsumgesellschaft - uns also - wird eine um 180° gewendete Sichtweise als Alternative geboten, ein Beispiel vor Augen gestellt, bei dem alles anders ist, als wir es sonst kennen und erwarten.

Das gibt diesem eher unspektakulären Text seine Brisanz; denn mit Leuten, die Maßstäbe setzen, haben wir, denke ich, so unsere Erfahrungen - und zwar nicht immer nur gute. Vorbilder sind nämlich so eine Sache, liebe Schwestern und Brüder.

Mal ganz davon abgesehen, daß uns die Bibel Bilder ausdrücklich verbietet, sind Vorbilder eine Bürde, eine Belastung; denn sie stellen einerseits Ansprüche an mich und sind auf der anderen Seite mir meist so weit voraus, daß es mir kaum gelingt, dahin zu gelangen, wohin sie mir vorangegangen sind.

Und doch bin mir dessen bewußt, daß ich sie brauche, die Vorbilder, um mich zu orientieren, um mich nach dem auszustrecken, was mir als Ziel vorschwebt und dabei zumindest das zu verwirklichen, was tatsächlich mir zu tun möglich ist.

Aber die gängigen Vorbilder unserer Zeit sind nicht die Gewaltlosen - im Gegenteil: noch immer werden Kriegsdienstverweigerer als Drückeberger verunglimpft!

Es sind nicht die Ehrlichen, die man lieber belächelt, während die Dreistigkeit von Betrügern vielen Respekt abnötigt.

Und nun: Christus als Beispielgeber, als Vorbild, dem wir nacheifern, in dessen Fußstapfen wir gehen sollen - nein: können, um frei zu werden von den Fesseln, die uns binden!

Christus als Abbild jener ganz andersartigen Menschen, deren Bilder ebenfalls in unseren Köpfen sind. Die wählt sich zwar niemand als Vorbild, aber sie lassen uns doch nicht los, weil sie uns jeden Tag in immer neuen Variationen bestürmen: Bilder von menschlicher Qual und Verzweiflung, von Ausgeliefertsein und Abhängigsein - die Montag-bis-Freitag-Bilder seelischer Ausdörrung.

Bilder, die einem nichts vormachen, was man nachzumachen hätte; ehrliche Bilder also, auf denen ich - in aller Not - die Würde der Kreatur sehe, die nicht um sich schlagen muß, des Menschen, der nicht zurückschlagen muß, wenn er geschlagen wird.

Wehrlosigkeit macht nicht würdelos.

Und so darf auch ich wehrlos sein gegenüber diesen Bildern und hilflos angesichts dessen, was sie mir berichten.

Ich selbst gehöre ja zu dazu zu der geschlagenen Kreatur, zu den hungrig, müde und allzu oft hoffnungslos gewordenen Menschen.

Die Bilder der Opfer von Mord und Gewalt reden mir meine Ohnmacht nicht aus, klagen mich nicht deswegen an, weil mir vielfach die Kraft fehlt, die in den Vorbildern steckt.

Nein, diese Gegen-Bilder nehmen mich bei der Hand, führen mich weg von den Phantasiegespinsten meiner Wunschträume dorthin, wo das wirkliche Leben ist.

Und da ist er, Christus, uns voraus in seiner Bereitschaft zum Leiden und dennoch nicht abgehoben in unerreichbare Höhen, sondern so spürbar, daß wir etwas haben, woran wir uns halten können, damit wir nicht mehr wie umherirrende Schafe sind.

Merkwürdig eigentlich, wie hier auf einmal die Sklaven angesprochen werden!

Kein Gedanke mehr an Fesseln, an Striemen, an Unfreiheit und Zwang; statt dessen ein geradezu idyllisches Bild: Schafe, die umherlaufen. Ist das nicht wieder sehr nah an unseren Träumen - den echten oder den eingeredeten - von Freiheit und Unabhängigkeit? Hat der Apostel Petrus nicht mehr im Blick, daß er sich an Sklaven gewandt hat?

Ein Christ ist ein freier Herr über alle Dinge und niemandem untertan. Ein Christ ist ein Knecht aller und jedermann untertan. So hat Luther die zwiespältige Existenz eines Christenmenschen charakterisiert zwischen Freiheit und Bindung.

Damit wollte er sagen: ***Beides*** kann zuviel und beides kann zuwenig sein:

Ein Sklave, den man freiläßt, ohne ihm die Möglichkeit zu geben, als freier Bürger zu leben, endet als Bettler, d.h. genauso abhängig von anderen Menschen, aber ohne ein sicheres Zuhause.

Ein Schaf, das keinen Hirten hat, wird nicht die Freiheit genießen, sondern zugrunde gehen.

Ein Christenmensch weiß, daß ein Herr ist im Himmel und auf Erden; deshalb unterwirft er sich nicht den Mächtigen und Mächten dieser Welt, die ja doch keine Macht haben, seinem Leben auch nur eine Elle hinzuzufügen.

Ein Christenmensch weiß, daß er nicht verloren geht, wenn er dem guten Hirten folgt, der sein Leben hingegeben hat für seine Schafe.

Ein Christenmensch weiß, daß wir frei sind, uns zu unserem Hirten zu bekehren, der unser Leben behütet.

Ein Christenmensch folgt also nicht einfach dem Herdentrieb, sondern setzt in freier Entscheidung Schritt für Schritt in den Fußspuren Jesu, um - wie er tot für die Sünden - der Gerechtigkeit zu leben.

Das ist die Freiheit, zu der er uns befreit. Dafür hat er uns teuer erkauft aus der Knechtschaft der Götzen - wie immer sie heißen mögen.

Der Ruf Gottes in Jesus Christus - heute soll er dich erreichen, Stefan B.!

Nicht in erster Linie, damit auch du ein Mitglied der Herde wirst, sondern vor allem, damit du in Christus den guten Hirten findest, der dein Leben behütet, gerade indem er dich nicht einsperrt, sondern dir die Freiheit schenkt, die herrliche Freiheit der Kinder Gottes.

AMEN.

6. SONNTAG NACH TRINITATIS, 7.7.2002 ST.-JAKOBI-KIRCHE ZU PERLEBERG

FRIEDE SEI MIT EUCH VON DEM, DER DA IST UND DER DA WAR UND DER DA KOMMT! AMEN.

Liebe Konfirmandinnen und Konfirmanden, liebe Fest-Gemeinde!

Lange haben wir darauf hin gearbeitet, es gab Erfolge, es gab Rückschläge - und heute ist endlich der große Tag gekommen: eine Nation fiebert dem Endspiel entgegen.

Keine Sorge, ihr Lieben: Mehr sage ich zum Thema Fußball heute nicht, zumal jetzt und nachher Euer großer Tag gefeiert wird, ein Tag des Übergangs von der Kindheit in die Jugend - und deshalb auch ein Tag des Rückblicks von Eltern und Paten auf die inzwischen vergangenen Jahre, und des Ausblicks auf Schulabschluß und Berufsausbildung. Ein Tag also, an dem manche Träne fließt unabhängig davon, wie das Ergebnis des Finalduells lautet.

... Hat's mich doch schon wieder erwischt! Dann eben noch diese eine Frage zum Thema PUBLIC VIEWING: Warum geraten Menschen, die sich gar nicht kennen, kollektiv in Euphorie? Das kann man außer beim Sport ja auch noch etwa bei Konzerten erleben, zuweilen sogar bei kirchlichen Veranstaltungen - ich denke an da den Kirchentag.

Nun, wenn ich schon so frage, kann ich auch gleich selbst die Antwort geben: Wir haben unsere Stellvertreter, die streiten, singen, siegen und uns als Zuschauer daran teilhaben lassen. So vermitteln sie uns das Gefühl, wir stünden mitten in jenem Leben, das sie führen (oder zur Schau stellen), während wir in Wahrheit ja nur Beobachter sind.

Wir haben - um es mit anderen Worten zu sagen - Helden und HEILIGE, die wir auf einen Sockel stellen und verehren, weil sie uns entlasten von dem Druck, selbst ebenfalls Großes vollbringen zu müssen - schließlich sind **wir nun mal** keine Heiligen. Aber Gott-sei-Dank gibt es solche Menschen, die das in die Tat umsetzen, wovon andere immer nur reden - teils voller Bewunderung für so viel Willensstärke und Konsequenz, teils voller Bedauern darüber, daß man selbst nicht die Kraft aufbringt, den inneren Schweinhund zu besiegen, um mit sich selbst und mit Gott in Einklang zu leben.

Schließlich wird man nicht im Handumdrehen zum Superstar, und um es zum Top-Model zu bringen, muß man richtig hart an sich arbeiten...

Doch nicht nur für die Taten, auch für die Worte gibt es Manager, die an unsere Stelle treten: Wie gut also, daß es PRIESTER gibt, die sich hinstellen und beten, um das Verhältnis mit Gott in Ordnung zu bringen, wofür die meisten Menschen selbst sich nicht genug Zeit nehmen oder zu wenig Übung haben oder sich gar für viel zu unwürdig halten, wenn sie in ihrem Leben schon zu viele Entscheidungen getroffen haben, die in eine andere Richtung zielten als hin zur Erfüllung von Gottes Willen.

Ihr habt es da ein wenig leichter, liebe Konfis, einfach schon mal deshalb, weil Ihr bisher noch nicht so viele Entscheidungen getroffen, euch festgelegt habt und dies im Nachhinein möglicherweise als einen Fehler bereut habt.

Aber die Gefahr ist da - das haben wir im Konfer in den Blick genommen -, zugleich aber auch erkannt, daß man sich nicht schämen muß, wenn man einsieht, daß man auf einem Holzweg war, weil man immer umkehren kann zu Gott, der uns eine neue Chance gibt.

Die Menschen, die ohne Gott auskommen, verzichten dennoch nicht auf ihre Priester, die ihnen helfen sollen, das seelische Gleichgewicht wiederzufinden. In Staat und Wirtschaft gilt deshalb: Was auch immer das Volk an Problemen artikuliert - Priestern gleich müssen die Politiker Befindlichkeiten zum Ausdruck bringen und den Weg zum Heil weisen; und solange sie es verstehen, *fremde* Opfer darzubringen, folgt man ihnen gern...

Das Leben in unserer hochdifferenzierten Welt kann ja so einfach sein, wenn man die uralte Zweiteilung in Herrscher und Untertanen akzeptiert und sich damit zufrieden gibt, daß es nun einmal zweierlei Sorten Menschen gibt: Quotenkönige und Quotenvolk.

Nicht wenige Zeitgenossen wünschen sich jene „guten alten Zeiten" zurück, da man sich nicht ewig mit Diskussionen aufhielt, an deren Ende sowieso meist faule Kompromisse stehen, sondern wo einer klar gesagt hat, wo's langgeht, und die anderen hatten das dann eben zu machen - basta!

Kirchlicherseits liegt diese Epoche schon fast ein halbes Jahrtausend zurück - jedenfalls aus unserem protestantischen Blickwinkel. Wir haben die Heiligen abgeschafft und den letztverantwortlichen Oberpriester auch. Aber nun haben wir den Schlamassel, daß niemand mehr verbindlich festlegt, was eigentlich gilt; da kann jeder beinahe glauben, was er will, und niemand läßt sich seinen Lebensstil mehr von den Pfarrern vorschreiben - ebenso wie Jugendliche mehr und mehr dagegen aufbegehren, den Lebensentwurf ihrer Eltern verwirklichen zu sollen.

Liebe Geschwister, beinahe könnte man versucht sein zu fragen: „Wie konnten wir nur?! Was gilt denn jetzt überhaupt noch? Ist nicht einmal mehr auf die Kirche Verlaß in Fragen von Gut und Böse?"

Einer der Schlüsseltexte der Bibel, der nicht nur besagt, daß wir starre Schemata aufgeben *konnten*, sondern sogar <u>mußten</u>, ist uns für heute zur Auslegung empfohlen. Ich lese die ersten zehn Verse des zweiten Kapitels vom 1. Petrusbrief:

2 1Laßt nun alle Bosheit hinter euch: Hört auf, Dinge aus Berechnung zu tun, zu heucheln, andere zu
beneiden oder schlecht über sie zu sprechen! 2Wie Neugeborene nach Milch verlangen, so sollt auch
ihr nach Milch, nach unverfälschten Worten, verlangen. Solche Nahrung soll euch stark machen, damit
ihr Heil und Rettung erfahrt. 3Ihr habt doch *geschmeckt, daß* GOTT *freundlich ist.*

4Wenn ihr zu dem lebenden Stein kommt, den die Menschen weggeworfen haben, der vor Gott aber
auserwählt und wertvoll ist, 5werdet ihr selbst wie lebendige Steine. Mit euch wird ein Haus gebaut,
das die Geistkraft selbst zusammenhält. Ihr werdet zu einer heiligen Priesterschaft, damit ihr Gaben
darbringt, die die Geistkraft wirkt, die Gott gefallen, weil sie im Vertrauen auf Jesus Christus
dargebracht wurden. 6Deswegen heißt es in der Schrift: *Siehe, ich setze in Zion einen Eckstein, erwählt
und wertvoll, und wer ihm vertraut, wird nicht verloren gehen.* 7Ihr vertraut ihm, für euch ist er das
Wertvollste. Für die aber, die ihm nicht vertrauen, ist er der *Stein, den die Bauleute verworfen haben,
der zum Eckstein geworden ist,* 8*ein Stein, an dem sie sich stoßen, und ein Fels, der Anlaß gibt, sich zu
ärgern.* Diejenigen, die sich durch das Wort nicht überzeugen lassen, stoßen sich daran, das ist ihre
Situation.

9Ihr aber seid eine Familie, ausgewählt wie *der Ort, an dem der König wohnt, eine Gemeinschaft von
Priesterinnen und Priestern, ein heiliges Volk, ein Volk, das Gott selbst gehört.* So sollt ihr derWelt
verkünden, was Gott getan hat, denn Gott hat euch aus dem Dunklen in das göttliche Licht gerufen. 10
Früher wart ihr nicht zusammen, habt keine Gemeinschaft gebildet, jetzt aber seid ihr *Volk Gottes,*

früher wußtet ihr nicht, wie es ist, wenn *jemand Mitleid mit euch hat*, jetzt aber habt ihr Mitleid erfahren.

Ich vermute, liebe Gemeinde, daß der alte Mann in Rom mit unserem Bibelabschnitt noch größere Probleme haben dürfte als mit jener Passage des Hebräerbriefes, in der davon die Rede ist, daß wir nur *einen* Hohenpriester haben, nämlich Christus; denn jene Aussage läßt sich nach katholischer Auffassung so interpretieren, daß unser himmlischer Hohepriester Christus durch seinen irdischen Vikar vertreten wird.

Hier aber heißt es, wir alle, die wir getaufte Christen sind, seien Priester - ein ganzes Volk von Priestern, zum Heil in Christus bestimmt, ausgesucht zum Leben mit Christus, unserem Oberpriester und König der Welt, nicht bestimmt zur Unterordnung unter menschliche Hierarchien, seien es kirchliche oder staatliche oder wirtschaftliche.

Das ist immerhin schon eine Demokratisierung des eingangs erwähnten Herrschaftsprinzips - oder eigentlich müßte ich besser sagen: eine *Theo*kratisierung; denn es geht ja nicht um eine Herrschaftsausübung durch Mehrheitsbeschluß, sondern darum, daß Gottes Reich in dieser Welt zum Vorschein kommt.

Zwar ist auch im 1. Petrusbrief von Heiligen die Rede, und das Prinzip der Stellvertretung ist zu erkennen; doch uns ist die bequeme Zuschauerrolle entzogen. Gott beruft alle Menschen, die zu ihm gehören, in den Dienst an der Welt.

„Heilig" ist nämlich kein Attribut der Frömmigkeit oder moralischer Qualität; heilig sind Gott all jene Menschen, die das Heil in Christus angenommen haben. Unser priesterlicher Dienst besteht nun darin, für alle Welt Fürbitte zu halten und in Wort und Tat das Heil in Christus zu bezeugen.

Einen Tempel aus lebendigen Steinen will Gott bauen, dessen Fundament Jesus Christus ist. Nicht Glockenläuten soll der Menschen Aufmerksamkeit erregen, sie sollen auch nicht nur Kunstschätze bestaunen, wenn sie das Innere eines Gotteshauses betreten. Sie sollen staunen, aber auch stolpern über die Botschaft, die hier *gelebt* und *verkündigt* wird, wenn wir *verkünden, was Gott getan hat*, denn Gott hat euch aus dem Dunklen in das göttliche Licht gerufen.

Verlorene einzelne finden hier ein Zuhause, sind eingebunden in eine große Gemeinschaft, die auf Nächstenliebe basiert statt auf Konkurrenzkampf. Nicht „Verdienst und Würdigkeit" entscheiden darüber, wen Gott zum Tischgenossen erwählt, sondern allein unsere Bedürftigkeit und Gottes Barmherzigkeit. Christus hat sein Leben gegeben, damit wir dem Tod entrinnen.

Doch dieses Erzählen von Gottes großen Taten kann sich nicht allein auf unsere sonntäglichen Gottesdienste beschränken; denn da sind wir quasi „unter uns". Es geht aber gerade darum, jene anderen Menschen zu erreichen, die - auch wenn sie das selbst anders sehen - noch in der Finsternis sind, aus der Gott sie herausholen will in sein wunderbares Licht.

Was Jesus Christus gesagt und getan hat und für uns maßgeblich geworden ist, gehört deshalb in das Alltagsgespräch, in die Zeitung, in die Schule. Ich weiß nicht, wieweit es uns gelungen ist, Euch das deutlich zu machen, liebe Konfirmandinnen und Konfirmanden, aber wir haben auf jeden Fall versucht durchzubuchstabieren, was Christsein im Zusammenhang unseres Alltagslebens an Konsequenzen nach sich zieht.

Gefragt, was denn als wichtigster Lerninhalt bei Euch hängengeblieben ist, antworteten die meisten sinngemäß: *daß ich in Gottes Hand bin / daß mein Leben eine Richtung hat / daß mein Leben unter Gottes Segen steht / daß Jesus Christus immer für mich da ist.*

Das ist schön, das ist richtig und gut so. Aber es ist nicht alles: Der Eckstein Jesus Christus, der uns in Krisenzeiten Halt und Trost gibt, kann auch ganz leicht zum Stein des Anstoßes werden, sagt der Verfasser des Petrusbriefes, und plötzlich ist Kirche und Glaube gar nicht mehr populär.

Wenn von der Kanzel aus neben dem *schenkenden* Gott auch ein *fordernder* Gott ins Gespräch gebracht wird, wenn wir außer vom SEGEN auch vom GEBOT sprechen, dann ist diese Botschaft sperrig, weil sie nicht nur Seelenfrieden stiftet, sondern auch Frieden *einfordert*: Sozialen Frieden hier, dort das Ende von Krieg und Terror in der Welt, Frieden auch mit der Schöpfung.

Liebe Schwestern und Brüder in Christus!

Gott macht es sich und uns nicht leicht: Lebendige Steine - das ist eine wacklige Angelegenheit. Da wird viel häufiger umgebaut als unsere Kirchen und Orgeln restauriert werden müssen. Da regnet es manchmal durch, und es zieht durch etliche Risse und Spalten. Nicht nur un*anschaulich*, oft auch un<u>ansehnlich</u> ist dieser geistliche Tempel, denn Menschen haben nun mal mehr Fehler als solides Mauerwerk.

Aber dafür sind sie lebendig - so lebendig wie Ihr mit Euren Fragen und Widersprüchen, mit Eurer Suche und Eurem Eifer. Und im nächsten Moment ist davon nichts mehr zu spüren. Und eine Woche später ist wieder das volle Engagement da, Leidenschaft, die nach außen wirkt.

Eben auf dieses Lebendige kommt es Gott an: So menschlich-unvollkommen, wie wir es zu bezeugen vermögen, will Gott wahrgenommen werden. Er traut uns zu, denen ein leuchtendes Beispiel zu sein, die in der Finsternis sind, die Gerechtigkeit und Solidarität nur vom Hörensagen kennen - HEILIGE, PRIESTER eben, die nicht in sich selbst ruhen und sich damit zufrieden geben, von den übrigen bestaunt und verehrt zu werden, sondern weitersagen und weitergeben, was sie zuvor von Gott empfangen haben an Liebe und Güte, Geduld und Vertrauen.

In dieses Gebäude, das mehr eine Hütte denn ein Palast ist, werdet Ihr heute aufgenommen - und dadurch verändert sich dieser Bau, wird jünger, farbiger, lebendiger als er noch eben war. Das einzige, was unveränderlich bleibt, ist das Fundament, auf dem wir alle ruhen, Jesus Christus.

> Herr unser Gott, stärke uns durch dein Wort, daß wir wachsen im Glauben an Jesus Christus, den Fels und Grund, auf dem wir stehen. Laß uns nicht wankend werden, wenn wir nicht wissen, was du mit uns vor hast. Führe uns durch deinen Heiligen Geist zusammen als dein Volk, laß uns auf dein Wort hören und auf einander, so daß wir durch unser lebendiges Zeugnis anderen die frohe Botschaft nahebringen.

AMEN.

DIE LIEBE GOTTES, DIE GNADE UNSERES HERRN JESUS CHRISTUS UND DIE GEMEINSCHAFT DES HEILIGEN GEISTES SEI MIT UNS ALLEN! AMEN.

Liebe Schwestern und Brüder,

der zweite Sonntag nach Ostern hat den schönen Namen "Miserikordias Domini" - übersetzt: die Gnade des Herrn.

Von Alters her ist diesem Sonntag das Motiv vom guten Hirten zugeordnet. Deswegen haben wir heute den 23. Psalm gebetet.

Doch auch die Predigt- und Lesetexte stehen in einem gewissen Zusammenhang mit dem Bild vom Hirten, das nicht zuletzt wegen seines häufigen Gebrauchs kirchliche Sprache geprägt und dazu geführt hat, daß selbst sehr kirchenferne Menschen eine Vorstellung vom Pastor und seiner Herde haben; lediglich in Spanien lächelte man, wenn ich von mir als einem Pastor - im Unterschied zum katholischen Priester - sprach; das Wort ist dort dem Schäferhund vorbehalten.

Während es durchaus fromme Menschen - vor allem höheren Alters - gibt, die gern das alte Kirchenlied zitieren "weil ich Jesu Schäflein bin", gibt es auf der anderen Seite etliche Leute, die es rundweg ablehnen, sich selbst als Schaf zu sehen - womöglich gar als verlorenes Schäfchen! Es ist nun mal so, daß "Dumme Schafe" keine Konjunktur haben bei unseren Zeitgenossen - da hilft auch kein SHAUN, DAS SCHAF, das dem Vernehmen nach recht beliebt ist.

Schlimm genug, daß es den Herdentrieb gibt, vor dem auch reflektierte Menschen nicht gefeit sind! Aber Hirten gelten - zumal in der Großstadt - als ein von unserem Alltagsleben allzu entferntes Völkchen; nur in der Weihnachtsgeschichte dürfen sie eine Rolle spielen, und auch dort vielleicht vorwiegend wegen der romantischen Stimmung, die damit einhergeht.

Wenn man sich die Texte unserer Perikopenordnung ansieht - im Sonntagsgottesdienst der Paulusgemeinde gibt es ja neben dem Predigttext in der Regel nur eine Lesung, aber insgesamt sind jedem Sonntag sechs Bibelabschnitte zugeordnet -, dann merkt man einerseits den "Roten Faden", andererseits wird der Bezug zum Hirtenthema, das mit jenem Evangeliumstext beginnt, der von Jesus als dem Guten Hirten spricht, immer schwächer, bis schließlich nur noch eine Stichwortverbindung übrig bleibt.

In der Alttestamentlichen Lesung aus dem Buch des Propheten Ezechiel [die ich *eben deshalb* ausgewählt habe] wird noch am deutlichsten erkennbar, daß das Hirtenamt, ausgehend von dem Hirtenjungen David, etwas zu tun hat mit Leitungsfunktion, ja geradezu synonym gebraucht werden kann mit dem Königstitel, und erst in zweiter Linie auch die *geistliche Leitung*, das Hirtenamt, wie es die Kirche versteht, meint. Wir kommen darauf noch zurück.

Merkwürdigerweise fehlt in der Reihe der auf den guten Hirten bezogenen Bibelstellen eine Geschichte, die ich hier gleich noch heranziehen möchte, eine Geschichte, die so gut wie jeder kennt. Aber zuvor möchte ich - zumindest in Stichworten - markieren, welche Lesungs- und Predigttexte ansonsten für "Miserikordias Domini" vorgesehen sind und wie wenig sie teilweise noch mit dem zu tun haben, was gleich noch zu entfalten sein wird:

Die Epistel, 1 Petrus 2, 21-25, hat schon nicht mehr zu bieten als folgenden Satz: Ihr wart umhergeirrt wie Schafe, die sich verlaufen haben; doch jetzt seid ihr zu dem zurückgekehrt, der als euer **Hirte** und Beschützer über euch wacht. Noch ärmlicher ist der Bezug im Hebräerbrief, Kapitel 13, Verse 20-21: Der Gott des Friedens, der den großen **Hirten** seiner Schafe, unseren Herrn Jesus, von den Toten auferweckt hat, nachdem er mit dessen Blut den neuen, ewig gültigen Bund besiegelt hatte... - ein Abschiedsgruß, mehr nicht. Und über so etwas soll dann gepredigt werden, liebe Gemeinde!

Reizvoller, wenn auch theologisch nicht wirklich ertragreicher, ist der letzte verbliebene Text, der im kommenden Jahr auf der Tagesordnung stehen wird, aus dem letzten Kapitel des Johannesevangeliums, in dem der Auferstandene sich dreimal an Petrus wendet: "Liebst du mich?" - und nachdem der dreimalige Leugner sich zu seinem Herrn bekannt hat, erhält er dann den Auftrag: "**Weide** meine Lämmer!" und wird so - nach römischer Lesart - zum Oberhirten der gesamten Christenheit.

Petrus also ***der*** Hirte schlechthin, nach **Jesus** *selbst*, versteht sich. Im Namen eben dieses Apostels schreibt am Ende des ersten christlichen Jahrehunderts ein anonymer Ältester den von uns sogenannten "1. Petrusbrief". Aus dessen letztem Kapitel ist der für dieses Jahr zur Auslegung empfohlene Text entnommen, den ich jetzt vorlese:

Jetzt noch ein Wort an die Gemeindeältesten unter euch. Ich bin ja selbst ein Ältester und bin ein Zeuge der Leiden, die Christus auf sich genommen hat, habe aber auch Anteil an der Herrlichkeit, die bei seiner Wiederkunft sichtbar werden wird. Deshalb bitte ich euch eindringlich: Sorgt für die Gemeinde Gottes, die euch anvertraut ist, wie ein Hirte für seine Herde. Seht in der Verantwortung, die ihr für sie habt, nicht eine lästige Pflicht, sondern nehmt sie bereitwillig wahr als einen Auftrag, den Gott euch gegeben hat. Seid nicht darauf aus, euch zu bereichern, sondern übt euren Dienst mit selbstloser Hingabe aus. Spielt euch nicht als Herren der Gemeinden auf, die Gott euch zugewiesen hat, sondern seid ein Vorbild für die Herde. Dann werdet ihr, wenn der oberste Hirte erscheint, mit dem Siegeskranz unvergänglicher Herrlichkeit gekrönt werden.

Es gab, so las ich, in der Anfangszeit der Christenheit Gemeinden, die - ebenso wie unsere Evangelische Kirche heute - kollegial geleitet wurden: durch Älteste, auch Presbyter genannt; wir müßten ergänzen: und durch Synodale, also sozusagen"kirchliche Abgeordnete".

Daneben gab es, was es auch heute noch gibt, Gemeinden und ganze Kirchtümer, an deren Spitze ein Geistlicher - meist Bischof genannt - stand.

Ein Blick in unseren Text ergibt kurioserweise folgendes: Während sich die Römisch-katholische Kirche auf Petrus als Gewährsmann einer obersten kirchlichen Autorität beruft, spricht hier der, der sich Petrus nennt, von sich als einem Ältesten und wendet sich an seine *Mit*ältesten. Er ermahnt sie, den ihnen - von ***wem*** eigentlich? - aufgetragen - Dienst "mit selbstloser Hingabe" auszuüben, fordert sie auf, der Gemeinde ein Vorbild zu sein, erinnert an die Verantwortung, die sie zu tragen haben, warnt vor Gewinnstreben, empfiehlt ihnen die Fürsorge für die Gemeinden an - mit einem Wort: er malt ein Bild pastoralen Dienstes, das sich an der Hirtentätigkeit Gottes orientiert, der seinerseits den Hirten für ihren aufopfernden Dienst einst den Siegeskranz verleihen wird.

Unser Bibelabschnitt gehört zu den Standard-Texten bei kirchlichen Einführungshandlungen, insbesondere bei der Ordination - wobei dann allerdings der erste Vers weggelassen wird, damit niemand verwirrt werde, weil doch eigentlich von den Mit*ältesten* des Verfassers die

Rede ist und ***eben nicht*** von den Pfarrerinnen und Pfarrern. Doch das ist nicht die einzige Akzentverschiebung, die es im Lauf der Zeit gegeben hat.

Auch wenn zufälligerweise gerade ein Pastor dieses Amt bekleidet: Das Hirtenamt wäre unter gegenwärtigen verfassungsmäßigen Bedingungen eigentlich eher das des Bundespräsidenten, der zwar nicht die Regierungsgeschäfte führt, dafür aber - das wurde in der Krise um dieses Amt einigermaßen deutlich - in Anspruch genommen wird, um das kollektive Bewußtsein, das Wir-Gefühl der Nation anzusprechen, um Orientierung zu geben in ethischer Hinsicht, um zu integrieren und zu moderieren.

Ein Hirte steht nicht an der Spitze der Herde - das macht der Leitwidder -, sondern geht hinterher. Aber er muß den Überblick haben und dafür sorgen - so ist es ja auch im 23. Psalm ausgedrückt -, daß die ihm Anvertrauten Nahrung und Getränk finden. Er ist also verantwortlich für das Wohl und Wehe seiner Herde, nicht nur im übertragenen, geistlichen Sinne, sondern ganz wörtlich, ganz handgreiflich und materiell.

Die vorhin in Aussicht gestellte weitere biblische Geschichte setzt voraus, daß ein wahrer Hirte seines Volkes sich kümmert und einsetzt. Sie erzählt von Jesus und den vielen Menschen, die ihm folgen, obwohl er sich eigentlich mit seinen Jüngern zurückziehen wollte. Aber all diese Leute - am Ende wurden etwa 5000 gezählt - taten Jesus leid, “denn”, so wörtlich: “ sie waren wie Schafe, die keinen Hirten haben”.

Anders als wir, liebe Schwestern und Brüder, wußten die ersten Hörerinnen und Hörer dieser Botschaft mit der Anspielung etwas anzufangen: Mit dem Hirten ist zweifellos der König gemeint - Jesus selbst wird ja ebenfalls als König in Jerusalem einreiten, wenngleich auf einem Esel, um deutlich zu machen, inwieweit *sein* Königreich sich unterscheidet von jenen Imperien, die man auf dieser Welt findet. Einen König gab es zwar dem Titel nach, er spielt sogar eine gewisse Rolle beim Prozeß gegen Jesus, aber die Juden nahmen ihn nicht wirklich ernst, war er doch ein Vasall der Römer und außerdem kein anerkannter Jude, somit alles andere als ein würdiger Inhaber des Davidsthrones.

Kaum hat sich Jesus der Not dieser Menschen angenommen, die sich, wie ausdrücklich betont wird, “an einem wüsten Ort” aufhalten, findet sich auch etwas, um sie zu sättigen - denn wie wir wissen, lebt der Mensch ja nicht vom Brot allein, sondern von einem jeden Wort, das aus Gottes Mund hervorgeht.

Und so gibt Jesus die Frage, womit man so viele hungrige Mäuler stopfen solle, an seine Jünger zurück und fragt: “Wie viele Brote habt ihr?” Man antwortet: “Zwei - und fünf Fische” - und darin steckt die für fromme Juden offenkundige Zahlensymbolik der zwei Tafeln des Gesetzes Gottes und der fünf Bücher der Thora. Das sind, nebenbei bemerkt, jene Perlen, die man nicht vor die Säue - die römischen Besatzer - werfen soll. Das ist, was ein orientierungs- und führungsloses Volk zum Überleben braucht, damit die Hoffnung nicht stirbt auf ein Leben in Freiheit.

Deshalb kann es kaum überraschen, daß die Lagerstätte für die Menschengruppen von fünfzig oder hundert Personen - die sich nach wie vor in der Wüste aufhalten - als Gras bezeichnet wird - sozusagen die “grüne Weide” aus Psalm 23. Und noch weniger wundersam ist, daß diese Mahlzeit alle satt macht; am Ende bleiben sogar noch reichlich Krümel übrig, wie sie gelegentlich vom Tisch des Herrn fallen und dann von den Hunden verspeist werden.

Für mich gibt es keinen stärkeren Bibeltext über den guten Hirten Jesus als eben diesen!

In dem Auslegungstext dieses Sonntags wird - und das gefällt mir - einerseits auf das Beispiel Jesu verwiesen, andererseits aber doch unterschieden zwischen den Mitältesten auf der einen Seite, die in ihrer Gemeinde das Hirtenamt ausüben, und auf der anderen Seite dem obersten Hirten, der den Getreuen einst die Krone des Lebens geben wird.

In einer Kirche, die sich von patriarchalen Strukturen weitestgehend gelöst hat - was gelegentlich Neid auf die bunt gewandeten Priester und ihren medienaffinen obersten Bischof nach sich zieht - in unserer geschwisterlich geleiteten Kirche müßte unser Bibeltext heutzutage eigentlich umgedreht werden, so daß der Prediger sich den aktiven Gemeindegliedern zuwendet und in Aufnahme der alten Botschaft in etwa folgendes sagt: Die Engagierten unter euch, liebe Schwestern und Brüder, möchte ich, ein Kenner eurer Misere, trösten: Gebt es nicht auf, euch eigenständig um die Gemeinde zu bemühen! Es wird immer wieder Hirten geben, die selbstbezogen, träge, desinteressiert und gleichzeitig autoritär ihrer Aufgabe nachkommen...

Aber wie sollte man dann fortfahren? Etwa dazu aufrufen, mit derartigen Vertretern einer "Amtskirche" nicht mehr zusammenzuarbeiten / aus der Kirche auszutreten / sein eigenes Ding zu machen?

Vielleicht gibt es ja zumindest die Möglichkeit, dem Unmut Luft zu machen, eventuell sogar disziplinarische Schritte einzuleiten gegen allzu selbstgefällige Autokraten, die Kommunikation und Teilhabe blockieren.

Im Hirtenwort Jesu werden Leute wie ich, die das Pastorendasein zu ihrem Brotberuf gemacht haben, mit dem wenig schmeichelhaften Attribut "Mietling" qualifiziert. - Bei aller Liebe zu seinem Beruf sollte also niemand von den professionellen Hirten je vergessen, daß es unsere Aufgabe ist, die - ich sage das jetzt ganz bewußt so - "Schäflein" so zu leiten und zu begleiten, daß sie in Jesus dem guten Hirten begegnen und in Gott unseren einzigen wahren Hirten erkennen.

Am Ende sind wir, wie mir scheint, wieder ganz am Anfang angekommen - bei Psalm 23: Der Herr ist mein Hirte... Recht verstanden, besitzt ein solch vermeintlich harmloser Satz dieselbe politische Sprengkraft wie das Bekenntnis KYRIOS CHRISTOS - Christus ist der Herr, der Herrscher, der Boß, ist der, der ***einzig und allein*** über mein Leben zu bestimmen hat, dem ich *vertraue* und *gehorche*.

Denn daraus folgt mit unweigerlicher Logik die Absage an alle anderen Menschen und Mächte, die sich anmaßen, uns Loyalität abzuverlangen. Gott - **er allein** - ist unser Hirte!

Er lenkt und leitet uns, und wir folgen ihm, behütet durch sein Wort, das uns der Heilige Geist erschließt, wie es Gott gefällt.

AMEN.

Erntedank, 4.10.1992, Coligny-Saal der Französischen Kirche zu Berlin

Die Liebe Gottes, die Gnade unseres Herrn Jesus Christus und die Gemeinschaft des Heiligen Geistes sei mit uns allen! AMEN.

Liebe Schwestern und Brüder!

Der Fest-Kalender steht auf "Erntedank".

Danket, danket dem Herrn, denn er ist sehr freundlich, und seine Güte währet ewiglich.

Ewiglich, ja - aber anscheinend nicht jedermann überall.

Allen steht es zu Gebote, Gott dankbar zu sein, doch nur wenige - vielleicht sind es 20 bis 25% der Weltbevölkerung - haben wirklich Grund zur Freude an den reichen Gaben der Schöpfung.

Dennoch: wir hier können tatsächlich dankbar sein, daß wir zu essen haben - genug und beinahe ohne Gift und noch immer einigermaßen bezahlbar.

Ernte-Dank - erwähnt sollte es wenigstens werden, schon weil uns dann vielleicht wieder in den Sinn kommt, daß Danken und Teilen unmittelbar zusammen gehören.

In der Heilandsgemeinde in Moabit, wo ich jetzt Dienst tue, da freuen sich die Menschen über den Bauern aus Potsdam, der zweimal die Woche vor der Kirche sein erntefrisches Obst und Gemüse verkauft; freilich nicht alle: die Händler aus der Arminiushalle haben bereits protestiert: Soll jeder seine Chance haben, aber doch bitte schön nicht auf unsere Kosten!

Ob es stimmt, daß die Leute aus der Markthalle alle "Republikaner" wählen, weiß ich nicht.

Aber ist nicht das, was jetzt an Stammtischen und auf der Straße an Unmut geäußert wird auch eine Art "Ernte", eine Ernte des Undanks?

Zwei Jahre nach der deutschen Vereinigung beginnen wir nun Sturm zu ernten, wo unsere Politiker Wind, leere Versprechungen, gesät haben.

Wem die Vergangenheit genommen ist und wer keine Zukunftsperspektive hat, dem bleibt doch immerhin die zweifelhafte Ehre, ein Nachfahre der "Dichter und Denker" zu sein, ob er nun wahrhaben will oder nicht, daß er damit zugleich ein Nachkomme der "Richter und Henker" ist.

Alles kann einem genommen werden, das nationale Erbe aber nicht: Es ist - mir zwar nicht, aber manch einem Zeitgenossen hierzulande - unter der Gnade später Geburt wieder möglich, stolz, ein Deutscher zu sein. Wenn auch Deutscher erster Klasse und zweiter Klasse.

So wird in vielen Gemeinden heute Erntedank gefeiert, obwohl niemand mehr vom Teilen hören will. Mit den - so hießen sie mal - "Brüdern und Schwestern in der Zone" nicht, und schon gar nicht mit den - welch ein Schimpfwort! - "Hungerleidern" aus aller Welt.

Wenn wir ans Danken denken, dann laßt uns die Sorgen vergessen, daß wir "zu kurz kommen" könnten, laßt uns hören, wozu der Verfasser des 1. Petrusbriefes mahnt. Ich lese aus Kapitel 5 die Verse 5 bis 11 in einer eigenen Übersetzung:

Gott wird sich den Hochmütigen entgegenstellen, den Demütigen aber wird er Gnade geben. So demütigt euch unter die starke Hand Gottes, auf daß ihr erhöht werdet zur rechten Zeit, all eure Sorge werft auf ihn, denn ihr liegt ihm am Herzen.

Seid nüchtern und wachsam! Euer Widersacher, der Verwirrer, geht umher wie ein Löwe, der brüllend nach Beute sucht: Dem stellt euch entgegen, fest im Glauben; wißt, daß ebendieselben Leiden den Geschwistern in aller Welt auferlegt werden.

Doch der Gott aller Gnade, der euch in Christus Jesus berufen hat zu seiner ewigen Herrlichkeit, der wird - auch wenn ihr ein wenig leiden müßt - ausrüsten, fest machen, Kraft geben, auf festen Grund stellen.

Ihm gehört alle Macht in Ewigkeit, wahrlich!

Ihr wißt, daß den Geschwistern in aller Welt ebendieselben Leiden auferlegt werden, schreibt 'Petrus'.

- ***Wissen*** wir das wirklich? Anders gefragt: Wollen wir es überhaupt wissen?

Oft lassen wir das nur gelten unter dem Vorbehalt, daß die Worte umgedreht werden und dann ihnen dieselben Leiden auferlegt sind, wie wir sie kennen.

Manche denken dabei an wie ein brüllender Löwe lauernde Versuchungen oder auch an die mannigfaltigen persönlichen Leiden, die man an sich selbst oder anderen kennelernen und erdulden mußte, und meinen zu wissen, wovon die Rede ist. So verstanden, können wir dem Satz des Apostels zustimmen.

Dann ist unser Blick gelenkt auf Hiob, den Hochmütigen, der sich nicht beugen, nicht demütigen wollte unter Gottes starke Hand, angesprochen sind wir dann auf unseren Stolz, auf unseren Widerstand gegen Gott und seine Gnade. Und wo diese "Gnade" wie Züchtigung oder gar Willkür erscheint, da muß die Rede von Gottes Ratschluß herhalten - auch dies ein Erbteil, nämlich unserer reformierten Tradition.

Aber: Ist nicht auch nach Hiob die Frage noch durchaus offen, ob denn nun Gott selbst oder der Versucher das Leiden heraufführt, und wenn jener, dann als Gottes Gegenüber oder als sein Untergebener?

Für mich ergibt sich dann aus dem Text die Frage, wie das gehen, wie das konkret aussehen soll: sich in Gott ergeben, wie in Vers 6 gefordert, zugleich aber auch wider den Teufel streiten, wie Vers 9 will?

Dazu ist es jedoch unerläßlich, in den Blick zu nehmen, was der Verfasser selbst mit ebendenselben Leiden meint, die den Geschwistern, den übrigen Christen also, auferlegt seien.

Die frühen christlichen Gemeinden befanden sich in einer schwierigen Situation: Sie waren anders, sie fielen auf, fielen aus dem Rahmen ihrer heidnischen Umwelt. Mochte doch jeder nach seiner Façon selig werden und beten, zu wem er wollte. Aber dem Kaiser das Opfer zu verweigern - eine religiöse Lappalie, jedoch staatsbürgerliche Pflicht - das ging zu weit. Also wurde mit "aller Macht" (man achte auf den letzten Vers!), mit aller staatlichen Macht ein Exempel statuiert an diesen aufmüpfigen Leuten. Eben **diese** Leiden bekamen alle bekennenden Christen im Römischen Reich zu spüren, zumindest im Umkreis des 'Petrus'.

Und der Widersacher war listenreich, ließ nichts unversucht, die Christen durcheinander zu bringen: "Sollte Gott gekränkt sein, nur weil man ein wenig Weihrauch entzündet? Ist doch schließlich nur eine Formsache, das Herz hängt nicht daran. Und dann: welche Möglichkeiten stehen einem offen, wenn man nur als ordentlicher Staatsbürger gilt?! - In Ruhe und Frieden leben und ein "guter Christ" sein könnte man dann..."

Freilich: Unbelehrbare, die sich solcherart nicht überzeugen ließen, mußten eben durch Denunzianten aufgespürt und ans Kreuz genagelt werden, wenn gar nichts anderes half...

Diese Leiden sind uns heute hier fremd. Und da gibt es allerdings jeden Grund, Gott dankbar zu sein! Auch wenn wir nicht bis in die Nazizeit zurückdenken müssen, um uns der Christenverfolgungen zu erinnern: die gab es auch in der frühen DDR-Zeit, und Bespitzelung gehörte zu diesem System bis an dessen Ende.

Gott sei Dank sind diese Leiden heute hier vorbei - auch wenn die Frage erlaubt sein muß, ob das nur daher kommt, daß dieser Staat so tadellos ist oder ob nicht auch viele Christen in diesem unserem Lande aus Demut Duckmäusertum gemacht haben?

Es sind jedenfalls andere, die uns spontan einfallen, wenn von dieser Art von Leiden, dieser menschengemachten Art von Leiden gesprochen wird: Jene, die mit dem Feuerlöscher neben dem Bett schlafen.

Und da sind nur ganz wenige - nicht nur, aber auch - "bekennende Christen", die sie beschützen, oder besser gesagt: die sich als Prügelknaben denen in den Weg stellen, die ihrem Haß freien Lauf lassen wollen.

Aber wem wird nun eigentlich Demut empfohlen - etwa den **Opfern**?!

Ich denke, nur wenn wir es wagen, "Demut unter Gottes starke Hand" auch an inhaltlichen Merkmalen festzumachen, entgehen wir der Gefahr, daß uns alles durcheinandergeworfen wird.

Der Apostel unterscheidet klar: auf der einen Seite die Hochmütigen - ob nun staatliche Prügeltrupps damals oder Wehrsportgruppen heute: ihnen wird Gott sich entgegenstellen.

Auf der anderen Seite die Demütigen, diejenigen, die den Mut-zum-Dienen haben, die - und sei es unter persönlichen Opfern - Widerstand leisten: Ihnen ist Gottes Hilfe, ist seine Gnade zugesagt.

Seid nüchtern und wachsam, mahnt 'Petrus'. Denn der Verwirrer wird euch Bibel und Katechismus um die Ohren hauen, wo euch Vernunftsgründe nicht vom Zeitgeist überzeugen. Freilich wird er nicht zitieren, was wir an die Heilandskirche geschrieben haben: "Asylanten raus?", steht da, beantwortet mit dem Schriftwort: Gott spricht: Ihr seid alle Fremde und Gäste vor mir.

Nein, der Verwirrer sucht von den "Sachzwängen" zu überzeugen und beschwichtigt den Besorgten mit der Auskunft, daß wir allzumal Sünder seien.

Seid nüchtern und wachsam, der Verwirrer wird versuchen, in eins zu setzen, was zweierlei Maß erfordert: Hier die Einsamkeit eines trauernden Hinterbliebenen oder das Mit-Leiden mit einem geliebten Menschen, der schwer erkrankt.

Und dort, in Somalia etwa, Hunger wie ein Naturgesetz, oder dort, auf dem Balkan und anderswo, der alltägliche Krieg.

Aber wir können nicht beide Male die Hände falten und einfach nur um Gottes Beistand in der Not bitten; wir dürfen es nicht: Wo Menschen Leid verschulden, da ist der Widersacher am Werk!

Dem stellt euch entgegen! mahnt unser Text.

Das allerdings ist so einfach gesagt und so unendlich schwer getan, nicht nur vor unseren Gedenkstätten und Asylantenheimen!

Da ist es schon tröstlich zu wissen, daß Menschen weltweit (ich nenne das: in wahrer Ökumene) Nachteile in Kauf nehmen, um Gottes Recht zu bezeugen.

Doch wenn es mit dem Reich Gottes - hier und jetzt - nicht vorangeht, wenn nicht einmal die Bekämpfung seines Widerparts - Gewalt, Umweltzerstörung, Hunger - Fortschritte macht, dann verlieren gerade die Eifrigsten leicht die Geduld, auf die "rechte Zeit" zu warten, wenn diejenigen erhöht werden sollen, die sich gedemütigt haben unter Gottes starke Hand.

Hier sollen, hier dürfen wir das sorget nicht! hören: Gewiß, wir stehen in der Spannung zwischen der verheißenen Herrlichkeit Gottes und den Erfahrungen unseres Alltags. Aber wir sind nicht in der Situation Jesu in Golgatha - der Sieg **ist** bereits errungen!

Weder anderen noch uns hier ist es auferlegt, zu leiden um höherer, uns unverständlicher Ziele willen.

Aber es ist uns auferlegt, zu Leiden an dem Widerspruch zwischen dem, was wir hoffen, und dem, was wir tagtäglich sehen und hören und fühlen. Das sind ebendieselben Leiden, die alle Christen miteinander teilen; aber auch dies nicht etwa als "Selbstzweck": Wir sind durch Jesus Christus doch nicht zum Leiden in und an der Welt bestimmt, sondern zur Teilhabe an Gottes ewiger Herrlichkeit berufen. Auch wenn das eine ohne das andere nicht sein kann, solange Leid in dieser Welt ist.

Und so geraten wir zwischen die Mächte des Himmels und der Hölle - berufen zu Gottes Herrlichkeit, die noch nicht vollendet ist in dieser Welt. Noch zeigt der Tod die Zähne, und es ist allemal angenehmer, bei Seite zu schauen als ihm ins Angesicht.

Aber: berufen zu Gottes ewiger Herrlichkeit heißt nicht: dieser Welt enthoben. Und wenn es hier Opfer und da Täter gibt, dann ist der Platz des Zuschauers zumindest keiner, den Christen, berufen zu Gottes ewiger Herrlichkeit, in aller Seelenruhe einnehmen können.

Märtyrer - Blutzeugen - gab es damals und gibt es noch heute. Sie sind aber, meine ich, nicht der christliche Mensch schlechthin - vielleicht noch nicht einmal als Vorbild geeignet. Ich bin kein Bonhoeffer, wie kann ich da Ihnen abverlangen, in solcher Entschlossenheit zu leben und zu sterben.

Aber vielleicht können wir einander unsere Sorgen mitteilen und so teilen. Vielleicht können wir uns gegenseitig Mut machen: Mut zum Dienst an und für den Nächsten. Und uns in all unserer Ohnmacht daran erinnern: Ihm gehört alle Macht in Ewigkeit, nicht denen, die jetzt wüten!

AMEN.

FRIEDE SEI MIT EUCH VON DEM DER DA IST UND DER DA WAR UND DER DA KOMMT! AMEN.

Liebe Brüder und Schwestern,

wir sind ein wenig aus der Übung gekommen, was die Tradition der Ökumenischen Friedensdekade betrifft, haben uns ein Stückchen entfernt von jenen, die seit nunmehr drei Jahrzehnten festhalten am Gebet für den Frieden.

Dabei haben wir doch positive Erfahrungen machen dürfen mit Kerzen und Gebeten!

Gott sei Dank ist der Kalte Krieg vorüber - auch wenn das nicht bedeutet, daß wir in Frieden leben. Deutschland ist mit seiner Armee am Afghanistankrieg beteiligt, hat sich zu einem gleichberechtigten NATO-Partner entwickelt...

Eigentlich schade, daß wir uns gerade in einer Zeit, da wir ohne Umstände gemeinsam mit den Christen in Teltow, Kleinmachnow, Stahnsdorf Gottesdienst feiern könnten, nachdem der vormals schwer überwindliche "Eiserne Vorhang" endlich aufgegangen ist und die Kriegsgefahr für Mitteleuropa gebannt scheint, anderen Themen zuwenden.

Gewiß haben die auch ihr Recht: In Stuttgart empören sich die Bürger gegen eine Basta-Politik, die sich auf Paragraphen stützt, und im Südwesten Berlins und den umliegenden Gemeinden wird Front gemacht gegen den Lärm eines Flughafens, den allerdings die damalige konservative Regierung gegen jene durchgesetzt hat, die heute verantwortlich gemacht werden.

Aus meiner Sicht noch viel dramatischer jedoch ist die Auseinandersetzung um die Nuklearenergie: An diesem Wochenende sind abermals Zehntausende Menschen nach Gorleben gefahren, um sich zur Wehr zu setzen gegen eine Augen-zu-und-durch-Politik, die Risiken klein redet. Nicht nur Atomkerne, sondern auch die Gesellschaft wird gespalten, wo die Sicherheitsinteressen der Bevölkerung dem Profitstreben des Stromkartells geopfert werden.

Wir haben schon mit 1000jährigen Projekten schlechte Erfahrungen gemacht - und hier geht es um Zehntausende von Jahren!

Ja, ich bin entrüstet. Auch darüber, wie leichtfertig der gesellschaftliche Frieden gefährdet wird, indem Ausländer pauschal zu Problemfällen abgestempelt werden, an denen man seine Unzufriedenheit ausläßt.

Aber bei dieser Art von Entrüstung sollte es nicht bleiben!

"Es ist Krieg - entrüstet euch!" will darauf hinaus, daß Rüstungen abgelegt und Konflikte mit offenem Visier ausgetragen werden.

Dazu beitragen soll die Auseinandersetzung mit Versen aus dem 3. Kapitel des Jakobusbriefes - also ausgerechnet jener "strohernen Epistel", die Luther fast ans Ende des Neuen Testaments verbannte, weil ihm darin zu viel jüdische Werkgerechtigkeit und zu wenig paulinische "Gerechtigkeit allein aus Glauben" vorkam.

Aber hören wir selbst:

13Welche unter euch weise und verständig zu sein meinen, die sollen dies anhand ihrer guten Lebensführung beweisen. Welches sind die Taten, die ihr aufgrund von Weisheit lebensklug und besonnen ausgeführt habt? [14]Wenn ihr euch aber von zerstörerischem Neid und gemeinschaftsschädigendem Ehrgeiz eurer Herzen leiten laßt, solltet ihr aufhören, zu prahlen und die Wahrheit zu verleumden. [15]Denn die Weisheit, die eine solche Lebensführung prägt, kommt nicht von oben herab, sondern sie ist vielmehr irdisch, weltlich und dämonisch. [16]Denn wo Neid und gemeinschaftsschädigender Ehrgeiz das Handeln bestimmen, da gibt es ein großes Durcheinander und jede schädliche Tat, die man sich nur vorstellen kann. [17]Die Weisheit von oben dagegen ist vor allem aufrichtig, dann friedfertig, gütig, zugänglich, sie ist voller Barmherzigkeit und bringt Gutes hervor, sie ist un-beirrbar und kennt keine Heuchelei. [18]Die Frucht der Gerechtigkeit aber wird für diejenigen gesät, die Frieden schaffen.

Lassen wir mal die falsche Bescheidenheit weg, liebe Geschwister, wir sollen unser Licht ja nicht unter den Scheffel stellen! - Natürlich sind ***wir*** gemeint mit jenen, die "weise und verständig zu sein meinen", und zwar nicht, weil unter uns besonders viele Leser des TAGESSPIEGEL sind, sondern weil Weisheit und Verstand biblische Tugenden sind.

Aber zum Ärger Luthers legt der Verfasser des Jakobusbriefes wert darauf, daß Tugenden nichts Theoretisches bleiben, sondern in die Tat umgesetzt werden bis hin zum Glauben, den JAKOBUS "tot" nennt, wenn er ohne Werke bleibt; wo doch Paulus den Römern vermeintlich den *Gegensatz* zwischen Glauben und Werken gepredigt hatte...

Es geht hier aber gar nicht um irgendwelche *Vorleistungen*, die man Gott erbringen müßte, um ihm angenehm zu sein, sondern darum, mit seinen Taten zu bestätigen, was man mit dem Herzen glaubt und mit dem Mund bekennt. Denn ist schon ein "Ich liebe Dich" ohne rote Rosen nur die Hälfte wert, kommt es noch mehr darauf an, mit seinem Verhalten unter Beweis zu stellen, daß es sich dabei nicht um ein "Lippenbekenntnis" gehandelt hat. Auf die Dauer ist dann weniger Küssen und Kuscheln gefragt als vielmehr, daß jeder seinen Beitrag leistet für ein Zusammenleben, das für alle Beteiligten erfreulich ist und bleibt.

Jene "Weisheit" - ich setze das mal in Anführungsstrichen -, die nur das Trennende sieht, die eigene Bedeutung betont, die eigene Leistung hervorhebt - im Text ist von Prahlerei die Rede -, jene ehrgeizige und egoistische "Weisheit" schadet dem Zusammenleben und wird daher identifiziert als eine Macht, die nicht "von oben" kommt, sondern "irdisch, weltlich und dämonisch" ist: Da gibt es ein großes Durcheinander und jede schädliche Tat, die man sich nur vorstellen kann...

Dieser Allerwelts-"Weisheit", die doch nur immer tiefer in den Teufelkreis von Konkurrenz und Neid führt bis hin zu Rufmord und Krieg, wird eine andere entgegengestellt: Die wahrhaftige Weisheit, die "von oben" kommt, ist von einer Fülle positiver Begleiterscheinungen charakterisiert. Genannt werden AUFRICHTIGKEIT, FRIEDFERTIGKEIT, GÜTE, ZUGÄNGLICHKEIT, BARMHERZIGKEIT, UNBEIRRBARKEIT und die Abwesenheit von HEUCHELEI.

Wir könnten jetzt die eingangs genannten Konfliktfelder Punkt für Punkt durchgehen und fragen, nach welcher Weisheit zu handeln dort erwartet wird.

Doch könnte das dazu führen, daß man mir / uns anschließend ebenso wie zu Neujahr Frau Käßmann Naivität vorwirft, weil man nun mal Krieg nicht mit guten Argumenten beenden, sondern nur durch militärische Raffinesse entscheiden kann, möglichst indem man den Gegner besiegt.

Sich dieser Logik zu verweigern, ist meines Erachtens bereits der erste Schritt zum Frieden.

Denn wie heißt es in unserem Bibelabschnitt: Welches sind die **Taten**, die ihr aufgrund von Weisheit *lebensklug und besonnen* ausgeführt habt?

Das richtet sich nicht an Dritte, sondern an uns, an jede und jeden persönlich.

Die Frage lautet nicht: "Was hast Du gedacht? Wem hast du zugestimmt? Was hast du gefühlt, was hast du gesagt?"

Die Frage lautet: "Was hast du *getan*?"

Dem Jakobusbrief wird von den Exegeten neben der Affinität zur weisheitlichen Literatur des Alten Testaments auch eine gewisse Nähe zum Matthäusevangelium attestiert.

Dort begegnet uns ja auch ein Jesus, der richtige Taten lobt und falsche tadelt. Ein Jesus, der die Warnung ausspricht: An ihren ***Früchten*** werdet ihr sie erkennen! Nicht alle, die zu mir sagen: Ich glaube an dich! werden in Gottes Welt gelangen, sondern diejenigen, die den Willen Gottes, Vater und Mutter für mich im Himmel, tun.

Dort, wo diese Worte fallen - in der Bergpredigt - steht auch jener Satz, der ganz betont am Ende unserer Perikope aufgegriffen wird: Selig sind die, die für den Frieden arbeiten, denn sie werden Töchter und Söhne Gottes heißen. So hatte Jesus formuliert.

Im Jakobusbrief lesen wir: Die Frucht der Gerechtigkeit aber wird für diejenigen gesät, die Frieden schaffen. - Wenn wir übrigens fragen, warum das so merkwürdig ausgedrückt ist: "*wird* gesät" (das fragt natürlich normalerweise keiner) - wenn wir unsere Aufmerksamkeit darauf richten, dann entdecken wir das von den Fachleuten sogenannte "passivum divinum" - das besonders im Matthäusevangelium auch gern verwendet wird und darauf hindeuten möchte, daß GOTT der Urheber der jeweiligen Aktion ist.

Gott selbst also sät jene Früchte aus, welche die Gerechtigkeit hervorbringt. Aber er geht dabei nicht wahllos vor, sondern mit viel Bedacht: *Jene* sollen sie ernten, die Frieden schaffen, die für den Frieden *arbeiten*. Es geht ja nicht nur darum, selbst "friedfertig" zu sein (so schwer auch dies bereits sein mag), sondern sich ***aktiv*** darum zu mühen, daß Frieden wird, wo Zwietracht und Gewalt herrschen.

In Zeiten asymmetrischer Kriegsführung, wo wir als Zivilbevölkerung zu Opfern terroristischer Anschläge werden können, wenn wir uns auch nur zur falschen Zeit am falschen Ort aufhalten - auf einem belebten Platz einer Großstadt, in einem Flugzeug, in einer jüdischen Einrichtung -, fällt es noch einmal schwerer, sich jene Zurückhaltung aufzuerlegen, zu der der Apostel mahnt, jenen Friedenwillen aufrecht zu erhalten, der einer militanten Minderheit abgeht.

Ich habe mir in den vergangenen beiden Wochen mit den Schülern der 8. Klassen den Film "Gandhi" aus den 80er Jahren angesehen und dabei beobachten können, wie entwaffnend auch für Nachgeborene eine solche Biographie sein kann, welchen Eindruck der unbedingte Wille zum Frieden macht, wenn er nicht mit Zorn und Gewalt einhergeht, sondern mit dem Mut, die andere Wange hinzuhalten.

Das ist anschaulicher als wenn man nur Texte liest, in der Sache aber nicht verschieden von der Gewaltlosigkeit Jesu, der sich gefangennehmen, foltern und töten ließ und im Sterben bat: "Vater, vergib ihnen, denn sie wissen nicht, was sie tun!"

Wir stoßen dabei sehr schnell an Grenzen.

“Es gibt keinen Weg zum Frieden auf dem Weg der Sicherheit. Denn Friede muß gewagt werden, ist das eine große Wagnis und läßt sich nie und nimmer sichern.”Auch ein Dietrich Bonhoeffer, der dies formulierte, sah, vor die Wahl zwischen zwei Übeln gestellt, es als das geringere an, den Massenmörder zu töten als tatenlos mit anzusehen, wie das Morden weitergeht.

“‘s ist leider Krieg und ich begehre nicht schuld daran zu sein”.

Aber wir sind nun mal nicht unbeteiligt! Wenn wir ehrlich sind, müssen wir sogar bekennen, daß wir sehr wohl wissen, was wir tun bzw. zulassen, daß es getan wird.

Wer an diesem Punkt angelangt ist, der kann nicht nur, der muß auch die Entscheidung treffen, ob er oder sie das so haben will: Verfeinerte Überwachungsmethoden und wachsendes Mißtrauen auf der einen Seite und auf der anderen Seite ein Festhalten an einer Politik der Stärke, die längst nicht mehr vorrangig auf Landesverteidigung ausgerichtet ist, sondern Einflußsphären schützt, Märkte kontrolliert, Ressourcen sichert.

Ohne Gerechtigkeit kein Friede, sagt JAKOBUS. Denn Ungerechtigkeit führt zu Begehrlichkeiten hier und Ängsten dort, zu Aggressionen, zu Rüstung, Angriff und Gegenschlag.

Ohne Rüstung keine Verteidigung, kann man entgegenhalten.

Aber man kann auch die Überlegung anstellen - nein, man kann es sich sogar ganz konkret ausrechnen -, wie viele der Rüstungsmilliarden man investieren müßte, um aus Feinden Partnern zu machen.

Der Ost-West-Konflikt ist, so unwahrscheinlich es uns damals schien, überwunden worden.

Warum sollte es nicht auch möglich sein, den Konflikt zwischen Abendland und Morgenland zu beenden und die Energie- und Trinkwasserfrage zu beantworten, ehe dafür neue Kriegsschauplätze eröffnet werden?

Gott sät sie aus, die Frucht der Gerechtigkeit, für diejenigen, die Frieden machen.

AMEN.

19. Sonntag nach Trinitatis, 10.10.2010, Ev. Kirche Schönow-Buschgraben

Die Liebe Gottes, die Gnade unseres Herrn Jesus Christus und die Gemeinschaft des Heiligen Geistes sei mit uns allen! AMEN.

Die Epistel des heutigen Sonntags ist ein Abschnitt aus dem Epheserbrief, genauer gesagt die Verse 22 bis 32 des vierten Kapitels, die ich in der neu erschienenen Neuen Genfer Übersetzung vorlese:

Ihr wurdet gelehrt, nicht mehr so weiterzuleben, wie ihr bis dahin gelebt habt, sondern den alten Menschen abzulegen, der seinen trügerischen Begierden nachgibt und sich damit selbst ins Verderben stürzt.

Und ihr wurdet gelehrt, euch in eurem Geist und in eurem Denken erneuern zu lassen und den neuen Menschen anzuziehen, der nach Gottes Bild erschaffen ist und dessen Kennzeichen Gerechtigkeit und Heiligkeit sind, die sich auf die Wahrheit gründen.

Darum legt alle Falschheit ab und haltet euch an die Wahrheit, wenn ihr miteinander redet. Wir sind doch Glieder ein und desselben Leibes!

Wenn ihr zornig seid, dann versündigt euch nicht. Legt euren Zorn ab, bevor die Sonne untergeht. Gebt dem Teufel keinen Raum in eurem Leben!

Wer bisher ein Dieb gewesen ist, soll aufhören zu stehlen und soll statt dessen einer nützlichen Beschäftigung nachgehen, bei der er seinen Lebensunterhalt mit Fleiß und Anstrengung durch eigene Arbeit verdient; dann kann er sogar noch denen etwas abgeben, die in Not sind.

Kein böses Wort darf über eure Lippen kommen. Vielmehr soll das, was ihr sagt, gut, angemessen und hilfreich sein; dann werden eure Worte denen, an die sie gerichtet sind, wohl tun.

Und tut nichts, was Gottes Heiligen Geist traurig macht! Denn der Heilige Geist ist das Siegel, das Gott euch im Hinblick auf den Tag der Erlösung aufgedrückt hat, um damit zu bestätigen, daß ihr sein Eigentum geworden seid.

Bitterkeit, Aufbrausen, Zorn, wütendes Geschrei und verleumderisches Reden haben bei euch nichts verloren, genauso wenig wie irgendeine andere Form von Bosheit.

Geht vielmehr freundlich miteinander um, seid mitfühlend und vergebt einander, so wie auch Gott euch durch Christus vergeben hat.

Liebe Schwestern und Brüder,

mit einem der an mehreren Stellen im Neuen Testament anzutreffenden sogenannten "Tugendkataloge" haben wir es hier zu tun im Zusammenhang jenes Briefes, der zwar Paulus als Verfasser nennt, aber von Sprache und Theologie her deutlich jünger ist und im ersten Teil die neue Glaubenslehre entfaltet hat.

Genau mit unserem ersten Vers beginnt jener zweite Teil, der typischerweise die lebenspraktischen Konsequenzen durchbuchstabiert, die sich aus der Annahme der Frohen Botschaft für die Christenmenschen ergibt.

Der erste Schritt - heute haben wir im Gottesdienst dazu keine Entsprechung, aber gestern gab es eine ökumenische Taufe in St. Georgios - der erste Schritt ist das Ablegen des alten und das Anziehen des neuen Menschen, versinnbildlicht im Auskleiden, Untertauchen und dann Hineinschlüpfen in weiße Gewänder; ein Rest davon hat sich bis in unsere Tage erhalten, wenngleich die Täuflinge nicht nackt erscheinen, sondern bereits im Taufkleid, und üblicherweise nur mit Wasser besprengt werden statt einzutauchen mit dem ganzen Körper.

Der erste Schritt ist eine symbolische Handlung, die anzeigen soll, welche Ausrichtung die Lebensführung dessen jetzt hat, der sich durch ein derartiges Zeichen anderen gegenüber als jemand zu erkennen gibt, der Christus und seiner Gemeinde angehört.

Wer auf die Lesungen geachtet hat, der hat beim Propheten Sacharja neben manchem, das vielleicht eher befremdlich klang, auch die Aufforderung herausgehört, wahrhaftig zu sein, Wahrheit zu reden miteinander.

Das wird in unserem Abschnitt aufgegriffen, wie überhaupt die Ethik des Neuen Testaments im Grunde genommen nur dort eigenständig ausformuliert wird, wo sie sich entweder von der jüdischen unterscheidet - das sind nicht allzu viele Punkte - oder wo die Adressaten keinerlei biblisches Wissen haben, so daß man ihnen mit dem christlichen zugleich auch das jüdische Koordinatensystem für den rechten Umgang miteinander und mit Gott vermittelt.

> Übrigens wird meines Erachtens zu recht gefragt, wie der Bundespräsident das denn nun gemeint hat mit der Zugehörigkeit des Islam zur Bundesrepublik Deutschland. Denn als Phänomen ist er - unbestritten - unübersehbar geworden. Aber kommt es nun darauf an, daß wir uns an Minarette gewöhnen, oder nicht vielmehr darauf, daß auf den Anspruch verzichtet wird, die Gesellschaft nach islamischem Recht gestalten zu wollen?!

Wir können nicht Vers für Vers beleuchten, welche Handlungsanweisungen den Ephesern gegeben werden. Es muß und mag genügen, einige Aussagen unter die Lupe zu nehmen:

Der Teufel, liebe Schwestern und Brüder, auch wenn wir dieses Wort eher selten in den Mund nehmen: "der Teufel steckt im Detail", wie wir sagen. Vielleicht sollten wir besser davon sprechen, daß der Teufel nicht vor der Tür steht, sondern er lauert stets und ständig darauf, wie er uns rumkriegt.

Mephisto steht mir vor Augen, der ja nicht nur einem wißbegierigen und machthungrigen Dr. Faustus Angebote zu unterbereiten weiß, denen dieser nicht widerstehen kann.

Gerade die Menschen, die Gutes bewirken wollen, sind anfällig für mancherlei Einflüsterungen, etwa: Warum bringt ihr eurer Geld zur Evangelischen Darlehensgenossenschaft, wo es kaum Zinsen bringt? Folgt lieber dem Beispiel der schlauen unter den Kirchengemeinden, die ihr Vermögen der Deutschen Bank anvertrauen und von den satten Zinserträgen jene Akzente setzen, die ihren ethischen Vorstellungen entsprechen!

Das klingt unabweisbar überzeugend.

Aber der Teufel hat ja immer gute Argumente!

Was er verschweigt, ist, daß jene Akzente, die dann womöglich gesetzt werden, wenig ausrichten werden gegen Atomkraft, Gentechnik, Waffenhandel, mit denen die Zinsen der Gläubiger und der fette Gewinn des Geldinstituts selbst erwirtschaftet werden.

Jetzt bin ich doch wieder politisch geworden, obwohl ich doch bei der Bibelarbeit auf dem Pfarrkonvent dafür plädiert hatte, die seelsorgliche Dimension des Textes ernst zu nehmen...

Darauf kommen wir noch.

Wo wir aber schon beim Geld sind - zweifelsohne auch eine Angelegenheit, in der jeder seine individuelle Verantwortung wahrnehmen muß -, schauen wir uns Vers 28 an (das ist der unmittelbar nach dem Teufel): Wer bisher ein Dieb gewesen ist, soll aufhören zu stehlen und soll statt dessen einer nützlichen Beschäftigung nachgehen, bei der er seinen Lebensunterhalt mit Fleiß und Anstrengung durch eigene Arbeit verdient; dann kann er sogar noch denen etwas abgeben, die in Not sind.

Nein, das ist ***nicht*** gegen diejenigen gesagt, die sich den ganzen Tag nur zusaufen und vor der Glotze hängen, von manchen so genannte "Sozialschmarotzer", die Hartz IV einstreichen und sich die Schenkel klopfen, weil das brave Bürgertum ihnen die Hängematte finanziert!

Ich denke, wenn ich solches höre, eher an Brechts "Dreigroschenroman", wo Kleinganoven mit einer Mischung aus Bewunderung und Scheu formulieren, daß das Ausrauben einer Bank rein gar nichts sei im Vergleich zur Gründung einer Bank: Letzteres sei nicht nur viel einträglicher, sondern vor allem auch völlig legal!

Was immer die grauen Herren an der Wall Street oder in Frankfurt den lieben langen Tag machen - es ist sicher anstrengender als Biertrinken und Fernsehen. Aber nur selten wird ein Spekulant - wie vorige Woche Monsieur Kerviel - als Sündenbock geopfert, als hätte *er allein* die Milliarden zum Fenster rausgeworfen... - und die SOCIÉTÉE GÉNÉRALE wäscht ihre Hände in Unschuld!

Ich gestehe gern zu, daß unter den Brokern und Bankern auch Leute mit christlichem Gewissen sind, die einen Teil ihres oftmals beträchtlichen Vermögens dazu verwenden, denen etwas abzugeben, die in Not sind. Gleichwohl fragt sich, ob ihr Tun *sinnvoll* ist und ob man das Jonglieren mit imaginären Werten überhaupt als *Arbeit* bezeichnen sollte.

Vor allem aber wehre ich mich gegen die Unterstellung, jene anderen, die keine Arbeit haben, seien faul, nur weil ihnen keine Gelegenheit gegeben wird, ihren Fleiß unter Beweis zu stellen, sich zu engagieren, um sich von der eigenen Hände Werk zu ernähren - vorausgesetzt, sie haben nicht nur Aufgaben zu erledigen, sondern bekommen dann auch an Lohn ausgezahlt, was sie verdienen.

Doch lassen Sie uns nun nach den Anweisungen für jedermann schauen und bedenken, was jeder von uns tun ***kann*** und tun ***soll***, damit der Teufel keinen Raum gewinnt:

Tut nichts, was Gottes Heiligen Geist traurig macht!

Dieser ist laut dem Zeugnis der Heiligen Schrift darauf aus, daß zwischen den Menschen - und ganz besonders innerhalb der christlichen Gemeinde - Friede, Gerechtigkeit, Gemeinschaft und Freude herrschen.

Jede und jeder von uns ist also angefragt, das ganz persönliches Verhalten an den Grundsätzen, die hier genannt werden, auszurichten, etwa indem wir Bitterkeit, Aufbrausen, Zorn, wütendes Geschrei und verleumderisches Reden vermeiden - im privaten Umgang miteinander ebenso wie in Debatten, die öffentlich geführt werden, im Predigtnachgespräch, bei Gemeindeversammlungen, in den Gremien und Ausschüssen.

Der Apostel ermahnt die anscheinend hitzigen Epheser: Kein böses Wort darf über eure Lippen kommen. Vielmehr soll das, was ihr sagt, gut, angemessen und hilfreich sein; dann werden eure Worte denen, an die sie gerichtet sind, wohl tun.

Tatsächlich haben Menschen, die nicht schon immer zu unserer Gemeinde gehören, sich befremdet geäußert über manchen Satz, der hier gesagt wurde, und sich gewundert über eine Schärfe in der Auseinandersetzung, die mit Leidenschaft für die Sache allein nicht hinreichend zu erklären ist...

Das geht an uns alle, denke ich, und ist wohl eher ein Thema zur gemeinsamen Erörterung als für den Vortrag von der Kanzel. Den schließe ich ab, indem ich den Wunsch und die Hoffnung äußere, es möge uns gelingen, in die Tat umzusetzen, was einst den Christen in Ephesus ans Herz gelegt wurde - wir sind doch Glieder ein und desselben Leibes!

Um den lebendig und gesund zu halten, sollten wir - ich zitiere - freundlich miteinander umgehen, mitfühlend sein und einander vergeben, so wie auch Gott uns durch Christus vergeben hat.

AMEN.

Die Liebe Gottes, die Gnade unseres Herrn Jesus Christus und die Gemeinschaft des Heiligen Geistes sei mit uns allen! AMEN.

Liebe Glaubens-Genossen,

"der Prophet gilt nichts im eigenen Land", lautete damals schon in Galiläa ein Sprichwort, das uns gleich noch in unserem für die Predigt ausgewählten Bibelabschnitt begegnet und dort von Jesus zur Abwehr falscher Erwartungen vorgebracht wird. Denn die Leute in seiner Heimatstadt waren überzeugt: der "Junge von nebenan" - das kann unmöglich ein großer Wundertäter sein, schon gar nicht der sehnlichst erwartete Messias!

Wenn das so ist, sind meine Chancen, bei Ihnen Gehör zu finden, wohl größer, komme ich doch aus jenem einstmals so fernen Land, das man kurz "drüben" genannt hat, aus dem Westteil von Berlin. Oder sind wir uns doch inzwischen so nahe gekommen, daß man sich mittlerweile wechselseitig als Mitglieder ein- und derselben Familie betrachtet? Manchmal wirkt es ganz und gar nicht so.

Gemeinsam ist uns allen zweifellos ein gleich großer historischer und mentaler Abstand zu Jesus aus Nazareth, der unter uns absolut fremden Umständen vor unvorstellbar langer Zeit gelebt und gelitten, gesprochen und gewirkt hat.

Gemeinsam ist vielen, daß sie sich schwer tun, diese Fremdheit zu ertragen; im Laufe der Kirchengeschichte hat die Christenheit Jesus "adoptiert", ihn aus den anstößigen jüdischen Bezügen herausgelöst - und dem zeitlos verstandenen Christus stehen viele Fromme so nahe, daß dann doch schon wieder die Gefahr aufblitzt, daß der Prophet im eigenen Land nichts mehr gilt, weil seine Botschaft allzu vertraut klingt, weil wir nichts Neues mehr zu entdecken vermögen an jenem Gottessohn, den wir von Kindesbeinen an schon kennen.

Ich erlebe und erleide immer wieder dieses fertige Bild, wenn ich - wie es jetzt wieder bevorsteht - in der ökumenischen Bibelwoche auf Menschen treffe, die sich gegen exegetische Erkenntnisse sperren aus Angst, ihre festgefügten Vorstellungen könnten ins Wanken geraten. Damit trägt man im Grunde das Anliegen der Reformatoren zu Grabe, selbst aus den Quellen zu schöpfen, in denen das Wasser des Lebens fließt.

Wir aber sind eigens zusammengekommen, um eben dies zu tun. Deshalb lese ich jetzt jenen Bibelabschnitt, mit dem wir morgen in Zehlendorf unsere Bibelwoche eröffnen werden und der uns am vergangenen Mittwoch hier bereits im Predigtteam beschäftigt hat: Lukas 4, 14-30:

Jesus, gerüstet mit der Kraft des Heiligen Geistes, kehrte nach Galiläa zurück, und sein Ruhm durchdrang alle Städte.

Die Menschen sprachen von ihm, und er, gepriesen von aller Welt, lehrte unter ihnen im Bethaus - eines Tages auch in Nazareth, wo er als Kind gewesen war.

Es war Sabbat, und er, bereit, aus den Heiligen Schriften vorzulesen, wie er's gewohnt war, stand auf, und man gab ihm die Rolle mit den Schriften Jesajas.

Er öffnete sie und fand die Stelle, da geschrieben steht: "Die Zeit ist gekommen, und der Geist des Herrn ruht auf mir. Er hat mich gesalbt, ich bin König, von ihm gesandt, um den Armen zu verheißen: *Ihr seid erlöst*; gesandt, um die Gefangenen loszusprechen: *Geht! Ihr seid frei!* Gesandt, die Blinden sehend zu machen und die Schmerzen der Gefolterten zu heilen; denn die Kerker sind zersprengt. Ich bin gesandt von ihm, um aller Welt zuzurufen: *Seht doch! Das Jahr des Herrn, die Friedenszeit ist gekommen!*"

Dann rollte er die Schrift wieder zusammen, gab sie dem Tempeldiener, setzte sich nieder, und die Augen der Gemeinde waren auf ihn gerichtet.

Jedermann sah ihn an, und dann begann er zu reden: "Die Worte, die ihr gehört habt - heute sind sie erfüllt, und ihr seid die Zeugen."

"Ja, das ist wahr", sagten sie, "wir sind deine Zeugen"; aber sie wunderten sich, wie sanft und freundlich seine Rede war und Gnade verhieß.

Aber sie sagten auch: "Der Mann hier - den kennen wir doch! Das ist Josefs Sohn, das Kind des Zimmermanns!"

"Ich weiß", antwortete Jesus, "welches Sprichwort ihr mir vorhalten wollt: *Arzt, hilf dir selbst: hier und jetzt.* Kapernaum: nun gut - da kannst du Wundertaten tun, von denen man hört, aus der Ferne. Aber hier gilt's! Hier ist deine Heimat!

Ich aber sage euch: Wo er zuhause ist, gilt der Prophet nicht das Geringste. Denkt an Elia! Wie viele Witwen gab es, als er lebte, in Israel zu der Zeit, da der Himmel verschlossen war drei Jahre und sechs Monate lang. Kein Tropfen Regen, und die Dürre ließ die Menschen verhungern. Elia aber wurde nur zu einer einzigen Frau gesandt, um ihr zu helfen, einer Witwe in Sarepta, der Stadt, die in Sidon liegt und nicht in Israel.

Und wie viele Krüppel gab es, als Elisa lebte, aber kein einziger wurde geheilt außer dem einen, Naëman, und der war ein Syrer, er hatte die Lepra, und Gott ließ ihn - durch Elisa - genesen: Naëman, den Fremden, nicht den Unseren."

Als die Nazarener das hörten, wurden sie zornig, drangen auf ihn ein, verjagten ihn aus der Stadt, trieben ihn auf den Berg, der hoch über Nazareth liegt, verfolgten ihn bis zum Steilhang und wollten ihn töten: *Hinab mit dir! In den Abgrund"* aber sie packten ihn nicht, denn er ging mitten durch sie hindurch und ist weitergezogen.

Liebe Gemeinde!

Sie haben IHN nicht gepackt; aber vielleicht haben sie ES auch nicht gepackt, die Botschaft nicht *be*griffen, sowenig sie ihn *er*greifen konnten. Waren die Nazarener nicht anfangs angetan von Jesu Worten? Was hat ihnen im nachhinein die Laune verdorben?

Gewiß, es klingt anmaßend, wenn sich einer in der Gemeindeversammlung hinstellt und verkündet: ICH BIN'S, auf den ihr gewartet habt, seitdem der Prophet Jesaja euch das Kommen des großen Retters in Aussicht gestellt hat.

Aber wenn wir genau hinschauen, dann wird Jesu Auftritt im Gottesdienst durchaus mit Beifall bedacht: "Ja, das ist wahr", sagten sie, "wir sind deine Zeugen"; aber sie wunderten sich, wie sanft und freundlich seine Rede war und Gnade verhieß.

Plötzlich und ohne erkennbaren Grund folgt dann aber die zweite Reaktion der Gottesdienstteilnehmer: Aber sie sagten auch: "Der Mann hier - den kennen wir doch! Das ist Josefs Sohn, das Kind des Zimmermanns!"

Daß diese Feststellung einen negativen Beigeschmack hat, geht aus Jesu Reaktion hervor, der sich an das Sprichwort vom Arzt, der sich selbst helfen soll, erinnert fühlt. (Nebenbei: Später werden die Schaulustigen unter dem Kreuz sich ähnlich äußern, wenn sie Jesus auffordern, er solle vom Kreuz herabsteigen, wenn er denn tatsächlich Gottes Sohn sei.)

Und er läßt den freundlichen Worten der Heiligen Schrift seine eigene, schroffe Interpretation folgen, der zufolge es nicht seine Aufgabe und sein Anliegen ist, den Sensationshunger seiner Nachbarn zu stillen. Sie müssen damit leben - und auch wir müssen damit leben -, daß zwar vor ihren Ohren Großes verkündet wird, aber zu Augenzeugen sind sie nicht berufen. Ein kleines Mirakel nebenbei, das verweigert Jesus und verweist sie und uns statt dessen auf unseren Glauben, auf das Vertrauen darauf, daß Gott treu ist, das Werk seiner Hände nicht fallen läßt und seine Verheißungen erfüllen wird.

Damit kommen wir nun endlich zu dem, was meines Erachtens als das Evangelium dieses Textabschnittes bezeichnet werden kann: Die Ausrufung des Erlaßjahres durch Jesus gemäß den Bestimmungen, die wir eben in der Schriftlesung aus dem Buch Leviticus gehört haben.

Und nun haben wir wahrscheinlich auch den Punkt erreicht, an dem sich damals wie heute die Geister scheiden. Für mich liegt hier die plausibelste Erklärung dafür, daß Jesus in seiner Heimatstadt auf Ablehnung, auf Feindseligkeit, ja Haß trifft, der um ein Haar tödliche Folgen schon hier gehabt hätte:

Für diejenigen, denen das Erlaßjahr den Verzicht auf Kapital und Zins abnötigt, ist es eine Ungeheuerlichkeit, daß dieser Zimmermannssohn sich erdreistet, mit dem angemaßten Messiastitel ihnen ihre Privilegien streitig zu machen.

Blinde sehen, Lahme gehen usw. - das galt seit alters als Vorzeichen dafür, daß Gottes Reich nun endlich anbricht. Aber statt sich auf diakonische Weise nützlich zu machen in einer Welt, die nun mal schlecht ist und die schlechten Seiten charakterschwacher Menschen aktiviert -; statt also hier einen Blinden zu heilen, damit der wieder sein tägliches Brot durch Arbeit erwerben kann, und dort einen Aussätzigen rein zu machen, damit der wieder vollwertiges Mitglied der Gesellschaft sein darf - [wenn es also schon keine Spiele gibt mit Jesus, warum dann nicht wenigstens Brot?]; statt dessen erweist sich der Nachbarsjunge als Provokateur, der seinen wohlhabenden Mitbürgern die Sparkonten und den Aktienbesitz neidet und sie zwingen will, mit all den Habenichtsen zu teilen, die - um unseren Bundeskanzler zu zitieren - nur auf den "Mitnahmeeffekt" gewartet haben, der sich ihnen bei solcher Gelegenheit bietet, die von der Allgemeinheit Versorgungsleistungen erwarten, denen offenkundig kein angemessener Wille zur Selbsthilfe auf ihrer Seite entspricht.

Doch nicht einmal diejenigen, die in unseren Tagen womöglich bei den Montagsdemos anzutreffen wären, sind von Jesu Worten begeistert. Zwar ruft er eine Reform aus, die diesen Namen wohl tatsächlich verdiente. Aber enttäuschenderweise beläßt er es dabei, den Anfang einer neuen Zeit anzukündigen; für die Verwirklichung all dessen, was mit dem Jobeljahr gemeint ist, macht er die Leute selbst verantwortlich. Und das nervt das Volk, das gehofft hatte, daß ihnen das Himmelreich direkt in den Schoß fällt, ohne daß dafür irgend eigene Aktivitäten erforderlich wären.

Damit meine ich nicht die Damaligen allein. Auch wir sind doch allergisch gegen Menschen, die uns eine Analyse unserer Situation vorlegen und uns Hinweise geben, was zu tun sei und den Rest uns selbst überlassen. Lieber sind uns jene gottgleichen Macher, die für uns alles richten oder - wenn nicht - zu recht unseren Zorn auf sich ziehen.

Aber das Reich Gottes, wie Jesus es proklamiert, ist kein Schlaraffenland, kein güldenes Füllhorn, das sich uns öffnet, kein Märchenland, in dem wir drei Wünsche frei haben oder einen dukatenscheißenden Esel geschenkt bekommen.

Denn wo solches geschieht, wo man "das große Los" zieht, das einem die täglichen Alltagssorgen erspart, da vergißt man leicht, daß die Welt drum herum noch immer dieselbe elende, hilfsbedürftige Welt voller Armut und Krankheit geblieben ist. Nur ich selbst, als Gewinner der lebenslangen Sofortrente, brauche mich nicht mehr um Hartz IV zu scheren, und auch die Gesundheitsreformdebatte verliert für mich plötzlich ihre Brisanz.

Der Evangelist Johannes erzählt, wie das mißverstandene Brotwunder bei den Leuten Enthusiasmus auslöst. Aber die Begeisterung vergeht so schnell, wie sie gekommen ist; es ist nur ein kurzes Strohfeuer, auf das der Nazarener unter seinen Landsleuten lieber gleich verzichtet.

Obwohl oder weil der Messias, der Christus, jener Jesus aus Nazareth damals nicht alles Unrecht beseitigt, alles Elend besiegt und das Reich des ewigen Friedens und der Gerechtigkeit für alle sichtbar errichtet hat, warten wir noch immer darauf, daß diese Verheißung eines neuen Himmels und einer neuen Erde in Erfüllung gehen wird, wenn er wiederkommt.

Doch auch in dieser Hinsicht, so ergab unser Gespräch am Mittwoch, gehen unsere Erwartungen recht weit auseinander: Kommt er nun wie ein Dieb in der Nacht - heimlich, still und leise, so daß nur die Aufmerksamsten etwas davon mitbekommen werden -, oder gibt es dereinst doch noch den großen Paukenschlag vom Himmel, bei dem wir vor lauter Verwunderung und Freude zunächst nur staunen können, und dann fügt sich alles wie von selbst so, wie es Gottes Volk seit jeher von Herzen erbeten hat, und Gott wird sein "alles in allem"?

Vielleicht hängst es davon ab, ob wir zu den Habenden oder zu den Hoffenden gehören, wie unsere Vorstellung vom Jüngsten Tage aussieht.

Heute, sagt Jesus zu den Menschen in Nazareth - und dieses Heute ist nun schon so lange Vergangenheit.

Warten wir wirklich darauf, daß dieses Heute endgültig kommt, daß er da ist und der Welt, wie wir sie kennen und - seien wir ehrlich! - auch lieben, ein Ende bereitet?

Zum Schluß unseres Gespräches am Mittwoch drehte sich alles um die Frage, ob wir die permanente Erwartung überhaupt durchhalten können und wollen.

Da ist zum einen die ermutigende Überlegung, daß keine Generation vor uns der Wiederkunft des Herrn näher war als wir, die wir jetzt leben. Dem steht aber die ernüchternde Feststellung gegenüber, daß viele Generationen vor uns mit dieser Hoffnung gelebt haben und gestorben sind, ohne deren Erfüllung erleben zu dürfen.

Wenn ich ehrlich bin, muß ich gestehen, daß mich der Ausnahmezustand, den Herrn jederzeit erwarten zu sollen, überfordert, daß es Situationen gibt, in denen ich zu eifrig bei der Arbeit oder zu selbstvergessen bei der Freizeit bin, um aktiv zu harren und darauf vorbereitet zu sein, daß er jeden Augenblick vor stehen könnte, um mich in Dienst zu nehmen.

Auf der anderen Seite bleibt doch der Tag des Herrn eine konstante Größe in meinem Leben. Die Aussicht auf ein Leben in einer Welt ohne Armut und Not gibt auch meinem persönlichen Leben Perspektive, tröstet mich in den Erfahrungen des Scheiterns und spornt mich an, die gute Gabe Gottes - jeden neuen Tag, den er mich sehen läßt - als seine Aufgabe anzunehmen.

Liebe Gemeinde: Jetzt ist die Zeit der Gnade, heute ist der Tag des Heils. Wenn wir das nicht abtun wollen als eine überholte, uns nicht mehr betreffende Wahrheit von gestern, sondern als die Frohe Botschaft für unser Leben zu hören bereit sind, dann ist heute, dann ist jeder Tag die rechte Zeit, dem Gesalbten Gottes nachzufolgen.

Dann gilt es, alles uns mögliche zu tun, daß die Kranken geheilt werden und die Gefangenen befreit, daß Krieg und Terror ein Ende finden und die zerstörte Schöpfung wieder heil wird.

Sagt es weiter: Gott ruft ein Jahr der Befreiung aus. Alle Menschen sollen Leben in Fülle haben, eine Chance auf ein Leben in Würde. Und wir dürfen dabeisein.

Wollen wir?

4. ADVENT, 23.12.2007, EV. KIRCHE SCHÖNOW-BUSCHGRABEN, BERLIN-ZEHLENDORF

FRIEDE SEI MIT EUCH VON DEM DER DA IST UND DER DA WAR UND DER DA KOMMT! AMEN.

Liebe Gemeinde,

die Adventszeit neigt sich dem Ende, die Zeit der Vorbereitung ist nur noch kurz.

Wir stehen unmittelbar vor dem großen Fest, haben hoffentlich alles erledigen können, was wir uns an Besorgungen vorgenommen hatten, an Einkäufen und Hausputz und Kartengrüßen und vielem mehr.

Nun könnte und sollte es um die Botschaft gehen, um die Frage: Was feiern wir da eigentlich, wenn die Lichter und die Kinderaugen leuchten am Heiligen Abend?

Die Antwort darauf lautet ganz schlicht: Zu Weihnachten geht es um ein kleines Kind.

Ich präzisiere: Es geht um die *Geburt* eines Kindes.

Ich schränke weiter ein: Es geht um ein *ganz besonderes Neugeborenes*, einen kleinen Jungen nämlich, der einerseits so zerbrechlich und schutzbedürftig - eben typisch menschlich - ist, wie ein Baby nur sein kann, andererseits aber in all dieser menschlichen Gestalt niemand anders ist als Gott selbst, der zu uns Menschen kommt, um unser Leben zu teilen, mit Leib und Leben, mit Haut und Haaren einer von uns wird - bis hin zum Tod am Römerkreuz.

So kann man das - hoffentlich verständlich - theologisch formulieren. Aber bei dem, was uns am Heiligen Abend bewegt, spielen eben doch auch noch *andere Aspekte* eine Rolle als dogmatische Richtigkeit und biblisches Fundament.

Frieden auf Erden, Harmonie in den Familien, Liebe und Geborgenheit sind Stichworte, die unbedingt hineingehören in unsere Erwartungen an ein gelingendes Fest. Deshalb all unsere bis zur Erschöpfung reichenden Bemühungen, denen, die wir lieben, eine Freude zu machen; und daher auch unsere für fremde Not etwas weiter als gewöhnlich geöffneten Herzen.

So schön und wichtig es ist, selbst einen Beitrag zu leisten, damit das Fest gelingt und die Erwartungen nicht enttäuscht werden - zuallererst geht es um Gottes Gabe, um sein Geschenk an uns.

Außerhalb des liturgischen Kalenders habe ich eine interessante Entdeckung gemacht, einen Bibeltext gefunden, den Sie vermutlich alle kennen - aber aus einem ganz anderen Zusammenhang.

Ich lese Ihnen diese kurze Perikope vor, die viel mehr Weihnachtliches enthält, als man zunächst einmal annehmen möchte; erst recht dann, wenn man gewohnt ist, sich von den redaktionellen Zwischenüberschriften der Bibelgesellschaften leiten zu lassen, die unseren Abschnitt "Kinderevangelium" betiteln:

Leute aus dem Dorf brachten Kinder zu Jesus, damit er sie berühre. Aber die Jüngerinnen und Jünger herrschten sie an. Als Jesus das sah, wurde er wütend und sagte zu ihnen: "Laßt die Kinder zu mir kommen und hindert sie nicht daran, denn sie gehören zu Gottes Reich. Ja, ich sage euch: Nur wer Gottes Reich wie ein Kind aufnimmt, wird dort hineingelangen." Und er nahm die Kinder in die Arme, segnete sie und legte die Hände auf sie.

Auch wenn Sie aufmerksam zugehört haben, liebe Geschwister: das Wort "Taufe" ist in dem Text nicht vorgekommen, so wenig wie von einem Apfel im Paradiesgarten die Rede ist oder ein Stall in Bethlehem erwähnt wird.

Zu Weihnachten geht es um ein Kind, sagte ich, und ich erweitere diese Aussage jetzt dahingehend, daß es *uns Erwachsenen* am Heiligen Abend in ganz besonderer Weise um die Kinder geht - sicher auch die fremden, zum Beispiel in Indien, die wir mit unserem diesjährigen Brot-für-die-Welt-Projekt unterstützen wollen, damit ihnen das Recht auf Kindheit gewährt wird, statt daß sie als Arbeitssklaven (auch zu unserem Vorteil) mißbraucht werden.

Aber näher noch sind uns natürlich die eigenen Kinder und Enkel, deren bei der Bescherung leuchtende Augen für manches entschädigen, was man an Ausgaben und Streß auf sich genommen hat.

Nur wer Gottes Reich wie ein Kind aufnimmt, wird dort hineingelangen klingt dann nach jener Verzauberung, die wir selbst in seligen Kindertagen erleben durften und an die wir uns noch dunkel erinnern können voller Wehmut.

Kinder, zumindest kleine Kinder, die noch durch einen weißbärtigen alten Herrn im roten Mantel zu beeindrucken sind, können sich noch wirklich freuen, auch über Kleinigkeiten.

Sich wie sie beschenken lassen in aller Einfalt, ohne den Gedanken an ein Geschenk, das im Gegenzug erwartet wird, das ist, glaube ich, eine tief verinnerlichte Glücksvorstellung von Menschen, die es gewohnt sind, stets *bezahlen zu müssen*, was sie erhalten.

Sich wie die Jüngsten zu öffnen für eine Zuwendung, die man sich nicht verdient (wenn man mal das obligatorische Gedicht unter dem Weihnachtsbaum außer acht läßt), sondern als Ausdruck elterlicher Liebe und Zuneigung geschenkt bekommt, das ist eine Sehnsucht vieler, die immer wieder zu spüren kriegen, daß sie nur so viel gelten, wie sie zu leisten imstande sind.

Kann man das Reich Gottes in solcher Weise aufnehmen, annehmen, wenn man eben längst kein Kind mehr ist, sondern ein mit Lebenserfahrung gesättigter, damit aber zwangsläufig auch zum Teil desillusionierter Erwachsener?

Ich habe keine allgemeingültige Antwort auf diese Frage, muß Ihnen jedoch gestehen, daß mir das Kindliche wohl zu sehr abhanden gekommen ist, als daß ich mich noch so vorbehaltlos beglücken ließe mit etwas, das ich nur anzunehmen brauche.

Wenn Jesu Aussage als eine CONDITIO SINE QUA NON, eine *unerläßliche Ausgangsvoraussetzung* gemeint wäre, dann wäre hier für mich - und wohl auch noch für eine ganze Reihe anderer - das Evangelium verstummt, ich wäre und bliebe ausgeschlossen vom Reich Gottes, von diesem Geschenk, über das ich mich nun mal erst in dem Moment wirklich freuen kann, da ich die Verpackung geöffnet und den Inhalt einem kritischen Blick unterzogen habe.

Es fragt sich allerdings, ob wir überhaupt richtig liegen mit der Annahme, Jesus fordere seinen Jüngerkreis (und auch uns) dazu auf, kritisches Nachfragen zu unterlassen und naiv-fröhlich anzunehmen, was immer uns Gott auch bescheren mag.

Sollen wir wirklich wie die Kinder werden? Schauen wir noch einmal auf den kurzen Text:

Laßt die Kinder zu mir kommen und hindert sie nicht daran, denn sie gehören zu Gottes Reich.

Hier ist klar, daß Erwachsene angesprochen werden - genau wie bei dem Gebot, Vater und Mutter zu ehren, das nicht etwa als einziges extra für Kinder formuliert worden ist, um sie zum Gehorsam gegenüber ihren Erziehungsberechtigten zu mahnen.

Laßt sie, die Kinder - sie gehören zu Gottes Reich, schickt sie nicht weg, hindert sie nicht, die Nähe Jesu zu suchen. So werden die Jüngerinnen und Jünger zurechtgewiesen, ähnlich anderen Situationen, in denen sie zwar das Wohl ihres Meisters im Sinn haben, nicht aber im Blick, worum es ihm vorrangig geht: daß das Reich Gottes in Wort und Tat verkündigt wird, so daß etwa Blinde sehend und Lahme gehend werden.

So sehr die Bedürftigen möglicherweise im Weg stehen, wo Jesus von Ort zu Ort eilt, um zu predigen und zu heilen, so unmöglich wäre es, an ihnen achtlos vorüberzugehen - denn *sie* sind es doch - die Armen, Kranken, Behinderten, Waisen und Witwen -, denen Gottes Aufmerksamkeit zuallererst gilt!

Hindert die Kinder nicht am Zugang zu Gottes Reich - sie gehören dazu, so Jesu Votum. *Danach* folgt der Satz mit dem Aufnehmen: Nur wer Gottes Reich wie ein Kind aufnimmt, wird dort hineingelangen.

Das Reich Gottes aufnehmen, wie man ein Waisenkind aufnimmt? - Der Gedanke ist sperrig, liebe Schwestern und Brüder; und doch könnte es ja sein, daß Jesus genau darauf abzielt, daß wir die Gabe Gottes annehmen, auch dann annehmen, wenn sie uns nicht in buntem Geschenktpapier überreicht wird, sondern mit Rotzbacke und schmutzigen Hosen.

Mag sein, daß das in letzter Konsequenz auch gemeint ist. Näher liegt erst einmal ein schlichterer Gedanke:

Es geht zu Weihnachten, sagten wir, um ein Kind: Es geht um diesen Jesus, der unter denkbar ungünstigen Umständen auf die Welt kommt, geboren von einem jungen Mädchen, das seinem Ehemann, der dem Vernehmen nach nicht der Erzeuger des Jungen ist, in eine fremde Heimat folgt, weil ein ferner Herrscher dies so angeordnet hat.

Dieses Kind anzunehmen, wenn man eine minderjährige Mutter ist, die nicht recht weiß, wie ihr geschieht;

wenn man der vermeintlich gehörnte Ehemann ist, der am liebsten einen sauberen Schlußstrich gezogen hätte;

wenn man zur Familie dieses Jungen gehört, der sich weigert, den Eltern zu folgen, weil er "in seines Vaters Haus" sein müsse -

schon das ist nicht ganz ohne, liebe Gemeinde. Dieses unscheinbare und insoweit durchaus verwechselbare Baby, wie es da in seiner provisorischen Wiege liegt, anzunehmen als den verheißenen Retter der Welt, wie es die Hirten auf Geheiß der Engel taten, auch das ist ja durchaus nicht naheliegend, wenn man es nicht als Nachgeborener besser weiß.

Von diesem besonderen, einmaligen Kind ausgehend, möchte ich nun fragen, wie es überhaupt bestellt ist mit Elterliebe und Fürsorge für ein hilfloses kleines Wesen, das nicht leben kann, wenn man es nicht annimmt und versorgt - auch wenn man selber noch ein halbes Kind sein sollte und emotional überfordert ist mit dem ständigen Schreien, und der Verantwortung nicht gewachsen ist, rund um die Uhr für einen anderen Menschen dasein zu sollen.

Nur: Wie fühllos muß man eigentlich sein, wenn man dann einfach den Wohnungsschlüssel herumdreht und tanzen geht und beim Freund übernachtet, tagelang, und die Kinder daheim einem qualvollen Tod durch Verdursten aussetzt?

Oder wenn man seine Aggressionen auslebt, indem man ein quengelndes Kind solange schüttelt, bis es nichts mehr von sich gibt? Oder es gegen die Wand schmeißt?

Was geht in einer Frau vor, die den Kinderwagen so nah an das Rheinufer schiebt, daß ein winziger Windstoß genügt, um den Wagen ins Wasser stürzen zu lassen; und das Baby wird nirgends gefunden...?

Was sind das für Menschen, die Kinder zu Soldaten machen oder sich an ihnen vergreifen, um ihre perversen Gelüste auszuleben?!

> Im Griechenland zur Zeit Jesu war das übrigens so sehr Gang und Gäbe, daß der Evangelist, um jedes Mißverständnis auszuschließen, auf das eigentliche Wort für Kind “παις”, verzichten mußte und es durch “παιδιον” (Kindlein) ersetzte, weil das erstgenannte Wort synonym mit “Lustknabe” verwendet wurde.

Kinder sind Gabe und Aufgabe, sind weder Ersatzteillager noch lebendige Puppen! Wann endlich, liebe Geschwister, fängt es bei uns an, daß wir uns über Verwahrlosung und Mißbrauch so aufregen, daß wir uns schließlich doch einmischen - nicht um fremde Eltern zu bevormunden, sondern um Schutzbefohlene zu schützen?

Wenigstens hat man auf der politischen Ebene damit begonnen, die Schutz- und Kontrollmaßnahmen zu verfeinern; helfen wird das allerdings nur dann, wenn sich auch die Gesellschaft umstellt, wenn mehr Menschen dazu bereit sind, ihrer Geschwister Hüterinnen und Hüter zu sein.

Nur wer ein Kind aufnimmt, wird in Gottes Reich hineingelangen, denn Kinder gehören zu Gottes Reich.

Man kann natürlich auch ein Kind in seine Familie aufnehmen. Dem sind allerdings teils sehr vernünftige Grenzen gesetzt, damit man nicht, wie das gewisse Schauspieler und Musiker tun, eine Familie gründet, indem man in den Waisenhäusern Asiens und Afrikas sich etwas Passendes aussucht, als ginge es dabei um eine Ware.

Man kann - erst recht, wenn man politisch prominent und noch immer einflußreich ist - anscheinend auch die Vorschriften umgehen, die ein Mindest- und ein Höchstalter festlegen, die verlangen, daß ein heterosexuelles Paar verheiratet sein muß, damit eine Adoption in Frage kommt; ansonsten bleibt nur die Betreuung eines Pflegekindes, im Falle von Homosexuellen nur die Fürsorge für ein HIV-positives Kind, das ja sonst niemand haben möchte...

Man kann derartiges tun, umso mehr, wenn man vielleicht keine eigenen Kinder bekommt. Oder man unterstützt ein SOS-Kinderdorf oder was auch immer. Das ist ehrenwert, das ist löblich, das sind Verhaltensweisen, die man als gute Beispiele hervorheben sollte.

Aber das, wozu Jesus seine Jüngerschar auffordert, ist viel kleiner einerseits und andererseits viel grundsätzlicher: Kinder gehören dazu, sie haben ein eigenständiges Lebens- und Entfaltungsrecht. Und es ist die Verantwortung der Erwachsenen, ihnen zur Wahrnehmung dieser Rechte zu verhelfen; sie anzunehmen, sie aufzunehmen in ihre Welt.

Wenn wir Weihnachten feiern, die Ankunft, die Geburt dieses Kindes Jesus, dann laßt uns daran denken, was eben dieser Gottessohn allen seinen Jüngerinnen und Jüngern zuruft:

Nehmt die Kinder an, die eigenen und die fremden, beginnend mit Schwangerschaft und Geburt!

Nehmt sie in eure Gesellschaft auf, laßt sie teilhaben an Gesundheitsvorsorge und Bildungschancen!

Hindert sie nicht an einem menschenwürdigen Leben! Sie gehören in Gottes Reich. Nur wer sie aufnimmt, wird selbst in Gottes Reich gelangen!

AMEN.

FRIEDENSGOTTESDIENST, 23.3.2003, EV. KIRCHE SCHÖNOW-BUSCHGRABEN

FRIEDE SEI MIT EUCH VON DEM, DER DA IST UND DER DA WAR UND DER DA KOMMT! AMEN.

Liebe Gemeinde,

durchaus nicht überall auf der Welt, aber gottlob hier in Deutschland gibt es eine Gedankenverbindung zwischen den Stichworten „Frieden" und „Kirche".

In Zeiten der Kriegsgefahr und erst recht akuter Kriegshandlungen ist es beinahe schon zur Routine geworden, daß Christenmenschen sich zum Gebet versammeln. Vielleicht werden wir noch immer verspottet oder zumindest belächelt von jenen Zeitgenossen, die weder einen Gott im Himmel kennen noch der Stärke des Geistes irgend etwas zutrauen, von der ermutigenden Kraft erfahrener Gemeinschaft mal ganz zu schweigen. Aber das ficht uns nicht wirklich an.

Kurz nachdem die einzig verbliebene Weltmacht unter Verachtung des internationalen Rechts begonnen hat, ihre politischen und wirtschaftlichen Vorstellungen mit Gewalt durchzusetzen, erwarten viele Gläubige von ihrer Kirche, daß sie sich nicht damit begnügt darauf hinzuweisen, daß der Bischof von Rom eindringlich vor dieser Eskalation gewarnt hat. Und schon diese unscheinbare Tatsache, liebe Schwestern und Brüder, sollte uns froh und dankbar machen; denn diese Partneinahme für den Frieden ist nicht selbstverständlich, zumal der Pazifismus in unserem Land und in unseren Kirchen keine Tradition hatte, bis es binnen eines Vierteljahrhunderts zweimal zu einer von deutschen Christenmenschen mit zu verantwortenden Katastrophe gekommen war.

Doch einmal sensibilisiert, haben Christenmenschen nach dem Zweiten Weltkrieg nicht mehr schweigen können, wenn die Großen der Welt mit unglaublicher Brutalität über kleine Länder hergefallen sind - sei es Vietnam, sei es Afghanistan, sei es anderswo gewesen, wo Stellvertreterkriege ausgefochten wurden zwischen den feindlichen Supermächten.

Einmal zur Vernunft gekommen, haben die Vertreter der Weltchristenheit im 20. Jahrhundert Grundsätze formuliert, die auch heute noch gültig sind, da sie dem politischen Zeitgeist zuwider laufen, etwa: KRIEG SOLL NACH GOTTES WILLEN NICHT SEIN. Kein Kreuzzug, keine Inquisition, kein konfessionell motivierter Bruderkrieg ist damit ungeschehen zu machen; aber die Einsicht in die und das Bekenntnis der eigenen Sünden versperrt uns nicht etwa den Weg zu einer verantwortlicheren Haltung, sie ermöglichen diese eigentlich erst und machen sie glaubwürdig.

Wer das Schwert nimmt, soll durch das Schwert umkommen, sagte Jesus zu seinen Jüngern, nachdem diese - in bester Absicht - zu den Waffen gegriffen hatten, um sich, was jeder als legitim betrachten würde, so gut es eben ginge gegen die Palastgarde des Hohenpriesters zur Wehr zu setzen und Jesus vor einem Schauprozeß zu bewahren.

Liebe Geschwister, ich hatte so ein Ding noch nie in der Hand - Gott sei Dank! Und nach allem, was ich in diversen historischen Romanen gelesen habe, wäre vermutlich noch nicht viel gewonnen, wenn es einem gelänge, einen solch schweren Eisenstab in einer Hand zu balancieren - man müßte, um den beabsichtigten Schaden anzurichten, schon sehr geschickt und geübt sein; von mir hätte allein deshalb niemand etwas zu befürchten.

Wenn ich mir vorstelle, wie Petrus zum Schwert zu greifen, um meinen bedrohten Freund zu beschützen, stoße ich jedoch nicht nur auf die schon erwähnten technischen Schwierigkeiten. Ich müßte ja auch beim Kampf Mann gegen Mann meinem Gegner Aug' in

Aug' entgegentreten; *meine* Hand wäre es, die ihn tötete - wenn nicht der andere schneller und geschickter wäre und mich zuerst erwischte...

Dieser Anfechtung und dieser Gefahr setzen sich jene nicht aus, die im Irak, statt zum Schwert zu greifen, nur noch aus der Ferne den Befehl erteilen, Marschflugkörper abzufeuern oder gut gepanzerte Truppen vorrücken zu lassen im Kampf des Goliath gegen David.

Gleichwohl behält die Warnung Jesu ihre Gültigkeit. *Laß das Schwert stecken* ist, glaube ich, weniger ein moralischer Appell als vielmehr der nüchterne Hinweis auf die absehbare Konsequenz eines unbedachten Aktionismus.

Vielleicht wird man nicht einmal sagen dürfen, daß Jesus jede Form der Bewaffnung abgelehnt hat; seinen Jüngern jedenfalls riet er an anderer Stelle, sich Schwerter zu besorgen. Aber zwei Schwerter gegen eine gigantische Übermacht hätte voraussehbar nichts anderes zur Folge gehabt, als daß es zu einem Gemetzel gekommen wäre, das niemand von seinen Anhängern überlebt hätte. Im Unterschied also zu dem Diktator in Bagdad, der sich wie ein verwundetes Tier gebärdet und seine Leute in den sicheren Tod schickt, hat Jesus die Gegenwehr gegen das Unrecht des Stärkeren als aussichtsloses Unterfangen verworfen.

Das ist nicht etwa gleichzusetzen mit jener falschverstandenen christlichen Tugend, der zufolge Unrechtleiden unbedingt dem Unrechttun vorzuziehen sei. Dietrich Bonhoeffer und andere haben uns gelehrt, daß es Situationen gibt, in denen es die Wahl zwischen Schuld und Unschuld nicht mehr gibt, sondern nur die Übernahme der Verantwortung für dieses Unrecht oder jenes.

Das Schwert beiseite tun oder „die andere Wange hinhalten" heißt nicht, jede Willkür hinzunehmen um „des lieben Friedens willen". Doch wenn ein Übermächtiger dich demütigt, indem er dir ins Gesicht schlägt, dann gibt es nur eine Möglichkeit, dein Gesicht zu wahren, deine Würde zu behaupten: Indem du passiv und friedlich Widerstand leistest, statt daß du den aussichtslosen Versuch unternimmst, mit gleicher Münze heimzuzahlen, was dir angetan wurde.

Allerdings: Derselbe Jesus, der Gottes Macht unter dem Kreuz verborgen zum Vorschein brachte, hat seine Anhänger durchaus dazu aufgerufen, zum Schwert zu greifen, das er ihnen in die Hand gibt: *Ihr sollt nicht meinen, daß ich gekommen sei, den Frieden zu bringen auf die Erde; ich bin nicht gekommen, den Frieden zu bringen, sondern das Schwert.*

Wir wissen, liebe Gemeinde, wie oft dieses Wort mißverstanden und mißbraucht worden ist zur Rechtfertigung von Blutvergießen - auch durch die Kirche selbst, die mit Feuer und Schwert missioniert und Unfrieden gesät hat, statt das Evangelium der Liebe und des Lebens auszubreiten.

Gewiß, es bedarf eines gewissen Maßes an Abstraktionsvermögen, um beide Schwert-Worte in ein verständliches Verhältnis zueinander setzen zu können. Manch ein frommer Mann in höchster Verantwortung kann oder will offenkundig nicht begreifen, daß das Schwert, zu dem Christen greifen *sollen*, eben nicht aus blankem Stahl gemacht ist, sondern - wie wir im Epheserbrief lesen - das „Schwert des Geistes, welches das Wort Gottes ist" bedeutet.

Dieses Schwert dringt durch und durch und entzweit selbst Familienmitglieder. Es stört, ja es vernichtet jenen faulen Frieden, den Menschen gemacht haben, indem sie sich damit zufrieden geben, daß „man nun mal nichts machen kann“ gegen die Herrschaft der Gewalt, gegen die Willkür der Mächtigen.

Gebe Gott dieses Schwert ins Herz derer, die mit ihrer Kreuzzugsmentalität nicht einmal merken, wie sehr sie alles vertauscht und auf den Kopf gestellt haben: Krieg und Frieden, Menschenwort und Gotteswort - ja, letzten Endes: Gottes Tat und ihr eigenes Tun!

Gebe Gott, daß die angemaßten Gotteskrieger das Schwert des Todes aus der Hand legen, das ihnen nicht heute und morgen, aber irgendwann und irgendwo abermals begegnen und sie schlagen wird - in Selbstmordattentaten und Terroranschlägen!

Wir aber, liebe Geschwister, wollen - gerade, weil wir den Krieg nicht akzeptieren - zu jenem Schwert greifen, das Jesus Christus selber ist, zu jenem Schwert des Geistes, das in Gottes Wort besteht!

Damit wollen wir - und sehe es noch so aussichtslos aus! - beharrlich streiten gegen jene Mächte, die um des Geldes oder der Macht willen Blutvergießen zynisch einkalkulieren und von „Kollateralschäden“ sprechen, unvermeidlichen Opfern bei der Durchsetzung ihrer vorgeblich übergeordneten, vornehmen Ziele.

Mag auch denen, die von außen auf die Worte und Taten der Christenheit schauen, dieses Schwert ähnlich angestaubt erscheinen wie Museumsstücke aus der Ritterzeit - wer zum Schwert des Wortes greift, den wird es nicht umbringen, der wird leben und anderen das Leben bringen. Denn wer mit dieser Waffe umgeht, streitet gegen den sinnlosen Kreislauf von Gewalt und Gegengewalt, gegen das permanente Blutvergießen - im Namen dessen, der sein Blut vergossen hat, damit wir das Leben haben und volle Genüge.

Wer das Schwert nimmt, soll durch das Schwert umkommen - während des Kalten Krieges der Supermächte hieß das: Wer als erster auf den roten Knopf drückt, stirbt als zweiter. Wir wollen denen, die zu den Waffen gegriffen haben, beileibe nicht wünschen, daß sich das Jesuswort an ihnen als wahr erweist und sie einen elenden Tod sterben durch Giftgas oder Bakterien.

Aber, liebe Schwestern und Brüder, auch das vermag ich nicht nachzuvollziehen: daß jetzt allenthalben der Wunsch zum Ausdruck kommt, die Koalition der Willigen möge einen raschen Sieg erringen. Es ist und bleibt ein himmelschreiendes Unrecht, das da vor unseren Augen geschieht.

Und wo Unrecht zu Recht wird...

... da wird es Zeit, deutlich Einspruch zu erheben. Hans-Jürgen Benedict hat dies getan mit einem Gedicht, das er vor 20 Jahren als aktuelle Entsprechung zu dem von Matthias Claudius formuliert hat:

Krieg droht, Krieg droht! O mein Gewissen, wehre und rede du darein!
Krieg droht der Welt - und ich begehre dagegen auf mit Schrei'n.

Ich kann mich wehren, wenn sie offen planen Zerstörung, Tod und Haß,

kann mich verweigern und mit andern warnen vorm Kriege leichenblaß.

Kann die Erinn'rung an die Bombennächte wecken, Feuersturm, der Himmel rot,

Entronnene im heißen Teer verrecken, schreiend in Todesnot.

Kann auf die vielen Gräberfelder zeigen, nicht nur vom letzten Krieg,

auf Krüppel und der Strahlenopfer Leiden - im nächsten gibt es keinen Sieg!

Was hülf' mir Auto, Eigenheim, Karriere? Die könnten mich nicht freu'n.

Krieg droht der Welt - und ich begehre dagegen auf mit Schrei'n.

Denn Friede schaffen, Fried' im Land und Meere ist unser Auftrag nun.

Wir wissen, daß es heute möglich wäre, wenn wir es selber tun!

VOLKSTRAUERTAG, 17.11.1991, HEILANDKIRCHE, BERLIN-MOABIT

DIE LIEBE GOTTES, DIE GNADE UNSERES HERRN JESUS CHRISTUS UND DIE GEMEINSCHAFT DES HEILIGEN GEISTES SEI MIT UNS ALLEN! AMEN.

Liebe Schwestern und Brüder!

Volkstrauertag steht für heute auf dem Kalender.

Trauer - um was?

Die Vergangenheit. Nazi-Belastung. Unsere Geschichte.

Gerade an diesem schmerzlichen Punkt sind wir Deutsche tatsächlich und unbestreitbar ein "einig Volk".

Und doch: Wer "ist das Volk"?

Können wir hier "wir" sagen (und damit "alle" meinen), wollen wir es? Zumindest gibt es viele, immer mehr, die - nicht nur um des zeitlichen Abstandes willen - Trauer nicht empfinden, Verantwortung für die in deutschem Namen verübten Greueltaten zu übernehmen ablehnen. In Ost und West gleichermaßen.

Hat nicht die verordnete Trauer und Scham gerade verhindert, uns aus der Vergangenheit für die Zukunft Lehren ziehen zu lassen?

Jetzt sind wir wieder wer in der Welt...

- Wieder?!

Wie könnte uns denn die schuldbeladene Vergangenheit heute überhaupt zum richtigen Handeln anleiten, (selbst) wenn das alle wollten?

Schließlich sind wir doch nicht nur Täter, sondern auch Opfer geworden. Man denke nur an die Vertriebenen, die noch heute (nach eigenem Bekunden) das verarmte Schlesien dem reichen Westfalen vorzögen. Und in der DDR hatte die Bevölkerung 40 Jahre lang den verlorenen Krieg mit fremdbestimmter Herrschaft zu bezahlen.

Dagegen: Was von der Sowjetunion übrig geblieben ist, tritt heute in Bonn als Bittsteller auf. Ist nicht mit unserem Fleiß (ich lasse mal dahingestellt, **wessen** Fleiß genau das ist), ist nicht mit dieser Hilfeleistung rein praktisch Schuld abgetragen? - Hört man Umfragen aus der Sowjetunion, dann hat sich die Anschauung über die Deutschen in ebendiese Richtung gewandelt.

Das gilt, denke ich, im großen und ganzen für die meisten unserer früheren Opfer.

Warum also sollte man nicht (wieder) stolz sein dürfen, ein Deutscher zu sein, wie das kurzgeschorene Jugendliche auf ihren Jacken dokumentieren, wenn doch der Staat Deutschland mit seiner geballten Wirtschaftskraft einen solch guten Klang in der Welt erworben hat?

Aber fragen wir doch mal: Was ist das eigentlich: Nationalstolz? Ich bin nicht in diesem Sinne erzogen worden und aufgewachsen und habe deshalb keine rechte Vorstellung davon.

Ist es das, wenn sozial Benachteiligte auf brutale Weise ihren Frust an jenen auslassen, die nun mal nicht das Privileg besitzen, qua Geburt zu diesem Wohlstands-Volk zu gehören?

Freilich: Auf seinen Fleiß wird man noch stolz sein dürfen; auf seinen eigenen. Allerdings: Wenn ein Team hochbezahlter Sportler aus Deutschland Weltmeister wird oder ein einzelner die Weltrangliste anführt, dann wird zumindest mein Selbstwertgefühl dadurch nicht gesteigert.

Aber kommen wir auf die Vergangenheitsbewältigung zurück. Weil es eine solche in Bezug auf die Nazi-Zeit im Grunde nicht gegeben hat, wird nun umso heftiger gefordert, es an der Stasi-Zeit nicht zu versäumen. Da werden hochkarätige Polit-Gangster wegen kleiner Schiebereien vor Gericht gestellt, und Grenzsoldaten wird der Prozeß gemacht, der eigentlich dem Schießbefehl als solchem bzw. seinen Urhebern gilt. Gerechtigkeit, das ist wohl allen Beteiligten klar, wird so weder der Sache noch den Personen widerfahren.

Damit Opfer und Täter, die ja weiterhin in **einem** Deutschland zusammen leben müssen, dies ohne Haß auf der einen und Furcht auf der anderen Seite können, wurde schon ein politisches Tribunal vorgeschlagen, das eben nicht auf juristischer, sondern auf moralischer Ebene Schuld ermitteln und benennen soll, damit es - vielleicht - zu einem Verstehen, möglicherweise sogar zu einem Vergeben kommen kann.

Kein Strafgericht also im Sinne unserer Prozeßordnung.

Wie auch jenes Gericht, von dem unser Predigttext spricht:

[Matthäus 25, 31-46 in der Übersetzung von Wilckens]

Auch nach unseren Gesetzen gilt der Grundsatz: Unwissenheit schützt vor Strafe nicht, aber wenn bei uns jemand vor Gericht gestellt wird, dann hat er nicht nur eine Anklageschrift vor sich, zu der er Stellung nehmen kann, sondern in aller Regel weiß man doch ganz gut, was erlaubt und was verboten ist. Da wird höchstens noch um mildernde Umstände oder verminderte Schuldfähigkeit gerungen.

Gottes Gericht, so scheint es, ist nicht so human.

Ohne jede Vorwarnung werden die einen gerechtgesprochen, die anderen dagegen abgeurteilt. Widerrede ist zwecklos. Zwar wird das Urteil begründet - zur jeweiligen Überraschung sowohl der Gesegneten wie der Verfluchten übrigens! -, doch wird der Einspruch nicht berücksichtigt; mit dem Vollzug des Urteils, der Scheidung von Guten und Bösen, beginnt überhaupt die ganze Verhandlung.

Wenn ich gefragt werde, auf welcher Seite ich mich selber sehe, dann muß ich mich wohl zu denen rechnen, die Christus enttäuscht haben: Mehr als einmal (das man dann vielleicht noch Entschuldungen könnte) habe ich unterlassen, was ich als not-wendig wußte. Und ich kenne noch mehr, für die das gilt und eigentlich keinen, der nicht mindestens ab und an die Bedürfnisse Notleidender den eigenen Interessen unterordnet.

Bleibt da, so frage ich mich, überhaupt noch wer übrig, der ohne wenn und aber den Gerechten zuzuordnen wäre? Ist es nicht unbarmherzig, grenzenlose Barmherzigkeit zum Maßstab für ewige Verdammnis oder ewiges Leben zu machen?! Schließlich findet sich doch wohl in jedem Menschen - wenn auch in unterschiedlicher Zusammensetzung - Gutes und Böses, oder besser: Fürsorge und Gleichmut.

Aber vielleicht sollten wir auch einmal andersherum fragen: Wäre das Gerechtigkeit, wenn es **kein** letztes, verdammendes Gericht gäbe für die, die es sich auf Erden wohl ergehen ließen auf Kosten der Geringsten? Ist es etwa damit erledigt, wenn sich z.B. ein Hitler durch Selbstmord seiner gerechten Bestrafung entzog, oder andere durch Flucht?

Das Evangelium, das wird nirgends verschwiegen, ist frohe Botschaft für die Armen. Für die Entrechteten, denen das Lebensnotwendige vorenthalten wird. Und denen doch die Verheißung des Lebens gilt, auf die sie ihr Vertrauen setzen. Aus ihrer Perspektive gelesen, bringt dieses Gericht - endlich - den gerechten Ausgleich für das erlittene Unrecht.

Und doch ist Christus kein Racheengel; und vor allem: der Teufel ist nicht sein Erfüllungsgehilfe. Denn wenn man sich an mittelalterlichen Darstellungen dieser Szene orientiert, dann ist es der Teufel, der die Hölle am Kochen hält. Und so hat sich das auch in unser Bewußtsein eingeprägt. Unser Text aber sagt genau das Gegenteil: Ihm, dem Teufel und seinen Helfershelfern, ist das ewige Feuer bereitet! Freilich: Die Verfluchten müssen sich zu ihnen gesellen...

Und dennoch sind dies nicht einfach Rachephantasien Unterprivilegierter. Schließlich werden ausnahmslos alle vor Gottes Gericht gestellt; und jeder wird sich zu verantworten haben nach den Maßstäben der Bibel. Denn was hier aufgezählt wird: Hungrigen zu essen zu geben und Durstigen zu trinken, Fremde bei sich aufzunehmen, Nackten Kleidung zu verschaffen, sich um Kranke zu kümmern, Gefangene nicht im Stich zu lassen - das sind die Kernforderungen des Alten Testamens für den Fall, daß durch menschliche Schuld das Zusammenleben nicht bestimmungsgemäß funktioniert und jeder das erhält, was er zum Leben braucht.

Wenn das so ist - und es ist ja so -, dann zeigt das im Grunde nur die Entfernung von Gott und seinen Geboten, die doch aber gegeben sind, damit seine Geschöpfe leben können.

Wo Segen - und Gottes Schöpfung ist uns ja zum Segen gegeben - wo Segen zum Fluch verkehrt wird, da stellen sich die Erbarmungslosen selbst außerhalb des Segens, und sie ernten nichts anderes als sie säten.

Das Verrückte ist nur, daß die Angeklagten subjektiv von ihrer Unschuld überzeugt sind: *Herr, wann haben wir dich je hungrig oder durstig oder fremd oder nackt oder krank oder gefangen gesehen und haben dir nicht gedient?*

- Auch wir müssen wohl, wenn wir ganz ehrlich sind, zugeben, daß uns bei dem "Doppelgebot der Liebe" eigentlich immer der erste Teil der wichtigere ist; der Nächste wird mit einem Nachsatz abgespeist, abhängig womöglich noch vom maß meiner Selbstliebe.

Diese Rechnung, so sagt uns Christus hier, diese Rechnung geht nicht auf, denn eben in jenem, den du geflissentlich zu übersehen geneigt bist, gehst du an **mir** vorüber!

Werden wir dem Gericht entgehen, genauer gesagt: einer Verurteilung, wenn wir das berücksichtigen und also jeden so zu behandeln versuchen, als wäre es Christus persönlich? - Die Frage klingt nicht nur, wie ich finde, grotesk, wir wissen auch ganz genau, daß wir unser Tun und Lassen nicht derartig unter Kontrolle haben.

Nein, ängstliches Nachrechnen wird uns immer nur unsere Versäumnisse vor Augen führen! Weder durch Geschick noch auch durch guten Willen werden wir der Verdammnis entgehen, sondern allein aus Christi Gnade.

Liebe kann man nicht gebieten, und aus Angst vor Strafe gedeiht Liebe nicht. Auch die Gesegneten waren sich ihrer Taten nicht bewußt. Denn sie haben nicht gute Werke vollbracht, um etwas in die Waagschale werfen zu können, sondern ihren Glauben gelebt in tätiger Liebe.

Das allein zählt. Das allein brauchen wir.

LAß UNS NICHT VERLORENGEHEN, HERR, SONDERN SCHENKE UNS EIN HERZ, DAS LIEBT.

AMEN.

VOLKSTRAUERTAG, 15.11.2009, EV. KIRCHE SCHÖNOW-BUSCHGRABEN, BERLIN-ZEHLENDORF

DIE LIEBE GOTTES, DIE GNADE UNSERES HERRN JESUS CHRISTUS UND DIE GEMEINSCHAFT DES HEILIGEN GEISTES SEI MIT UNS ALLEN! AMEN.

Liebe Schwestern und Brüder!

Nach dem menschlichen, politischen und moralischen Desaster des Nationalsozialismus wurde der vormalige "Heldengedenktag" umgewandelt in einen politisch korrekteren "Volkstrauertag".

Aber es stellte sich heraus, daß das Volk im ganzen unfähig ist zu trauern.

Und seit drei Jahren ist es wieder schick geworden und wird von vielen als "Normalität" begrüßt, die schwarz-rot-goldene Fahne zu schwenken...

Wir versuchen, daneben auch andere Akzente zu setzen: So waren wir gestern mit den Konfirmanden in der Gedenkstätte Sachsenhausen, nachdem wir mit dem Estherfest bereits das Thema "Judenvernichtung" angeschnitten hatten.

Am vergangenen Montag hat die Welt dankbar auf 20 Jahre Mauerfall zurückgeblickt. Für die meisten Landsleute war damit der 9. November abgehakt. Nicht so für jene, die dabei auch an das Jahr 1938 denken, das wiederum mit dem Ende des Ersten Weltkrieges verbunden ist.

Und damit sind wir wieder mitten drin im Thema Krieg und Schuld.

Mit dem Volksbund Kriegsgräberfürsorge und der Aktion Sühnezeichen bin ich der Meinung, die Mahnung an bleibende Verantwortung sollte nicht auf Parlamente und Gedenkstätten beschränkt sein; auch auf der Kanzel ist hierzu einiges zu sagen.

Grundlage dafür ist ein Abschnitt aus dem Matthäusevangelium, Kapitel 25, den ich jetzt vorlesen möchte:

[31]Wenn aber der Mensch in seinem göttlichen Glanz kommt und alle Engel mit ihm, dann wird er sich auf
seinen himmlischen Richterstuhl setzen.

[32]Und alle Völker werden sich versammeln und sich seinem Gericht stellen. Er wird die Menschen
voneinander scheiden, wie ein Hirte die Schafe von den Ziegen trennt. [33]Er wird die Schafe zu seiner
Rechten aufstellen und die Ziegen zu seiner Linken.

[34]Dann wird die königliche Person denen zur Rechten sagen: ›Kommt heran, ihr Gesegneten Gottes, Vater
und Mutter für mich; ihr werdet in der Welt Gottes leben, die von Anfang der Welt an für euch geschaffen
wurde. [35]Ich war hungrig, ihr gabt mir zu essen; ich war durstig, ihr gabt mir Wasser; ich war fremd, und
ihr habt mich aufgenommen.

[36]Ich war nackt, ihr habt mich gekleidet; ich war krank, ihr habt mich gepflegt; ich war im Gefängnis, und
ihr seid zu mir gekommen.‹ [37]Dann werden ihm die Gerechten antworten: ›Herr, wann haben wir dich
hungern sehen und dir zu essen gegeben, oder durstig, und gaben dir Wasser? [38]Wann haben wir dich in
der Fremde gesehen, und haben dich aufgenommen, oder nackt und haben dich gekleidet? [39]Wann haben
wir dich krank oder im Gefängnis gesehen und sind zu dir gekommen?‹

[40]Und die königliche Person wird ihnen antworten: ›Wahrhaftig, ich sage euch, alles, was ihr für eines
dieser meiner geringsten Geschwister getan habt, habt ihr für mich getan.‹

41 Dann wird sie zu denen zur Linken sagen: ›Geht fort von mir, ihr seid fern von Gott; geht in das endlose
Feuer, das von Gott für den Teufel und die, die ihm dienen, bestimmt ist. 42 Ich war hungrig, und ihr gabt
mir nicht zu essen, ich war durstig, ihr gabt mir kein Wasser. 43 Ich war fremd, und ihr nahmt mich nicht
auf, ich war nackt, und ihr habt mich nicht gekleidet, ich war krank und im Gefängnis, und ihr habt euch
nicht um mich gekümmert.‹

44 Dann werden auch sie antworten: ›Herr, wann haben wir dich hungrig oder durstig oder fremd oder nackt
oder krank oder gefangen gesehen und haben dich nicht versorgt?‹

45 Dann wird der himmlische Mensch ihnen antworten: ›Wahrhaftig, ich sage euch, alles, was ihr für eine
oder einen von diesen Geringsten nicht getan habt, habt ihr auch für mich nicht getan.‹

46 Und sie werden in die endlose Strafe fortgehen, die Gerechten aber ins ewige Leben.«

Liebe Geschwister: Nach unseren Gesetzen gilt der Grundsatz: *Unwissenheit schützt vor Strafe nicht*.

Aber wenn bei uns jemand vor Gericht gestellt wird, dann hat er nicht nur eine ordentliche Anklageschrift vor sich, zu der er Stellung nehmen kann, sondern in aller Regel weiß man doch ganz gut, was erlaubt und was verboten ist: Ob es sich um Kapitalverbrechen handelt, wie zum Beispiel Mord, oder um sogenannte "Kavaliersdelikte" wie etwa Steuerhinterziehung.

Da wird unser Gerechtigkeitsempfinden manchmal auf eine harte Probe gestellt, wenn man die Kleinen fängt und die Großen laufen läßt. Denn wer bei Hart IV schummelt, wird meist erwischt, aber so manch einem Menschenhändler ist nie etwas nachzuweisen, weil einfach zu clevere Advokaten ihm beistehen...

Gottes Gericht, so scheint es, ist schonungslos: Ohne jede Vorwarnung werden die einen gerechtgesprochen, die anderen dagegen abgeurteilt. Widerrede ist zwecklos. Zwar wird das Urteil begründet - übrigens zur jeweiligen Überraschung sowohl der Gesegneten wie der Verfluchten -, doch wird der Einspruch: "Das habe ich nicht gewußt!" nicht berücksichtigt; mit dem Vollzug des Urteils - der Scheidung von Guten und Bösen - beginnt überhaupt die ganze Verhandlung.

Vorausgesetzt sind dabei die sozialen Tugenden der Antike, die offenbar auch allgemein als Grundlage anerkannt werden. Strittig ist anscheinend nur die Anwendung dieses Prinzips auf Jesus, oder anders formuliert: ob der Anspruch, den der MENSCH hier erhebt, einzig und allein auf die Person Jesu zu beziehen sei. Der Ankläger, der zugleich das Urteil fällt, verlangt, daß jene Fürsorge und Treue, die man ihm gegenüber bekundet, jedwedem Menschen zuteil wird, der solche Zuwendung nötig hat.

Wenn ich nun aber gefragt würde, auf welcher Seite ich mich selber sehe, dann müßte ich bekennen, daß ich wohl zu denen zähle, die Christus enttäuscht haben: Mehr als einmal habe ich unterlassen, was ich als not-wendig erkannt hatte.

Doch wer kann schon von sich behaupten, *immer* dem Anspruch Jesu gerecht geworden zu sein? Ich kenne eigentlich niemanden, der nicht mindestens ab und zu die Bedürfnisse Notleidender den eigenen Interessen unterordnet.

Wenn man so rechnet, bleibt dann überhaupt noch wer übrig, der ohne Wenn und Aber den Gerechten zuzuordnen wäre? Ja, ist es nicht *un*barmherzig von diesem Richter, grenzenlose Barmherzigkeit zum Maßstab für ewige Verdammnis oder ewiges Leben zu machen?!

Schließlich findet sich doch wohl in jedem Menschen - wenn auch in unterschiedlicher Mischung - Gutes und Böses, oder besser: Fürsorge und Gleichmut!

Aber wir fragen vermutlich nur deshalb so, weil wir uns insgeheim mit den Tätern, mit den Angeklagten und Verurteilten identifizieren.

Vielleicht sollten wir mal mit den Augen der Opfer hinsehen und andersherum fragen: Wäre das Gerechtigkeit, wenn es **kein** letztes, verdammendes Gericht gäbe für die, die es sich auf Erden wohl ergehen ließen auf Kosten der Geringsten?

Können Terror und Völkermord damit erledigt sein, daß sich die Verantwortlichen durch Selbstmord ihrer gerechten Bestrafung entziehen, oder auch durch Flucht?

Das Evangelium - das wird nirgends verschwiegen - ist frohe Botschaft für die Armen und Benachteiligten, für die Entrechteten, denen das Lebensnotwendige vorenthalten wird. Und denen doch die Verheißung des Lebens gilt, auf die sie ihr Vertrauen setzen!

Aus **deren** Situation heraus verstanden, bringt dieses Gericht - endlich! - den gerechten Ausgleich für das erlittene Unrecht.

Und doch ist Christus kein Racheengel; und vor allem: der Teufel ist nicht sein Erfüllungsgehilfe.

Wenn man sich an mittelalterlichen Darstellungen unserer Szenerie orientiert, dann ist es der Teufel, der die Hölle am Kochen hält. Und so hat sich das auch in unser Bewußtsein eingeprägt. Der Text aber sagt genau das Gegenteil: Ihm, dem Teufel und seinen Helfershelfern, ist das ewige Feuer bereitet! Freilich: Die Verfluchten müssen sich zu ihnen gesellen...

Doch das sind nicht einfach Rachephantasien Unterprivilegierter. Schließlich werden ausnahmslos alle vor Gottes Gericht gestellt; und jeder wird sich zu verantworten haben nach den Maßstäben der Bibel. Denn was hier aufgezählt wird: Hungrigen zu essen zu geben und Durstigen zu trinken, Fremde bei sich aufzunehmen, Nackten Kleidung zu verschaffen, sich um Kranke zu kümmern, Gefangene nicht im Stich zu lassen - das sind die Kernforderungen der Hebräischen Bibel für den Fall, daß durch menschliche Schuld das Zusammenleben nicht bestimmungsgemäß funktioniert und jeder das erhält, was er zum Leben braucht, also, auf die heutige Zeit bezogen:

Arbeit von der man in Würde leben kann, Schutz vor Not im Krankheits- und Pflegefall, Versorgung bei Behinderung oder im Alter.

Wo das nicht gewährleistet ist, da zeigt sich die Entfernung des Volkes von Gott und seinen Geboten, die doch aber gegeben sind, damit seine Geschöpfe leben können.

Wo Segen - und Gottes Schöpfung ist uns ja zum Segen gegeben - wo Segen zum Fluch verkehrt wird, da stellen sich die Erbarmungslosen selbst außerhalb des Segens, und sie ernten nichts anderes als sie säten.

Das Verrückte ist nur, daß die Angeklagten subjektiv von ihrer Unschuld überzeugt sind: ›Herr, wann haben wir dich hungrig oder durstig oder fremd oder nackt oder krank oder gefangen gesehen und haben dich nicht versorgt?‹

Doch diese Rechnung, so sagt uns Christus hier, diese Rechnung geht nicht auf, denn eben in jenem, den du geflissentlich zu übersehen geneigt bist, gehst du an **mir** vorüber!

Werden **wir** dem Gericht entgehen, liebe Gemeinde, genauer gesagt: einer Verurteilung, wenn wir das berücksichtigen und also jeden so zu behandeln versuchen, als wäre es Christus persönlich?

- So gestellt, klingt diese Frage grotesk: Wir wissen ganz genau, daß wir unser Tun und Lassen nicht derartig unter Kontrolle haben. Ängstliches Nachrechnen wird uns immer nur unsere Versäumnisse vor Augen führen! Gerade dem Gewissen - dem "inneren Mitwisser" - können die ja nicht verborgen bleiben.

Und so meine ich, daß ***etwas anderes*** gemeint sein dürfte, was uns heute - und zwar jedem einzelnen wie der Kirche als ganzer - geboten ist als Weg aus der Verdammnis, dem Teufelkreis, nämlich daß das "Ich-zuerst-Denken" aufhört, das Schulterzucken über die Probleme anderer, an dessen Stelle ein Mitleiden tritt, aus dem **leidenschaftliche Bemühungen** entstehen um gangbare Wege der Gerechtigkeit; denn *wo ein Glied leidet, da leidet der ganze Leib*, sagt Paulus.

Ich möchte das probeweise auf den vorhin gehörten Taufspruch anwenden. Der lautete bekanntlich: Alles ist möglich dem, der glaubt. Damit ist weder eine magische Zauberformel gemeint noch eine Art himmlischer Schutzbrief, der alle unsere Wünsche mit Gottes Geleit in Erfüllung gehen ließe.

Aber alles, was wir in Jesu Namen tun, steht unter seiner Verheißung. Wir ***können nicht*** allen Menschen zu essen geben und Kleidung und Trinkwasser und Trost. Das ist wahr.

Unwahr aber wäre es zu behaupten, daß wir ohnmächtig seien. Daß wir nichts machen können gegen Krieg, Ungerechtigkeit und Raubbau an der Schöpfung.

Hier ist, meine ich, der Punkt, wo jede und jeder gefragt ist hinzuschauen und nach dem Maß der je eigenen Möglichkeiten mitzutun an Jesu Werk der Nächstenliebe und Versöhnung und auf die Zusage zu hören: Alles, was ihr für eines dieser meiner geringsten Geschwister getan habt, habt ihr für mich getan.

AMEN.

1. Weihnachtstag, 25.12.2004, Ev. Kirche Schönow-Buschgraben, Berlin-Zehlendorf

Friede sei mit euch von dem, der da ist und der da war und der da kommt. AMEN.

Liebe Festgemeinde!

Weihnachten im Medienzeitalter - da wird es nicht plötzlich hell inmitten der Nacht, sondern es flimmert rund um die Uhr aus dem Kasten.

Einige können es kaum noch sehen: Maria und Joseph, die Engel, die Hirten, das Kind in der Krippe - bis zum Überdruß werden wir mit jenen Bildern überschwemmt.

Viele können es kaum noch hören: Die *Stille Nacht* plärrt in Kaufhäusern, auf Weihnachtsmärkten wird einem *Fröhliche Weihnacht überall* gewünscht, doch verehrt wird *O Tannenbaum*, nicht jener, der *Vom Himmel hoch* zu uns her gekommen ist.

Heute, am eigentlichen Festtag, ist schon fast wieder alles vorüber: Die vollen Kirchen, die festlichen Gottesdienste, die kunstvolle Chor- und Orgelmusik, die Appelle der Politiker und Predigten der Bischöfe - all das, was unsere Augen und Ohren in den letzten Tagen und Wochen gefangengenommen hat.

Der Glanz des Festes, so scheint mir manchmal, blendet uns, so daß wir sozusagen den Blick gar nicht mehr abwenden können von dem Stern hoch oben - obwohl der doch leuchtet, um uns den Weg zu zeigen zu dem Kind ganz unten.

Für die meisten unserer Zeitgenossen dürfte es so sein, daß ihnen ein prunkvolles Gotteshaus mit feierlicher Musik und funkelnden Kerzen weitaus weihnachtlicher erscheint als eine kleine Hausgemeinde, die mit dünnen Stimmen im Schein einer Flamme zur Andacht versammelt ist.

Ohne Zweifel wäre damals in Jerusalem der Königshof besser ausgestattet gewesen, den künftigen Herrscher zu beherbergen, als die unbedeutende Kleinstadt Bethlehem, deren Unterkünfte bereits ausgebucht waren, als der Davidssohn zur Welt kam.

Gestehen wir es ein, liebe Gemeinde:

Die Botschaft spricht von der erhellten Nacht, aber wir setzen uns der Dunkelheit nicht gern aus.

Die Botschaft gilt den Armen, aber wir suchen der Armut zu entfliehen.

Wir hören die Botschaft an *unserem* Ort; aber wo ist der Ort, an dem heute dieselbe Botschaft laut wird wie einstmals bei den Hirten auf dem Felde?

Der Prophet Micha hat in düsteren Zeiten, lange vor der Volkszählung des Kaisers Augustus, eine freundliche Zukunftsvision entfaltet, ein Lichtblick inmitten von Lebensumständen, die als trostlos empfunden wurden - mit fragwürdig gewordenen Werten angesichts von äußerer Bedrohung und religiöser Verwahrlosung.

Seine Trostbotschaft ist den Juden zum Hoffnungsschimmer geworden, daß Gott sein Volk nicht verderben läßt. Über die blutigen Makkabäerkriege hinweg, durch die Repressalien der Römerzeit hindurch, in den Pogromen des Mittelalters und den Verfolgungen der Neuzeit hat dies getragen - trotz oder wegen der noch immer für sie unerfüllten Sehnsucht nach dem Messias, dem Retter und wiederhersteller Israels.

Die Christen freilich sahen und sehen die Worte der Verheißung mit der Geburt Jesu erfüllt.

Der Prophet hatte geschrieben:

Zerkratze dich, Tochter der Streifschar!
Belagerung hat man über uns verhängt.
Mit dem Stock schlagen sie auf die Backe den Richter Israels.
Aber du, Bethlehem Ephrata, du kleine unter den Tausendschaften Judas,
aus dir wird mir hervorgehen, der der meine ist, Herrscher in Israel zu sein,
dessen Ursprünge in der Vorzeit liegen, in uralten Tagen.
Er wird auftreten und als Hirt wirken in der Majestät Jahwes,
in der Hoheit des Namens Jahwes, seines Gottes.
Ja, jetzt wird er groß werden bis an die Ränder der Erde.
Und er wird Frieden bewirken.

Auf einmal erscheint alles in einem ganz anderen Licht, liebe Gemeinde:

Bethlehem - kaum tauglich, einen Beitrag zu den Tausendschaften des Militärs zu liefern - dieses Provinznest ist der Ort, an dem Gott neu anfangen will mit seinem Volk.

Aber er macht nicht einfach Frieden, wo Krieg herrscht.

Das funktioniert nämlich nicht mit einem Paukenschlag vom Himmel her.

Die Menschen müssen erst die ganze Not durchleiden, die der Krieg mit sich bringt, damit sie sich wieder sehnen nach dem Frieden.

Hat man nicht gegen Ende des 2. Weltkriegs die sarkastische Parole ausgegeben: "Leute, genießt den Krieg - der Frieden wird furchtbar!"?

Wer dem Frieden **so** entgegensieht, der mag Bomben und Hunger in Kauf nehmen. Er wird aber nichts von dem erfahren, welcher DEN FRIEDEN BEWIRKT.

Und auch Recht und Gerechtigkeit kommen nicht von allein: Der Richter Israels wird geschlagen, heißt es.

Das kann nicht ohne Folgen bleiben; deshalb: *Zerkratze dich*, zeige Trauer, tue Buße!

Überspiele nicht die tiefe Krise, in der das Land steckt - das gelingt dir nicht, noch nicht einmal für ein paar schöne Festtagsstunden!

Nimm wahr, was um dich herum geschieht!

Sieh nicht auf den Glanz in der Höhe, sondern auf das Elend in der Tiefe!

Und hoffe mit denen, die am Boden liegen, auf ein Neues!

Warte nicht auf beß're Zeiten, bis du eines Tages feststellen mußt, daß du dein Leben in untätiger Wartestellung vergeudet hast!

Vertraue aber auf Gott, der das Unwahrscheinliche möglich macht, daß ein Gerechter richtet, ein guter Hirt weidet, einer wirklich Frieden macht, statt immer nur davon zu reden.

Sieh nicht gebannt auf den Regierungssitz - als ob sich dort Entscheidendes täte!

Blicke nicht ängstlich auf die Firmenzentralen - als ob unser Schicksal in deren Händen läge!

Laß dich nicht blenden von den Börsennachrichten und Konjunkturprognosen - ganz im Verborgenen geschieht der Wandel zum Leben, wie Gott es will!

Nicht vom Weißen Haus geht der Frieden aus, nicht aus dem Reichstagsgebäude kommt Gerechtigkeit. Der Friede wächst von unten, den Haßpredigern zum Trotz; und Gerechtigkeit entsteht nicht per Gesetz, sondern da, wo Menschen zusammenhalten.

In Bethlehem beginnt die Revolution unseres Gottes.

Nicht zufällig in Bethlehem kommt Jesus von Nazareth zur Welt: in Bethlehem, dem Heimatort Isais. Obwohl auch der einer Täuschung unterlag, als er seinen Ältesten und dann der Reihe nach alle seine Söhne präsentierte, als Samuel in seinem Hause den künftigen König gesucht hat. Der kleinste, der jüngste, nicht der Rede werte, war es, David, den Gott zum König haben wollte.

> Aber ist wirklich diese Wurzel gemeint als Ursprung dessen, der *in Israel Herrscher sein* soll?
>
> Sind mit den *uralten Tagen* jene "guten alten Zeiten" des früheren Davidreiches gemeint, als Israel bedeutend war über seine Grenzen hinaus?

Der Prophet sagt nicht mehr zur Identifizierung des Kommenden, als daß der so ganz und gar nach Gottes Willen lebt, wie es sonst keiner tut, den wir kennen.

Und er spricht davon, daß die Krisenzeit vorüber sein wird, wenn *die Gebärende geboren hat.*

Meint er damit tatsächlich Maria und das Krippenkind?

- Einerseits ist es unwahrscheinlich, daß der historische Micha das im Sinne hatte.

- Andererseits: Für uns Nachgeborene ist kaum noch etwas anderes vorstellbar.

Es war ja auch nicht der Ort allein, der in den Augen vieler Hoffender dafür sprach, daß in Jesus der Verheißene geboren war; das ganze Drum und Dran paßt zu Gottes Plan: Die Nacht, die Armut, die Ausgestoßenen - unter diesen Umständen kommt Gott zur Welt, nicht wahrnehmbar für jene, deren Erwartungen auf Herrscherhäuser fixiert sind, nicht annehmbar für alle, die Gerechtigkeit mit Macht, Frieden mit Gewalt zusammen denken müssen.

ER, der groß geworden ist bis an die Ränder der Erde, war klein und unscheinbar; was in ihm steckte, war noch nicht sichtbar, als er in der Krippe lag am Rand der Welt.

Ich denke, die Geburt, deretwegen wir hier zusammengekommen sind, hat mehr Gemeinsamkeiten mit denen, die täglich in Slums geschehen, als mit denen von Kronprinzen, von denen die bunten Gazetten so gerne berichten.

Und die Gerechtigkeit, die uns verheißen ist, meint eher die Umverteilung von oben nach unten als eine Gleichheit aller Sünder - unabhängig davon, ob sie Täter oder Opfer sind.

Der Friede schließlich, den ER verwirklicht, wird nicht mit Waffengewalt erzwungen, sondern ist eine Frucht der Gerechtigkeit, aber auch der streitbaren Toleranz - weltweit wie auch in unserer Stadt.

Nüchtern betrachtet, müssen wir feststellen: All dies ist noch nicht in Erfüllung gegangen am Tag der Geburt Jesu.

- Was also gibt es dann eigentlich zu feiern?

Liebe Gemeinde! *Alles muß klein beginnen* - auch Gottes Reich.

In jenem Kind ist es in die Welt gekommen.

Wie dieses Baby braucht es Liebe und Pflege.

Doch wie jedes Kind, das man liebevoll umsorgt, wird es groß werden.

Und dann - erst dann - ist der Wehenschmerz vorbei, den die Welt ausstößt, die sich nach Erlösung sehnt, nach Frieden, Gerechtigkeit und Heil.

Also laßt uns um derer willen, die jetzt klagen, lobsingen - denn der Anfang ist gemacht!

Die, die jetzt traurig sind, sollen froh werden - denn *den die Hirten lobten sehre*, der wird selbst ein Hirt, ein guter Hirt.

Weil ER - allem Augenschein zu Trotz - unsere Hoffnung ist für uns und unsere Welt, laßt uns davon singen und sagen: In der Finsternis scheint ein Licht, so klein, daß man es beinahe nicht erkennen kann; und doch: es ist das Licht der Welt.

AMEN.

FRIEDENSDEKADE 2001, EV. ST-JAKOBI-KIRCHE, PERLEBERG

FRIEDE SEI MIT EUCH VON DEM, DER DA IST UND DER DA WAR UND DER DA KOMMT. AMEN.

Liebe Schwestern und Brüder!

Mit dem heutigen Sonntag beginnt die diesjährige Friedensdekade. So steht es jedenfalls im kirchlichen Taschenkalender, als Merkposten zunächst.

Irgendwann wird jede regelmäßige Veranstaltung zur Routine, zur Tradition. Man fragt nicht mehr danach, warum das eigentlich stattfindet. Man gewöhnt sich schlicht daran, daß es so ist. Oder man schafft sie eines Tages wieder ab, weil es niemandem mehr einleuchtet, daran festzuhalten. - Warum beten für den Frieden, wenn zwei Generationen in Deutschland Krieg nicht mehr aus eigenem Erleben kennen?!

Plötzlich ist alles anders. Angebahnt hatte es sich zwar schon seit längerem; aber noch immer war es möglich, sich den Krieg gedanklich vom Leibe zu halten, trotz Bosnien, Kosovo und Mazedonien. Irgendwie war da noch immer unbestreitbar die Wiederherstellung des Friedens als Aufgabe deutscher Soldaten zu erkennen.

Und nun sollen sie doch kämpfen. Verteidigen sollen sie nicht die Freiheit oder Gesundheit ihrer Landsleute, sondern eine Ordnung dieser Welt. Es geht gegen den Terrorismus, wird gesagt, und viele stimmen zu. Andere warnen: Wieder geht es um Interessen; die Großen haben sich verbündet gegen ein kleines Land, der Westen gegen den Orient. Über Zahlen kann man streiten, aber nicht leugnen läßt sich, daß auch in diesem Krieg unschuldige Menschen leiden müssen.

Krieg kostet Menschen das Leben. Und nun auf einmal nicht nur irgendwelche Fremde im fernen Asien, sondern auch Landsleute, die es zu ihrem Beruf gemacht haben, das Töten zu lernen, die davon leben, daß sie zu sterben bereit sind. Und schon lange verhallt sind die mahnenden Stimmen, die nach dem Zweiten Weltkrieg zu hören waren. Ich will nur weniges davon in Erinnerung rufen:

Du, Pfarrer auf der Kanzel. Wenn sie dir morgen befehlen, du sollst den Mord segnen und den Krieg heilig sprechen, dann gibt es nur eins: Sag NEIN!

.....

Du, Mann auf dem Dorf und Mann in der Stadt. Wenn sie morgen kommen und dir den Gestellungsbefehl bringen, dann gibt es nur eins: Sag NEIN!

...

Mütter in allen Erdteilen, Mütter in der Welt, wenn sie morgen befehlen, ihr sollt Kinder gebären, Krankenschwestern für Kriegslazarette und neue Soldaten für neue Schlachten, Mütter in der Welt, dann gibt es nur eins: Sagt NEIN!

Liebe Geschwister, die ausgemalten Konsequenzen erreichen kaum noch unsere Köpfe und Herzen. Neuen Generationen fehlt die am eigenen Leib gemachte Erfahrung, daß es im Krieg auf allen Seiten nur Opfer gibt.

Als erstes bleibt die Wahrheit auf der Strecke, das erleben wir in diesen Tagen, da nur gefilterte Nachrichten bis zu uns dringen, um den kritischen Einwand so klein wie möglich zu halten.

Ja, es scheint, dieses Land ist wieder reif für einen Krieg, für die Lektion, wieder selbst aktiv schuldig zu werden am Tode Tausender, wieder Tote beklagen zu müssen aus den eigenen Familien und Freundeskreisen.

Der Prophet Amos lebte auch in so einer Zeit, die er für reif hielt, einer neuer Katastrophe entgegenzugehen, auf die die Verantwortlichen zielstrebig hinarbeiteten. Im achten Kapitel dieses kleinen Büchleins lesen wir:

Noch etwas ließ der Herr, der mächtige Gott, mich sehen: einen Erntekorb voll mit reifem Obst. Er fragte mich: „Amos, was siehst du?“ Ich antwortete: „Einen Korb voll mit reifem Obst.“

Da sagte der Herr: „Ja, reif ist mein Volk - zum Gericht! Ohne Erbarmen will ich alles abernten. Dann werden die Sängerinnen im Königspalast Klagelieder anstimmen. An allen Orten liegen Leichen herum, niemand begräbt sie, überall Totenstille.“ Das sagt der Herr, der mächtige Gott.

Liebe Gemeinde, wörtlich übersetzt, bedeutet das griechische Wort „Krise“ *Entscheidung*. In einer solchen Situation befand sich damals das Volk Israel, und in einer solchen Zeit leben gegenwärtig auch wir. Entscheidungen müssen getroffen werden - nächste Woche im Bundestag zum Beispiel.

Und dabei wird es nicht darum gehen dürfen, ob eine politische Koalition, die angetreten ist, um allfällige Reformen im sozialen Bereich, beim Umweltschutz, bei Bürgerrechten und der Zuwanderungsfrage endlich umzusetzen, ob eine solche Partnerschaft den Dissens in der Friedensfrage überlebt. Vielmehr geht es schlicht und grob um die Frage, ob deutsche Staatsbürger in fremden Ländern auf Verlangen töten sollen oder nicht.

Auch im Alten Israel hatte man sich der „uneingeschränkten Solidarität“ verpflichtet, dann jedoch bemerkt, daß daraus ein Sog entsteht, der immer mehr Ressourcen auffrißt. Der Freikauf von Kriegshandlungen wurde so teuer, daß man sich nach anderen Bündnispartnern umsah. Doch dieses Taktieren zwischen den verfeindeten Großmächten gab lediglich den Vorwand für einen Angriff, unter dem das Land bei weitem mehr zu leiden hatte als unter den Abgaben in Friedenszeiten.

Ich sehe unser Land im Moment an einer ähnlichen Schwelle stehen. Große Worte sind gesagt, und man möchte nicht als Maulheld dastehen unter den Großen dieser Erde. Wir sind schließlich auch Wehr und Waffen...

Gott schaut sich das nach Amos‘ Worten nicht kommentarlos mit an. Der Prophet sieht einen Korb mit reifem, wenn nicht gar fauligem Obst. Reif ist das Land nicht zur Ernte, zum Verzehren dessen, was man im Schweiße seines Angesichts erworben hat, sondern zum Gericht. Was da gewachsen ist, kann sich sehen lassen auf den ersten Blick, in Wirklichkeit aber ist es ungenießbar.

Wir sind, wie es scheint, zehn Jahre nach der Auflösung der Sowjetunion und dem vermeintlichen Ende der Block-Konfrontation weiter von Frieden entfernt als in den Jahren, da die wechselseitige Furcht vor dem atomaren Erstschlag der feindlichen Supermacht das Zerstörungspotential gegenseitig in Schach hielt. Die Schranken sind niedriger geworden, man kann es wieder wagen, im begrenzten Umfang Krieg zu führen.

> Um es klar und deutlich zu sagen: Die Taliban **sind** offenkundig ein Schreckensregime, und die Terroristenbande um Bin Laden muß mit allen Mitteln bekämpft werden, die einem Rechtsstaat im Umgang mit Kriminellen zu Gebote stehen.

Aber ebenso unmißverständlich sollte auch - in kirchlichen Kreisen zumal - formuliert werden: Es gibt keinen gerechten Krieg, und schon gar nicht darf es hingenommen werden, daß getötete Zivilisten als „Kollateralschäden" verharmlost werden!

Worum geht es eigentlich bei diesem Feldzug? Um die Bestrafung der Verantwortlichen für die Attentate vom 11. September? - Nicht einmal der US-Militärminister rechnet sicher mit der Ergreifung der Al-Qaida-Spitzenleute.

Geht es etwa doch um Rache? Geht es - entgegen allen anderslautenden Bekundungen - um eine Art Kreuzzug der modernen christlichen Welt gegen die rückständige Welt des Islam? Welche Werte werden hier mit welchen Mitteln verteidigt?

Die Friedensbewegung der 80er Jahre hatte zur Überwindung von Gewalt und Militarismus das Konzept der zivilen Verteidigung entwickelt. Basierend auf den Erfahrungen des Widerstands gegen die Nazi-Eroberer in Frankreich, den Niederlanden, Norwegen und Dänemark ging man davon aus, daß man ein Land zwar besetzen, nicht aber wirklich von ihm Besitz ergreifen kann ohne die bereitwillige Mitwirkung der Landesbewohner. Auch bei der militärischen Beendigung des „Prager Frühlings" stießen die Eindringlinge auf den entschlossenen passiven Widerstand der Tschechen. Mit friedlichen Mitteln suchten die zu verteidigen, was sie an Freiheit und Würde errungen hatten.

Gewiß: dieser ungleiche Kampf ging zugunsten der Sowjetunion und ihrer Verbündeten aus, und auch Nazi-Deutschland mußte militärisch überwunden werden, weil die Kräfte des Widerstands im Inneren zu schwach blieben.

Dennoch: Mit Gewalt und Blutvergießen läßt sich zwar Willkür durchsetzen, aber dem Recht, der Demokratie und der Freiheit kann man nur durch Überzeugung zum Durchbruch verhelfen.

Um die Menschen für den Krieg zu motivieren, werden gern abstrakte Werte wie „Ehre" oder „Nationalstolz" bemüht - dieselben Werte übrigens, mit denen auch ohne Kriegshandlungen Emotionen geschürt werden gegen Ausländer, Fremde, Minderheiten.

Wer das Gefühl hat, ohnehin zu den Vernachlässigten und Chancenlosen zu gehören, meint möglicherweise, durch das Wagnis eines Krieges nur gewinnen zu können, weil man eh' nichts zu verlieren hat. Wenn das Land Millionen von Arbeitslosen aufweist, die lieber eine Waffe in die Hand nehmen als untätig und unbeachtet zu bleiben - dann ist es anscheinend schon wieder reif für das Abenteuer eines Krieges, dessen erfolgreicher Ausgang allerdings genau die Ursachen der Massenarbeitslosigkeit zementiert und das Elend der Armen verschlimmern dürfte.

Reif für den Frieden, reif für den zivilen Ungehorsam ist dagegen nur die Gesellschaft, deren Mitglieder sich dessen bewußt sind, daß Entscheidendes auf dem Spiel steht, dessen Verlust sich unmittelbar negativ auf sie auswirkt.

Was ist das für ein Obstkorb, den der Prophet Amos sieht? Es sind die Früchte einer verfehlten Politik, die dazu geführt hat, daß die Reichen reicher und die Armen immer mehr und immer ärmer werden. Im kleinen Maßstab unseres Landes ist das in dieser Deutlichkeit vielleicht nicht zu sehen. Aber im Blick auf den Globus ist augenfällig, daß die Schere sich immer weiter öffnet: wenige Menschen beanspruchen Energie und Nahrung für sich und überlassen den Rest ihrem ungewissen Schicksal.

Ist es da wirklich ein Wunder, wenn radikale Phantasien geäußert werden und lautstarke Zustimmung erfahren?!

Und ist es wirklich nur die behauptete „Notwehr"-Situation, die die reichen Länder gemeinsam in einen Krieg führt gegen eine Handvoll fanatischer Außenseiter?!

Wenn unsere Freiheit angegriffen wurde - warum müssen wir sie dann noch mehr einschränken, statt daß sie ausgeweitet wird, damit immer mehr Menschen daran Geschmack finden und bereit sind, für sie einzutreten?

Wenn unser Recht bedroht ist - warum wird es dann ausgehöhlt, so daß die Angreifer sich im Grunde bestätigt fühlen können?

Wenn unsere Demokratie verteidigt werden muß - warum werden dann Soldaten aufgeboten, die doch nur zerstören werden, statt daß unser Land mit allen Kräften darum ringt, die Bürger davon zu überzeugen, daß wir in einer schwierigen, mit Mängeln behafteten aber doch bislang nicht überbotenen Staatsform leben?!

Es gibt keinen Weg zum Frieden als den Frieden selbst.

Und es gibt kein Gericht Gottes ohne seine Gerechtigkeit.

Die Vision des Amos malt uns keine kosmische Katastrophe vor Augen, sondern die absehbaren Folgen unseres eigenen Tuns - Tote, soweit das Auge reicht.

Was Gott davon hält, hat er uns wissen lassen: In Jesus Christus hat er die Welt gerichtet in Gerechtigkeit. Er ist den Weg des Friedens und der Gewaltlosigkeit gegangen - bis zum bitteren Ende am Kreuz.

Und doch glauben wir - zumindest sagen wir das - daß auf diese Weise das Reich Gottes nahe zu uns herbeigekommen ist. Und wir bekennen - wenigstens mit unseren Lippen -, daß wir als seine Jünger Jesus nachfolgen wollen auf diesem Weg des Gewaltverzichts und der Vergebung.

Der Apostel Paulus mahnt die Christen seiner Zeit: Macht euch nicht dem Schema dieser Welt gleich; denn diese Welt wird vergehen.

Was anderes ist das als die Wiederholung der Amos'schen Gerichtsvision: Die Welt, die auf Gewalt setzt, wird durch Gewalt umkommen.

Aber wir sind - obwohl mitten in dieser Welt - nicht **von** dieser Welt. Unser Koordinatensystem ist ein anderes. Die Mitte bildet der „Friedefürst", dessen Geburt wir in wenigen Wochen wieder feiern wollen.

In dieser Werteordnung ist notgedrungen *auch* Raum für die Bestrafung von Verbrechern, für Gegengewalt zum Schutz der Schwachen vor der Willkür Starker. Aber dies ist nichts anderes als ein wirklich allerletztes Mittel, wenn wir uns sonst keinen Rat mehr wissen. Wo wir dazu greifen, da geschieht dies in Anerkennung der Schuld, die wir so auf uns nehmen, weil auch das Untätigsein uns nicht davor bewahren würde, schuldig zu werden.

Und wo wir den Weg des Friedens und der Versöhnung verlassen, da kann das nicht sein ohne die Bitte um Gottes Erbarmen, um seine Vergebung für unsere Ungeduld und unser Unvermögen, seinen Willen anders und besser - eben friedlich und gewaltlos - umzusetzen. Es kann nicht anders sein, als daß wir gleichzeitig bitten: HILF UNS, HERR, UMZUKEHREN, ZURÜCKZUKEHREN AUF DEN WEG DEINES FRIEDENS.

AMEN.

ESTOMIHI, 26.2.2006, EV. KIRCHE SCHÖNOW-BUSCHGRABEN, BERLIN-ZEHLENDORF

GNADE SEI MIT EUCH UND FRIEDE VON GOTT, UNSERM VATER, UND DEM HERRN JESUS CHRISTUS! AMEN.

Liebe Schwestern und Brüder,

im trüben Februar erreicht uns aus heiterem Himmel ein Wort, das uns den Boden unter den Füßen wegziehen könnte:

Eure Festreigen hasse, verschmähe ich, eure Einschließungen mag ich nicht riechen, ja, wenn ihr mir Hochgaben darhöht und eure Hinleitspenden, schätze ichs nicht zugnaden, eurer Mastochsen Friedmahl blicke ich nicht an. Tu mir das Geplärr deiner Lieder hinweg, dein Lautenspiel will ich nicht hören. Rauschte nur wie die Wasser Gerechtigkeit auf, Wahrhaftigkeit wie urständige Bachflut!

Macht nichts, liebe Gemeinde, wenn das aufs erste Hören unverständlich bleibt! Die Verdeutschung Bubers ist uns ja beinahe ebenso fremd wie die hebräischen Worte des Propheten Amos, gesprochen vor mehr als 2700 Jahren.

Damit wir uns ihnen aber doch zumindest annähern, wiederhole ich den kurzen Abschnitt aus Kapitel 5 in der Übersetzung der Guten Nachricht:

Der HERR sagt: »Ich hasse eure Feste und kann eure Feiern nicht ausstehen. Eure Brandopfer und Speiseopfer sind mir zuwider; das gemästete Vieh, das ihr für das Opfermahl schlachtet, kann ich nicht mehr sehen. Hört auf mit dem Geplärr eurer Lieder! Euer Harfengeklimper ist mir lästig! Sorgt lieber dafür, daß jeder zu seinem Recht kommt! Recht und Gerechtigkeit sollen das Land erfüllen wie ein Strom, der nie austrocknet.

Was für eine bodenlose Enttäuschung, liebe Geschwister, was für ein Frust: Der *liebe* Gott ist *böse* auf uns! Warum eigentlich? Was haben die Frommen falsch gemacht?

Der Gottesdienst, so scheint es hier, ist eine brisante, eine geradezu gefährliche Veranstaltung. Denn während man sich hinter Kirchenmauern in Sicherheit wähnt und fest davon ausgeht, daß die Gebete Gott erreichen, daß man ihm nah ist in Liturgie und Predigt, schüttelt sich Gott geradezu vor Ekel. Er ist, so klingt es, angewidert von frommer oder gar scheinheiliger Anbiederung.

Eine Gemeinde, die sich *erst* dann und nur dann auf den lieben Gott besinnt, wenn es gilt, Feste zu feiern, eine Tauf-Konfirmations-Hochzeits-Weihnachts-Oster-Beerdigungs-Gemeinde, die Gott in ihrem Alltag jedoch vergessen hat, die kann dem Höchsten getrost gestohlen bleiben.

Harte Worte! Geradezu ein himmlisches Donnerwetter. Was ist schiefgelaufen?

Wir wollen nicht *mit* der Bibel wider die Bibel streiten: Selbstverständlich liebt Gott die Feier seines Namens. In der Schrift wimmelt es nur so von kultischen Vorschriften. Daß Gott verschmäht, wenn Menschen ihn feiern, wäre völlig aus der Luft gegriffen.

Und ebensowenig soll behauptet werden, daß jene Gläubigen, die sich nur selten im Gotteshaus einfinden, deswegen gleich Heuchler wären, die am besten immer zu Hause blieben. Auch wer die Plätze neben Ihnen nur gelegentlich besetzt, kann mit ernsthafter Teilhabe, ja mit Inbrunst am gottesdienstlichen Geschehen beteiligt sein.

Die Probleme liegen, zumindest bei Amos und seinen Zeitgenossen, woanders.

Auf den ersten Blick enthält unser Bibelabschnitt eine klare Alternative zum kultischen Gottesdienst, die Gott anscheinend so deutlich bevorzugt, daß wir unsere Kerzen am besten wieder löschen und den Orgelmotor wieder ausstellen sollten, wollen wir nicht riskieren, ihn noch mehr zu erzürnen als er ohnehin schon ist.

"Wenn ihr eure Frömmigkeit unter Beweis stellen wollt", so scheint Gott zu sagen, "dann erweist euch als treue Gefolgsleute." Besser als mit Gloria-Gesängen gelingt das mit gerechten Gesetzen; angemessener als Halleluja-Hymnen sind Hilfsprogramme für die, die sie nötig haben."

POLITISCHE DIAKONIE VERSUS KONTEMPLATION - als Student bin ich über diese Sichtweise nicht hinausgekommen, so klar schien die ethische Forderung jede kultische Bemühung auszuschließen - und das wahrlich nicht nur im Alten Israel, sondern auch und um vieles mehr in unserer Lebenszeit. Denn zwar haben sich die Lebensbedingungen vieler Menschen inzwischen verbessert, aber noch immer ist der Globus von schreiender Ungerechtigkeit geprägt.

Wenn ich allerdings heute mit meinen Schülerinnen und Schülern unter der Überschrift "Es gibt nichts Gutes außer man tut es" über das Gleichnis vom Weltgericht spreche und frage, **wer** denn nun eigentlich für das Tun des Guten verantwortlich sei und worin dieses gute Tun bestehe, dann antworten sie mir zwar, *wir alle* seien angesprochen; doch als Hilfe für die Notleidenden fällt ihnen auch nichts anderes ein als ein paar milde Gaben. "Man könnte zu Spenden aufrufen", lautet der Vorschlag der Jugendlichen; der klingt mir denn doch zu stark nach jenen Brosamen, die von unseren reich gedeckten Tischen herabfallen mögen, auf daß die Gebeugten sich bücken, um das Brot für den Tag aufzulesen...

Und wenn wir heute im Gemeindekirchenrat bedenken, wie wir Kirche für andere sein können, die beides - das Gebet **und** das Tun des Gerechten - als ihre Aufgabe betrachtet, dann stoßen wir sehr bald auf die Grenzen des Vorstellbaren; denn allzu sehr sind wir ja damit beschäftigt, unsere schwindende Finanzkraft so zu verwalten, daß - so Gott will und wir konsequent haushalten - auch in fünf oder zehn Jahren noch ein Rest kirchlichen Lebens, wie wir es bisher kannten, übrig sein möge.

Es steht uns also schlecht an, einerseits den gnadenlosen Wettbewerb anzuprangern, während wir andererseits froh sind, daß zum Beispiel mit Hilfe von 1-Euro-Jobs Arbeiten erledigt werden können, für die längst keine Kirchensteuermittel mehr vorhanden sind, die aber dennoch unverzichtbar geworden sind für unsere Art, Kirche zu leben.

Aus Sicht des Propheten wäre dazu wohl zu sagen: "Singt mir keine Messen über das Leid der Welt, wenn ihr selbst dazu beitragt, dieses zu vergrößern! Was freut ihr euch, daß verängstigte Menschen den Weg in die Kirchen finden, wenn ihr nicht die Ursachen dieser Ängste bekämpft?! Sorgt lieber in euren eigenen Reihen für Solidarität, als andere von der Kanzel aus zu belehren!"

Nur eben: Wir sind weitgehend ratlos, wie diese guten Worte umzusetzen wären.

Das bedeutet: Jene Menschen, die berufen sind, Gottes Sprachrohr in der Welt zu sein, sind selbst weitgehend sprachlos geworden. Und das, liebe Leute, kommt nicht etwa daher, daß es für komplexe Probleme nun mal keine einfachen Lösungen gibt.

Ich meine, unsere Sprach- und Orientierungslosigkeit hat andere Ursachen.

Ich erinnere daran, daß schon der Apostel Paulus wußte, daß "wir das Gute nicht tun, das wir tun wollen, statt dessen tun wir das Böse, das wir nicht wollen." - Aber warum?

Weil - so bereits Amos und andere Propheten - wir "Gott" und "gut" getrennt haben und kaum noch wissen, wer der ist, in dessen Namen wir uns versammelt haben zum "Gottes-Dienst".

Derjenige, um den es in allererster Linie gehen sollte, scheint oftmals nur eine Nebenrolle zu spielen. Dennoch gehen unsere Feste und Feiertage munter weiter - mal mehr dem Wort verpflichtet, mal eher pompöse Inszenierungen.

Fragt sich: Wie sähe ein Gottesdienst aus, an dem Gott Gefallen fände?

Gewiß lassen sich biblische Kriterien zusammentragen, ebenso wird jeder und jede von uns darüber hinaus ganz eigene Vorstellungen davon haben, was "authentisch" und "ästhetisch", was also wahrhaftig und schön ist und daher als geeignet gelten dürfte, Gott die Ehre zu geben.

Aber womöglich kann eine sehr viel schlichtere Antwort gegeben werden. Derselbe Amos, der so schroff in Gottes Namen unglaubwürdige Veranstaltungen zurückweist, zeigt wenige Verse zuvor einen gangbaren Weg zu Gott auf: "Suchet mich, so werdet ihr leben!"

Das vielleicht Wichtigste dabei: Gottesdienst darf keine SELBSTVERLIEBTE INSZENIERUNG sein, deren Veranstalter insgeheim davon überzeugt sind, Gott für sich gewinnen zu können durch die Raffinesse, mit der man zu Werke geht. Gottesdienst ist eine Begegnung, das Ergebnis einer Suche mit einerseits offenem Ausgang, andererseits klarem Ziel: das Du, das geliebte Gegenüber.

Hören wir noch einmal auf Paulus: Wenn ich die Sprachen aller Menschen spreche und sogar die Sprache der Engel, aber ich habe keine Liebe – dann bin ich doch nur ein dröhnender Gong oder eine lärmende Trommel. Wenn ich prophetische Eingebungen habe und alle himmlischen Geheimnisse weiß und alle Erkenntnis besitze, wenn ich einen so starken Glauben habe, daß ich Berge versetzen kann, aber ich habe keine Liebe – dann bin ich nichts.

Gottesdienst als lieb-lose Routine - das ist ein Ding der Unmöglichkeit!

Und das betrifft nicht nur die Veranstaltung, die für gewöhnlich am Sonntag Vormittag stattfindet. Wir sollten deshalb auch noch einmal hören, was uns in der Evangeliumslesung bereits zu Ohren gekommen ist: Die Menschen dieser schuldbeladenen Generation wollen von Gott nichts wissen. Wenn jemand nicht den Mut hat, sich vor ihnen zu mir und meiner Botschaft zu bekennen, dann wird auch der Menschensohn keinen Mut haben, sich zu ihm zu bekennen, wenn er in der Herrlichkeit seines Vaters mit den heiligen Engeln kommt!

Gott will kein Opfer um der Opferleistung willen, und erst recht verabscheut er eine Gabe, die der Sponsoren-Logik folgt: "Tu Gutes und sprich darüber!"

Der Sonntags-Gottesdienst wie der alltägliche, der "vernünftige" Gottesdienst in der Welt ist dann angemessen und Gott angenehm, wenn sie aus der Beziehung zu Gott herkommen und darauf abzielen, diese Beziehung wahrhaftig mit Leben zu füllen.

Dann freilich kann ich mir nicht vorstellen, daß Gott daran Anstoß nimmt, wenn wir alles aufbieten, womit er uns begabt hat - sei es unsere Musikalität, sei es unser organisatorisches Können, sei es Sprachgewandtheit oder kommunikatives Können.

Hört auf mit dem Geplärr eurer Lieder! Euer Harfengeklimper ist mir lästig! Das steht nicht für sich, sondern geißelt die Gott- und Weltvergessenheit derer, die da singen und spielen.

"Nur wer für die Juden schreit, darf auch gregorianisch singen", mahnte seinerzeit Bonhoeffer.

- Ich denke, unser Amoswort ist am ehesten in eben diesem Sinne zu verstehen; und es ist dann auch in diesem Sinne zu aktualisieren. Wenn wir also fürbittend vor Gott treten, ohne daß uns die Not der Leidenden zu Herzen ginge, oder wenn wir Kollekten einsammeln, ohne uns dafür zu interessieren, was weiter mit diesem Geld geschieht, dann sind wir in Wahrheit ja gar nicht persönlich beteiligt an diesen Tätigkeiten; und dann können wir uns diese nur noch hohlen Rituale ebensogut schenken.

Rauschte nur wie die Wasser Gerechtigkeit auf, Wahrhaftigkeit wie urständige Bachflut! Dann ergäbe sich alles weitere daraus wie von selbst.

Denn Recht und Gerechtigkeit sind keine abstrakten Güter, keine Selbst-Verständlichkeiten, sondern logische, ja zwingende Konsequenzen aus einer lebendigen Gottesbeziehung:

Weil GOTT uns in unsere Rechte eingesetzt hat - zu allererst in unser Menschenrecht auf Leben -, können wir nicht, ohne unseren Glauben zu leugnen, anderen ihre Rechte vorenthalten oder streitig machen.

Weil GOTT uns *seine Gerechtigkeit* schenkt, können wir es aushalten, trotz all unserer Unzulänglichkeit vor ihm und miteinander zu leben. Anderen gerecht zu werden mit ihren Bedürfnissen wie mit ihren Möglichkeiten, ist daher ein Grund-Datum menschlichen und insbesondere christlichen Zusammenlebens.

Kann einer allein Gottesdienst feiern? - Es mag dazu abweichende Antworten geben; aber die Auskunft der Bibel lautet: nein! Du magst allein Bibel lesen, beten, meditieren..., aber zum Gottesdienst gehört die Gemeinde.

Nicht jeder und jede für sich, sondern alle gemeinsam sind wir eingeladen zur Feier eben dieser Gemeinschaft, zur Feier des Lebens, zur Feier unseres Gottes, dem wir all das zu danken haben.

AMEN.

AUSSENDEGOTTESDIENST FÜR FREIWILLIGE VON "AKTION SÜHNEZEICHEN / FRIEDENSDIENSTE", 6.9.2009, EV. KIRCHE SCHÖNOW-BUSCHGRABEN, BERLIN-ZEHLENDORF

DIE LIEBE GOTTES, DIE GNADE UNSERES HERRN JESUS CHRISTUS UND DIE GEMEINSCHAFT DES HEILIGEN GEISTES SEI MIT UNS ALLEN! AMEN.

Liebe Gemeinde,

als am vergangenen Dienstag, also am 1. September, des deutschen Überfalls auf Polen gedacht wurde, der den Anfang des Zweiten Weltkrieges markiert, und an der Danziger Westerplatte, dem Ort, an dem genau 70 Jahre zuvor die Aggression offen losgebrochen war, Politiker aus aller Welt bewegende Reden hielten - darunter, hoch gelobt, unsere Bundeskanzlerin -, hat *ein* Staatsmann geschwiegen, von dem man sich endlich ebenfalls ein Wort des Bedauerns erhofft hatte. Doch Vladimir Putin bleibt bei der offiziellen russischen Lesart vom "Großen Vaterländischen Krieg", an dessen Ende auch Polen befreit wurde von Faschismus und Barbarei.

So vieles daran richtig ist - den Überfall auf das Nachbarland hatten die Nazis nur gewagt, weil sie sich des Stillhaltens der Sowjets vertraglich versichert hatten im sogenannten Hitler-Stalin-Pakt. So unangenehm dies im Nachhinein für den vorgeblichen Waffenbruder auch sein mag - es ist allemal ein Teil der europäischen Geschichte, zu der *auf der anderen Seite* ein nicht erfüllter Vertrag, nämlich der Beistandspakt Frankreichs und Englands mit Polen, steht. Zwar haben Paris und London verbal dem Dritten Reich den Krieg erklärt, aber die Angst der Westmächte vor dem Aggressor war größer als die Loyalität gegenüber den Überfallenen. Auch dies aus der Sicht späterer Generationen unverzeihlich, weil ein beherztes Eingreifen zu diesem Zeitpunkt den Krieg um viele Monate - wenn nicht Jahre - verkürzt und also millionenfach Menschenleben bewahrt hätte.

Nein, liebe Gemeinde, ich will jetzt nicht dem Krieg das Wort reden - auch nicht den "kriegerischen Auseinandersetzungen" oder meinethalben "Kampfeinsätzen" der Bundeswehr in Afghanistan oder anderswo, an die wir uns längst gewöhnt haben und nur noch von besonders abscheulichen Untaten wie dem Bombardement vom Freitag aufgeschreckt werden. Und obwohl - oder weil - wir so leidenschaftslos sind, ruht unser gegenwärtiger Militärminister nicht, die Reputation der Waffenträger weiter verbessern zu wollen mit Gedenkmälern und Tapferkeitsmedaillen, denn er fürchtet, Soldaten genössen hierzulande noch immer nicht jenen guten Ruf, den sie seines Erachtens verdienten.

Es mag ja sein - siehe die gescheiterte Appeasement-Politik von damals -, daß da und dort kein anderes Mittel bleibt, Willkürherrschern ihre Grenzen aufzuzeigen und sie zur Anerkennung und Einhaltung von Völkerrecht und Menschenrechten zu zwingen, als indem man ihnen Stärke demonstriert. Auf der anderen Seite muß man auch sehen, daß die Weltöffentlichkeit etwa zu Guantánamo geschwiegen hat, während sie bei Pjöngjangs Drohungen oder den Massakern in Teheran schreit...

Worauf ich hinaus will, ist, daß humanitäre Einsätze meines Erachtens nichts für Leute in Uniform sind, deren Tätigkeit man früher das "Kriegshandwerk" zu nennen pflegte. Wenn Militärs den Frieden - oder meinethalben auch nur eine Waffenruhe - schützen, ein labiles

Gleichgewicht der Kräfte zwischen verfeindeten Gruppen, etwa in einem Bürgekriegsgebiet, überwachen usw., dann sehe ich dies als sinnvoll und unter Umständen alternativlos an.

Aber *Frieden machen* sieht anders aus!

Das betont auch unsere Kirche immer mal wieder, die nicht nur dem Dienst ohne Waffe ethisch den Vorrang einräumt gegenüber dem noch immer tolerierten Dienst an der Waffe, sondern die auch die Einrichtung eines sozialen Friedensdienstes gefordert und gefördert hat.

Eine schon traditionelle Form der Friedensarbeit ist die der Aktion Sühnezeichen / Friedensdienste, die christliche Wurzeln hat und sich vorrangig weniger der Konfliktlösung oder gar -vermeidung als vielmehr der Aufarbeitung geschehenen Unrechts widmet - wir werden gleich noch an drei konkreten Beispielen hören, wie das aktuell aussehen kann.

Den Frieden nicht einfach nur ersehnen, sondern tatkräftig daran arbeiten, das ist mehr als der spezielle Auftrag für solche Leute, die Jesus selig preist, sondern ergibt sich als Konsequenz für alle, die auf den Namen Jesu Christi getauft und zur Nachfolge berufen sind.

- Denn bedeutet "getauft sein" nicht, daß wir hineingenommen sind in jenen BUND, den Gott mit seinem Volk geschlossen und um Jesu Christi willen auf alle Nationen erweitert hat?

Was aber ist der Charakter eben dieses Bundes, von dem ich hier spreche - eines Bundes, der im Unterschied zu den eingangs skizzierten unverbrüchlich ist und ohne Hintergedanken abgeschlossen wird?

An vielen Stellen der Bibel ist davon die Rede. Für die heutige Predigt nehme ich Bezug auf den Propheten Hosea, der im zweiten Kapitel als Gottes Sprachrohr verlauten läßt:

Ich schließe einen Bund mit ihnen, mit den Tieren des Feldes und mit den Vögeln des Himmels und mit den Kriechtieren auf dem Erdboden. Und Bogen und Schwert und Krieg werde ich zerbrechen im Land, und in Sicherheit lasse ich sie schlafen.

Liebe Geschwister, das sind klare Worte, wie sie zur Zeit nur von Leuten zu hören sind, denen die meisten Wahlbürger nicht zutrauen, daß sie dies Land regieren könnten - zu radikal, zu kompromißlos, zu umfassend sind die Forderungen, die man aus der Fundamentalopposition heraus recht leicht stellen kann.

Und doch ginge uns, denke ich, Wesentliches verloren, würde man vor lauter "Realismus" verdrängen, daß Frieden und Versöhnung, Gerechtigkeit und eine nachhaltige Lebensperspektive - die Bibel hat dafür nur ein einziges Wort: Schalom - uns verheißen sind und unsere Denken und Handeln leiten sollten...

...wenn es uns, anders als der Kirche im Mittelalter, nicht allein darum geht, das *irdische Jammertal* halbwegs unbeschadet zu überstehen, damit wir einst im Jenseits ewige Freuden genießen dürfen.

Gott schließt, so hören wir in unserem Prophetenwort, einen umfassenden Friedensbund, der alle Kreatur mit einschließt - ein kritischer Blick auf industrielle Fleischproduktion gehörte somit eigentlich ebenso zu einer Besinnung darüber wie die Erinnerung an die unsichtbaren, unhörbaren, aber eben doch *meßbaren* Gefahren der Atomkraft; doch ich will es hier dabei belassen, dies am Rand erwähnt zu haben.

Gott schließt einen Friedensbund mit seinem Volk, den Israeliten - nicht weil diese frömmer oder sonst irgendwie verdienstvoller wären als andere Völker, sondern weil dieser Bund, *dem wir um Jesu Christi willen beitreten durften*, **keine einseitige Angelegenheit** ist, als ob jemand willkürlich zum Liebling erklärt und allen anderen vorgezogen würde.

Wer Bibel ***so*** liest (vielleicht auch in der Erwartung, durch Eifer das Vorrecht zu erwerben, selbst zu jenen Auserwählten zu gehören), *muß* deren Botschaft mißverstehen: Nicht nur betonen die Anhänger der Reformation seit einem halben Jahrtausend, daß man sich Gottes Wohlgefallen nicht verdienen, sondern nur im Glauben annehmen kann. Es ist eben auch so, daß ein Bündnis mit Gott *kein abstraktes Vertragswerk* ist, das man geschickt interpretieren könnte, um möglichst gut dazustehen, sondern daß man *eine lebendige Verbindung* eingeht, die *beiden Partnern* Verbindlichkeit abverlangt:

Gott steht zu seinem Wort, er hält, was er verspricht. Darauf können wir uns verlassen.

Aber er hat auch Konditionen formuliert, die es einzuhalten gilt. (Es wird ja niemand gezwungen, dem Bund mit Gott anzugehören, sich beschneiden oder taufen zu lassen und damit festzulegen auf eine Lebensorientierung und Lebenspraxis, die seinem Wort entspricht.)

Wenn nun Gott zusagt, er werde Bogen und Schwert zerbrechen - was die Zeitgenossen des Hosea natürlich gern hörten, weil sie von fremden Mächten bedroht waren -, dann greift man in seiner Bejahung jener Verheißung viel zu kurz, wenn man meint, mit dieser einseitigen Zusage von Schutz und Trutz sei es getan.

Denn nun sind ja wir Menschen am Zuge: Wenn Gott Bogen und Schwert zerbricht und damit eine lebensbedrohliche Konfrontation beendet, dann verbietet es sich doch wohl von selbst, seinerseits bei nächster Gelegenheit abermals zu den Waffen zu greifen, als vernichtete Gott - ***unser*** Gott, versteht sich! - immer nur die Waffen der anderen.

Eine solche Stammesreligion ist die jüdisch-christliche Tradition nicht!

Was Gott nun von uns erwartet, ist, daß *auch wir* Bogen und Schwert zerbrechen, die Waffen strecken, der Gewalt absagen und statt dessen Böses mit Gutem vergelten.

Jedenfalls basieren seine Zusagen für eine gute Zukunft auf der Erwartung, daß wir ihm wirklich vertrauen und tatsächlich gehorchen, daß wir uns auf Gottes Spielregeln einlassen und den Weg gehen, den er uns weist.

“Richte unsre Füße auf den Weg des Friedens” bedeutet vor diesem Hintergrund *gerade nicht*: “Laß uns zufrieden mit anderer Leute Probleme!”, sondern signalisiert unsere Bereitschaft für den Weg der Nachfolge Jesu.

Wir sagen, daß Christus unser Friede sei - denn er hat unser zerrüttetes Verhältnis zu Gott wieder in Ordnung gebracht.

Das ist wunderbar; aber es ist eben nicht alles!

Denn er ist der Versöhner *auch in dem Sinne*, daß er seine Jüngerinnen und Jünger zu Botschaftern beruft, um den Frieden, den er uns schenkt, in die Tat umzusetzen, daß er uns das Werk zwischenmenschlicher Versöhnung anvertraut: “Liebet eure Feinde!”

Das, liebe Geschwister, hat nichts zu tun mit dem Austausch von Zärtlichkeiten und ganz viel damit, daß man sich nicht damit abfindet, in Feindschaft zu leben und damit in Angst und gegenseitiger Bedrohung, mithin in einem Zustand permanenten Unfriedens.

Wer den Frieden will und sich einen Nachfolger Christi nennt, muß nicht, aber kann sich ein Beispiel daran nehmen, wie ER seinen Bund mit uns geschlossen hat: Indem er hingegangen ist zu den Menschen, zu ihnen gesprochen und ihnen zugehört hat, ihr Leben teilte, ihre Hoffnungen und Sorgen - einer von uns geworden ist.

So schließt Gott Frieden mit den Menschen, auch wenn die, statt ihn dafür zu lieben, Jesus verspottet, gequält, getötet haben.

Dies Kreuz auf sich zu nehmen ist nicht jedermann's Ding.

Die es *dennoch* vermögen, stehen uns als leuchtende Beispiele vor Augen und damit als Erinnerung daran, daß es - *wenn auch selten genug* - gelingen kann, bündnistreu zu sein, den Weg des Friedens zu gehen, Versöhnung zu leben.

Nicht jeder von uns wird es wagen wollen, sich um des Friedens willen in Gefahr zu begeben, nicht alle mögen auch nur eine Geste der Demut zeigen.

Umso mehr freuen wir uns über jene, die eben dies tun: die hingehen zu denen, denen Deutsche Leid zugefügt haben, Zeichen der Sühne, des Lernens, der Umkehr setzten, den Dialog pflegen, Versöhnung suchen, auf dem Weg des Friedens gehen.

...ob im Ausland oder zuhause, ob als Ausgesandte oder mitten im Alltag unseres Lebens: Gott gebe uns die Kraft, als Glieder seines Bundes zu leben und FRIEDEN zu schaffen unter uns!

AMEN.

SEPTUAGESIMÄ, 20.2.2011, EV. KIRCHE SCHÖNOW-BUSCHGRABEN, BERLIN-ZEHLENDORF

DIE LIEBE GOTTES, DIE GNADE UNSERES HERRN JESUS CHRISTUS UND DIE GEMEINSCHAFT DES HEILIGEN GEISTES SEI MIT UNS ALLEN! AMEN.

Liebe Gemeinde, ist Gott etwa ungerecht?

Wir haben gelernt, die gewerkschaftsfeindliche Geschichte von den Arbeitern im Weinberg so zu lesen, daß der Ärger der Tagelöhner in einem anderen Licht erscheint: Wenn es um jene Belohnung geht, Zutritt zum Reich Gottes zu erhalten, nützt es nichts, länger gearbeitet zu haben - mehr als den Zugang *kann* Gott gar nicht gewähren!

Aber in der ersten Lesung des heutigen Sonntags kam - und das nicht von ungefähr - der Gedanke an irdisches Recht und menschliche Gerechtigkeit in den Blick.

Mit dieser Brille betrachtet, behält das Gleichnis seinen Stachel; denn es geht ja, wie gesagt, darin nicht um die Geringschätzung derer, die gleichen Lohn für gleiche Arbeit (und also mittelbar höheren Lohn für mehr Leistung) fordern, sondern um die Bereitschaft, sich in den Dienst Gottes zu stellen. Bliebe man jedoch auf der Ebene des Gutsherren und seiner jederzeit verfügbaren (und daher billigen) Arbeitskräfte, wäre meines Erachtens ein Tadel des hier demonstrierten Verhaltens angezeigt.

"Tadel" ist eine viel zu harmlose Vokabel für das, was sich König Jojakim vom Propheten Jeremia anhören muß. Er lebte um 600 vor Christi Geburt und war der Sohn des allseits geschätzten Josia, der bei aller Lebensfreude, ja Luxus, den er sich gönnte, dennoch ein Liebling Gottes war, weil er nicht nur die religiöse Verlotterung bekämpfte, sondern sich seines Leitungsamtes wahrhaft würdig erwies, indem er für ausgleichende Gerechtigkeit zugunsten der Armen, der Witwen, Waisen und Ausländer sorgte.

Genau an dem Punkt versagt sein Nachfolger, abgesehen davon, daß er sich auf riskante außenpolitische Manöver einließ. Zur Strafe wird ihm angedroht, daß er nicht einmal ein ordentliches Begräbnis erhalten werde - statt eines ehrenden Gedenkens wird die Nachwelt nur Verachtung für ihn übrig haben, wird prophezeit.

Und dann kommt Jeremia zur Sache. Er benennt Ursache und Wirkung der Fehlentwicklung, zählt detailliert auf, was alles im Argen liegt im Lande Juda. Wir schlagen das zweiundzwanzigste Kapitel auf und lesen die Verse 13 bis 17:

13Ach und Weh dem, der seinen Palast mit Ungerechtigkeit errichtet und seine Gemächer mit Unrecht
ausstattet, der seine Mitmenschen umsonst arbeiten läßt und ihnen keinen Lohn gibt, 14 der sich sagt: Ich
will mir einen geräumigen Palast erbauen und weitläufige Gemächer einrichten!, der sich viele Fenster
einsetzt, den Palast mit Zedernholz vertäfelt und ihn rot streicht. 15 Bist du etwa König, um mit
Zedernholz zu protzen? Hat dein Vater nicht auch gegessen und getrunken und trotzdem Recht und
Gerechtigkeit geübt? Und es ging ihm gut. 16 Er verhalf dem Recht der Schwachen und Armen zum Sieg.
– Das war gut! – Bedeutet dies nicht, mich zu kennen? – so Gottes Spruch. 17Aber deine Augen und dein
Sinn sind allein auf deinen Gewinn gerichtet, auf das Vergießen von unschuldigem Blut und auf das
Betreiben von Unterdrückung und Erpressung.

Liebe Geschwister, es gibt zwar in Deutschland noch immer Schlösser zu bestaunen, aber die Monarchie liegt Gott sei Dank lange hinter uns.

Die heute politisch Mächtigen haben gelernt, daß es klüger ist, nicht allzu sehr mit ihrem Reichtum zu protzen - das ruft nur Neider auf den Plan, das schmälert ihre Glaubwürdigkeit bei den Wählern, die sie schließlich alle vier Jahre aufs neue überzeugen müssen, daß die öffentlichen Gelder bei ihnen am besten aufgehoben sind.

Es sind denn auch nicht in erster Linie die Regierenden, deren zur Schau gestellter Reichtum den Zorn der Massen erregt - jedenfalls *in unseren Breitengraden*.

Was gesellschaftlich auf Widerwillen stößt, ist die nicht nur in den arabischen Diktaturen geläufige Verfilzung von Politik und Wirtschaft - ich sage nur "Atomkraftwerkslaufzeitverlängerung": ein Geschenk der politischen Klasse, das den Stromgiganten Milliardengewinne beschert; und niemand weiß, was es am Ende (nicht nur an Geld) wirklich kostet.

Empörung ruft eher das berühmt-berüchtigte Victory-Zeichen eines Großbankers hervor oder die Steuerhinterziehungen der ohnehin Wohlhabenden und die ins Maßlose gesteigerten Gewinnerwartungen von Konzernen, die aber gleichzeitig lamentieren, die Kosten der Arbeit seien noch immer zu hoch.

Gewiß: Umsonst arbeitet hierzulande niemand, der dies nicht will - sieht man einmal von verordneten Praktika ab, die oftmals nichts anderes sind als Zeiten einkommensloser Berufstätigkeit.

Ich will jetzt auch nicht auf die sklavenähnlichen Zustände in jenen Ländern hinaus, die zu einem Spottpreis sowohl unsere Autos als auch das Spielzeug für unsere Kinder produzieren, wo wir Konsumenten gern zu Schnäppchenjägern werden...

Deine Augen und dein Sinn sind allein auf deinen Gewinn gerichtet, wirft Jeremia dem damals politisch Verantwortlichen vor. Die heute Regierenden beteuern, ihnen gehe es um Chancen für alle und um den Erhalt eines Rettungsschirms für die nicht Leistungsfähigen - Ungelernte und Behinderte etwa -, doch müsse dieser schließlich von irgendwem auch bezahlt werden.

Dem Glaubensbekenntnis des Kapitalismus widerspricht man in postkommunistischen Zeiten nicht, obwohl es zum allgemeinen Gesetz des Wirtschaftens erhebt, was in der Bibel noch gegeißelt wird: Das Streben nach Profit und weiter nichts.

Hat dein Vater nicht auch gegessen und getrunken und trotzdem Recht und Gerechtigkeit geübt?, hält Jeremia dem Jojakim entgegen. - Komme mir also bitte niemand mit "Neiddebatte": Es geht nicht darum, alle gleichzumachen, nicht einmal darum, alle gleich zu behandeln!

Worum geht es dann?

Vielleicht darum, daß eine sogenannte "Reichensteuer" womöglich dem Staat zu wenig einbringt, um finanziell tatsächlich interessant zu sein; doch gleichzeitig würde durch eine solche Maßnahme signalisiert, daß jene 10% an der gesellschaftlichen Spitze, denen etwa die Hälfte des gesamten Eigentums im Land gehört, ihren besonderen Beitrag zu leisten haben zum Wohle der Allgemeinheit.

Eventuell würde dann das eine oder andere private Schlößchen nicht gebaut oder man müßte zumindest etwas länger warten, bis alle Wünsche zu dessen Ausstattung in Erfüllung gegangen sind. Und das würde möglicherweise Nachteile mit sich bringen für Firmen, die im Luxussektor tätig sind. Sogar Arbeitsplätze könnten auf diese Weise in Gefahr geraten.

Aber es brächte immerhin ein zumindest *gefühlt* höheres Maß an Gerechtigkeit mit sich, mithin mehr Zufriedenheit, also womöglich auch mehr gesellschaftlichen Frieden.

Und am unteren Ende der gesellschaftlichen Pyramide?

Heute, so heißt es, könne der "Durchbruch" gelingen bei den festgefahrenen Verhandlungen zwischen Regierung und Opposition, zwischen Bund und Ländern, im Hinblick auf eine grundgesetzkonforme Neuberechnung des Existenzminimums für Arbeitslose.

Mit dem Argument, das in unserem Prophetenwort zu hören ist, niemand solle umsonst arbeiten, wird das sogenannte "Lohnabstandsgebot" propagiert - will heißen, ganz biblisch: Denen, die arbeiten, steht auch ihr Lohn zu [1 Tim 5, 19]. Nur daß das so verstanden werden soll, als nähme man den Geringverdienern ihr tägliches Brot, wenn man den Arbeitslosen das zugesteht, was sie zum Leben benötigen. - ***Umgekehrt*** wird ein Schuh draus!

Ich will weiß Gott nicht der Faulheit das Wort reden, aber zum einen wissen wir, daß die allermeisten von denen, die keine Arbeit haben, sehr gern arbeiten gehen würden - schließlich hängt nicht nur Einkommen daran, sondern ebenso Anerkennung und soziale Kontakte. Zum anderen wird an den Empfängern von Lohnersatzleistungen nur gespart, damit Menschen weiterhin bereit sind, sich für ein Gehalt zu verdingen, das - anders als damals bei den Arbeitern im Weinberg - den Lebensunterhalt nicht sicherstellt, so daß sie zusätzlich zu ihrer sauren Arbeit als Friseuse oder Wachschutzmann zum Amt müssen, um auf Kosten der Steuerzahler aufzustocken, damit sie ihre Familie satt kriegen.

Nur die Gralshüter der reinen neoliberalen Lehre sträuben sich noch dagegen, Mindestlöhne einzuführen - die freilich dazu führen würden, daß wir Verbraucher (auch wir als Kirchengemeinden) nicht mehr die durch Lohndumping mögliche billigere Alternative etwa für die Briefzustellung hätten - ebenso wie kürzlich ja auch ein Branchentarifvertrag für alle Bahner ausgehandelt wurde, unabhängig vom konkreten Arbeitgeber.

Hat dein Vater nicht auch gegessen und getrunken und trotzdem Recht und Gerechtigkeit geübt? Und es ging ihm gut.

Freilich haben sich die Zeiten geändert. In einer globalisierten Welt gelten andere Regeln als vor einer Generation, denn mittlerweile sind die hier Armen im Weltmaßstab immer noch gut dran.

Nur eben: Wir leben hier.

Wenn wir auch Waren und Dienstleistungen importieren und vor allem exportieren - innerhalb des Mikrokosmos "Bundesrepublik Deutschland", ja eigentlich auch innerhalb der Europäischen Union müßte es doch machbar sein, daß Recht und Gerechtigkeit für die Benachteiligten durchgesetzt werden, ohne daß irgendwer deshalb aufhörte, ein angenehmes Leben zu haben!

So schwer vorstellbar dies ist - es wäre wenigstens ein Anfang...

Liebe Gemeinde, ist Gott etwa ungerecht?

Wir haben gelernt, die gewerkschaftsfeindliche Geschichte von den Arbeitern im Weinberg so zu lesen, daß der Ärger der Tagelöhner in einem anderen Licht erscheint...

- Jetzt habe ich doch glatt bei mir selber abgeschrieben!

Nun, was ich damit sagen will, ist: Hätten wir es nicht erst im Laufe der Jahrhunderte christlicher Theologie neu akzentuiert, dann wären wir vermutlich ebenso empört über die vermeintliche Ungerechtigkeit des Gutsherrn wie die ersten Hörerinnen und Hörer. Denn sonst wäre da kein Aha-Effekt, kein Nachfragen, keine Diskussion; die Botschaft hätte sich nicht entfalten können, wie sie es tat.

Das konnte sie nur, weil die Zeitgenossen und Glaubensgeschwister Jesu in den Heiligen Schriften zuhause waren - bei Leviticus ebenso wie beim Propheten Jeremia - und dorther ihren ethischen Maßstab gewannen, auch für den Bereich der Wirtschaft.

Für mich folgt daraus:

Gott ist mehr gnädig als gerecht, wenn man darunter versteht, daß jeder nach seiner Leistung entlohnt wird. Gott ist aber durchaus gerecht, wenn man darunter versteht, daß er *denen gerecht wird*, die auf ihn angewiesen sind.

Gott ist gerecht, weil er jenes Recht respektiert, das man nicht erst erwirbt, sondern als Menschenrecht schon bei seiner Geburt hat: das Recht auf Leben in Würde.

Nehmen wir uns ein Beispiel an Josia: Er verhalf dem Recht der Schwachen und Armen zum Sieg. – Das war gut! – Bedeutet dies nicht, mich zu kennen? – so Gottes Spruch...

So soll es sein!

CHRISTMETTE, 24.12.2011, EV. KIRCHE SCHÖNOW-BUSCHGRABEN, BERLIN-ZEHLENDORF

FRIEDE SEI MIT EUCH VON DEM, DER DA IST UND DER DA WAR UND DER DA KOMMT! AMEN.

Liebe Festgemeinde!

Mitten in der Nacht stehe ich auf, dich zu preisen für die Gesetze deiner Gerechtigkeit, bekennt der Beter des 119. Psalms.

Und wir - tun es ihm gleich!

Zwar werden wohl die wenigsten bereits im Bett gelegen haben; aber sich aufmachen - auf den Weg durch die Nacht, um hierher zur Kirche zu gelangen -, das mußten selbst diejenigen, die nur einen kurzen Fußweg zurückzulegen haben.

Mitten in der Nacht stehe ich auf, dich zu preisen für die Gesetze deiner Gerechtigkeit. Dabei hat mitternächtliches Singen und Beten bei uns eigentlich überhaupt keine Tradition - nicht einmal in der Osternacht. Einzig und allein am Heiligen Abend begeben wir uns zu später Stunde in die Kirche...

Aber diese Nacht ist ja auch anders als alle anderen Nächte: Zur Mitternacht weicht die Finsternis einem hellen Schein, und den verängstigten Hirten wird Frohe Kunde zuteil; so hörten wir es eben erst wieder aus dem Weihnachtsevangelium.

Das sollte man freilich nicht allzu wörtlich nehmen - nicht einmal hinsichtlich der Uhrzeit. "Nacht" ist als Metapher weit verbreitet, und "Finsternis" steht weniger für das Fehlen von Beleuchtung, als vielmehr für Ängste und Nöte, für eine Situation, von der man nur hoffen kann, daß sie bald enden werde.

Das wiederum läßt sich durchaus am besten nachempfinden, wenn man sich der zumindest äußerlichen Dunkelheit mal ganz bewußt aussetzt und in die Nacht hinaus tritt.

Zwar hat es sein Gutes, daß wir in der Stadt Straßenlaternen haben; auf dem Land ist es tatsächlich stockdunkel auf den Straßen, und man tappt beinahe wie ein Blinder umher, wenn nicht gerade Vollmond ist. Aber ein grelles Licht zur Mitternacht hat nicht nur die Hirten verunsichert; es kann geradezu unheilverkündend sein, wenn etwa ein Blaulicht durch die Nacht zuckt und flackernde Schatten an die Wände wirft, oder wenn man, während andere friedlich schlafen, über sich gleißende OP-Lampen sieht oder im lichtdurchfluteten Wartebereich der Notaufnahme um jemanden bangen muß.

Nun: Wir haben dafür gesorgt, inmitten der Dunkelheit rundum in dieser Kirche einen Ort zu schaffen, der nicht nur insoweit ausgeleuchtet ist, daß man - hoffentlich! - ein Gottesdienstblatt und das Gesangbuch lesen kann; wir zünden Kerzen an, weil deren milder Schein zugleich eine gewisse Behaglichkeit schafft.

Zwar ist es Nacht, und wir haben vielleicht eine kleine Ahnung davon bekommen, wie ungemütlich es sein kann, mit Dunkelheit und Kälte konfrontiert zu werden; aber hier drinnen ist es doch angenehm.

Wir sind im Hellen.

So läßt es sich aushalten, über die Finsternis zu meditieren, über das Dunkel nachzudenken!

Nur stellt sich dann die Frage, ob wir überhaupt teilhaben an der Nacht, von der es heißt, sie sei nun plötzlich taghell geworden.

Und je nachdem, wie wir diese Frage beantworten, betrifft uns auch die Gute Nachricht von dem Licht, das in die Finsternis gekommen ist, mehr oder weniger direkt.

Sind wir nur Zuschauer und Ohrenzeugen?

Oder haben wir eine ***eigene Anschauung*** davon, was es bedeutet, der Finsternis preisgegeben zu sein?

Die Ältesten unter uns haben es noch in unseliger Erinnerung, wenn einerseits die Wohnungen verdunkelt werden mußten, andererseits aber zur Nachtzeit plötzlich helles Licht zu sehen war: Explosionen und brennende Häuser.

Und es hat in unserem Land bis zum Mauerfall dieses schreckliche Licht der Suchscheinwerfer gegeben, die den Flüchtlingen den Schutz der Dunkelheit nahmen, so daß sie gefunden, gefangen und manches Mal auch getötet wurden.

Weniger bewußt dürfte den meisten sein, daß es ein solches Grenzüberwachungssystem noch heute gibt - ohne Schießbefehl, aber mit Suchscheinwerfern -, um die "Festung Europa" abzuschotten gegen Armutsflüchtlinge aus Afrika.

Doch müssen wir gar nicht in die Vergangenheit oder in die Ferne schweifen: Gewiß sitzen auf den Stühlen neben uns irgendwo auch Menschen, die unter Depressionen leiden. Auch wenn es niemand merkt und keiner für möglich hält, kennen sie das Dunkel als stetigen Begleiter, als Düsternis, die sich wie ein Nebel auf ihr Leben legt und Lebensfreude dämpft, wenn nicht gar lähmt.

All den Menschen, deren Alltag wie von einem Grauschleier überzogen ist, gilt die Weihnachtsbotschaft: "Freut euch, denn heute ist euch der Retter geboren!"

Aber vermutlich huscht, wenn überhaupt, nur für einen kurzen Augenblick ein Lächeln über ihre Züge; dann tauchen sie schon wieder ein in die Grund-Traurigkeit ihres Lebens.

Allen Menschen, die der Dunkelheit des Leides ausgesetzt sind, soll Freude zuteil werden, sie sollen den Morgen dämmern sehen, Licht am Ende des Tunnels wahrnehmen.

Unser Psalmbeter ist einer von ihnen. Doch blickt er weder in eine hellere Zukunft voraus, noch wird er Augenzeuge nächtlicher Erleuchtung. Inmitten der quälenden Finsternis findet er anderswo Halt und Hoffnung, und zwar in der Rückbesinnung auf Gottes Wort, auf seine Thora: Mitten in der Nacht stehe ich auf, dich zu preisen für die Gesetze deiner Gerechtigkeit.

"Wenn die Nacht am tiefsten ist, ist der Tag am nächsten." - Gott läßt uns nicht in die Irre gehen, er macht den Weg hell, gibt uns Weg-Weisung in seinem Wort.

Hatte er nicht durch den Propheten Ezechiel verkündet, was er zu tun gedenkt?: Sie werden meinem Recht folgen und meine Bestimmungen bewahren und verwirklichen... Ich schließe ein Friedensbündnis mit ihnen... Ich werde unter ihnen wohnen... Und die Nationen werden erkennen, daß ich GOTT bin und Israel heilige, wenn mein Heiligtum in ihrer Mitte sein wird – auf Weltzeit.

Die Nationen - also die nichtjüdischen Völker - werden teilhaben an der Hoffnung des Gottesvolk auf ein Ende der Nacht, auf ein Leben, wie Gott es uns zugedacht hat.

Bis hin nach Rom, bis ins ferne Deutschland wird es sich einst herumsprechen, und noch im Jahre 2011 wird man in Berlin-Zehlendorf zu mitternächtlicher Stunde die Kunde vernehmen, daß Gott da ist, daß er bei uns ist, daß die Finsternis ein Ende haben soll und aller Jammer aufhören wird bei denen, die zur Nacht geweint.

Das ist freilich kein Phänomen am Himmel, das unsere Augen betrachten könnten.

Und doch sollte niemand behaupten, daß das allein in unseren Herzen, in den Gemütern der Frommen zu bemerken wäre!

Denn natürlich wirkt sich das aus und spricht sich herum: Wenn Gottes Recht gelebt wird, so wie es Jesus praktiziert hat, dann werden Blinde sehend und Lahme gehend - oder anders: dann werden Kranke geheilt und Einsame getröstet, dann widerfährt den Armen Gerechtigkeit, und der Tod verliert seine Allmacht, weil es eine Hoffnung gibt, die weiter reicht.

Wenn wir in unserem Mitmenschen den Bruder / die Schwester erkennen, *dann* ist die Nacht vorüber und der Tag beginnt, weiß eine jüdische Legende.

Nichts anderes hat uns der gelehrt, dessen Geburt wir heute feiern - nur daß in seiner Geburt eines darüber hinaus zu Tage tritt: **Gott selbst** ist es, der uns zum Menschenbruder wird, der teilhat an unserem Schicksal von der Geburt als Kind armer Leute bis hin zur Hinrichtung als Verbrecher.

"Weil Gott in tiefster Nacht erschienen, kann unsre Nacht nicht traurig sein", haben wir eben gesungen. Da war nicht die Rede von Friede-Freude-Eierkuchen, da wird nicht geleugnet, daß die Nacht noch immer andauert.

Und dennoch darf gefeiert werden, denn wenn mit der Geburt Jesu Gott in unsere Nacht tritt, dann dürfen wir darauf vertrauen, daß wir nicht im Finstern wandeln werden, sondern das Licht des Lebens haben.

Deshalb stehen wir auf zur mitternächtlichen Stunde, um Gott zu loben für sein Wort - dieses Wort, das Fleisch geworden ist und nun auch uns einbezieht in sein Tun, diese Welt heller zu machen durch Taten der Menschenfreundlichkeit, wie es geschrieben steht in der Thora, jenem Wort Gottes, von dem der Mensch in Wahrheit lebt, statt nur vom Brot allein.

Sind wir des Nachts aufgestanden, Gott zu preisen für die Gesetze seiner Gerechtigkeit, dann laßt uns bei Tage einstehen für eben diese Regeln der Fairness und der Mitmenschlichkeit!

Es wird nicht immer dunkel bleiben bei denen, die in Angst sind, sagt der Prophet Jesaja. Wir sind berufen zu leben als Kinder des Lichts.

Halleluja! AMEN.

Jubilate, 15.5.2011, Ev. Kirche Schönow-Buschgraben, Berlin-Zehlendorf

Die Liebe Gottes, die Gnade unseres Herrn Jesus Christus und die Gemeinschaft des Heiligen Geistes sei mit uns allen! AMEN.

Liebe Gemeinde,

"Jubilate" ist der Name dieses dritten Sonntags nach Ostern, "Jubelt, freut euch, seid fröhlich!"

- Als ob man das einfach so auf die Tagesordnung setzen könnte!

Manch einem ist wahrlich nicht nach Jubeln zumute - Krankheit hält ihn davon ab, der Verlust eines lieben Menschen oder die Sorge um das gemeinsame Wohlergehen in unserer Stadt, unserem Land, auf diesem Planeten.

Kriege und Katastrophen wüten - das müßte man ja erst einmal ausblenden, nicht wahr?

Andererseits neigen wir ja nicht unbedingt zur Euphorie.

Es ist schon bezeichnend für uns Berliner, daß es als Ausdruck hoher Zufriedenheit gilt, wenn jemand sagt: "Da kannste nich meckern!"

Nörgeln ist eher unsere Grundhaltung. Der Pessimist wird ständig positiv überrascht, wo der Optimist eine Enttäuschung nach der anderen einstecken muß.

Merkwürdigerweise haften schlechte Erinnerungen anscheinend viel länger und nachhaltiger in unserem Gedächtnis, während Gutes schnell vergessen ist oder aber irgendwann für selbstverständlich genommen wird.

Einfach so drauf los jubeln macht die Dinge natürlich nicht besser, das ist klar. Aber vom Rumgejammere ändert sich auch erst einmal gar nichts, man bekommt allenfalls *noch* schlechtere Laune.

Was murren denn die Leute im Leben? Ein jeder murre wider seine Sünde!, heißt es in den Klageliedern gemäß Luthers Übersetzung.

Das wollen wir jetzt nicht tun, sondern uns einladen lassen zum Jubeln - wir müssen ja deswegen nicht gleich durch die Kirche tanzen!

Hören wir erst einmal auf den Psalm, der diesem Sonntag seinen Namen verliehen hat - das ist der Psalm 66 - und zwar in einer feierlich-altmodischen Sprache, die genaues Hinhören erfordert:

1 Des Chormeisters, ein Gesang, ein Harfenlied.

Schmettert Gott zu, alles Erdreich!

2 harfet der Ehre seines Namens!
setzt als Ehrung ein seinen Preis!

3 Sprecht zu Gott:

»Wie furchtbar sind deine Taten!

Ob der Fülle deiner Macht
schmeicheln dir deine Feinde,
4 alles Erdreich, dir werfen sie sich hin,
harfen dir, harfen deinem Namen.«

/ Empor! /

5 Geht, seht die Handlungen Gottes an,
über den Menschensöhnen (ist) er furchtbar am Werk!

6 der das Meer in Trockenes wandelt,
durch den Strom ziehn sie zu Fuß -
da freun wir uns (zu) sein!

7 der mit seiner Heldenkraft waltet in die Zeit,
auf die Weltstämme spähn seine Augen,
die Störrigen - nimmer dürfen sie sich überheben!

/ Empor! /

8 Segnet, Völker, unseren Gott,
laßt hören die Stimme seiner Preisung!

9 der unsre Seele setzte ins Leben
und nicht zugab, daß unser Fuß wanke! -
10 Wohl, geprüft hast du uns, Gott,
uns ausgeschmelzt, wie Silber man schmelzt:

11 du hast uns kommen lassen ins Verlies,
Marter uns gesetzt an die Hüften,
12 auf dem Kopf uns reiten lassen die Leute,
wir sind gekommen in Feuer und Wasser, -
aber herausgeführt hast du uns, ins Genügen.

13 Mit Darhöhungen in dein Haus will ich kommen,
zahlen will ich dir meine Gelübde,
14 was hervorstießen meine Lippen,
mein Mund redete, da ich bedrängt war,
15 will dir Darhöhungen von Fettschafen höhen
samt dem Aufrauchen von Widdern,
Rinder samt Böcken dir dartun.

/ Empor! /

16 Geht her, höret, ich will erzählen,
ihr Gott Fürchtenden alle,
was er meiner Seele getan hat!

17 Mit meinem Munde rief ich zu ihm,
Erhebung war mir unter der Zunge.

18 Hätte ichs in meinem Herzen auf Arg abgesehn,
nicht hören würde mein Herr,
19 jedoch Gott hat es gehört,
hat auf die Stimme meines Betens gemerkt.

20 Gesegnet Gott,
der mein Gebet nicht abwandte,
seine Huld nicht von mir!

Liebe Geschwister, wir sind soeben Ohrenzeugen geworden einer Gebets- und Liedersprache, die sich ganz gehörig von unserem Alltagsdeutsch unterscheidet.

Die Verdeutschung Martin Bubers möchte uns hineinnehmen in das Gebet Israels mit seinem Gott - doch obwohl deutsch, klingt das soeben Gehörte beinahe wie eine Fremdsprache.

Vergleiche sind zwar immer nur Annäherungen, aber mir kommen Kunstlieder wie die von Schubert in den Sinn - ästhetisch sicherlich für viele ein Genuß, aber zum Nachahmen nicht wirklich geeignet als Ausdrucksmittel unserer ureigenen Befindlichkeiten.

Bevor wir uns die Inhalte anschauen, die der Psalmbeter zur Sprache bringt, hören wir denselben Psalm noch einmal, betrachten diesmal jedoch das andere Ende des kulturellen Spektrums; zu diesem Zweck schlage ich die sogenannte "Volxbibel" auf, im Jargon der offenen Jugendarbeit geschrieben *von* Leuten und *für* Leute, die sich durchaus als tiefgläubige Christen verstehen:

Ein Rap
für den Bandleaderdepp,
auch zum Singen gedacht.
"Gott hat die ganze Welt gemacht!"
Geht ab auf Gottes Macht,
lobt ihn in seiner Pracht!
"Du hast die ganze Welt erdacht, wie gigantisch war das denn?
Da müssen alle Feinde sich vor Respekt verbeugen!"
Alle Völker der Erde werden zu dir beten, dir danken.
Werden dir Loblieder singen, erheben ihre Pranken.
Seht euch das an, was Gott Geiles mit uns gemacht hat!
Gigantisch ist das, kein Mensch hat in der Tat
so wie er das Meer geteilt, ließ seine Leute trocken durchgehen.
Wir haben uns voll über Gott gefreut, das konnte jeder sehen.
Er hat die Macht, und er hat das Sagen,
und das für immer, das will ich hier ansagen.
Er sieht einfach alles, ihm entgeht schlichtweg nichts.
Wer kann sich gegen ihn erheben, der ist doch nur ein kleines Licht?
Lobt unseren Gott, ich mein jetzt jede Nation,
und macht das voll laut, jeder weiß von seinem Ruhm.

Du erhältst uns am Leben und du paßt auf uns auf.
Du hast uns abgecheckt und du reinigst uns auch!
Damit wir so sauber werden wie das Silber auf Erden,
das gereinigt wurde in dem Ofen mit den Scherben.
Wir waren wie im Knast, hatten Lasten zu tragen,
es ging uns voll schlecht, konnten es kaum ertragen.
Du hast andere Menschen auf uns rumtrampeln lassen,
wir wurden geprüft, doch wir hatten noch alle Tassen
im Schrank, und so hast du uns, Gott sei Dank,
dort auch rausgeholt und dann fett beschenkt,
uns mit Freude geölt, alles wieder eingerenkt.
Ich will dir jetzt geben, was ich dir hab versprochen,
will dort in dein heftigstes Krassestes kommen,
wie ich damals geschworen hab, mitten in meiner Krise,
will dir die Opfer bringen, was Krasses singen. Diese Brise
soll zu dir aufsteigen wie der Duft einer Rose.
Hört mir mal alle zu! Ich mein nicht die Mimose,
sondern alle, die fett Respekt für Gott zeigen,
ich will euch mal die Wahrheit vorgeigen,
was er mit mir getan hat, davon will ich erzählen.
Als ich total am Ende war, ich war mich voll am Quälen,
da wußte etwas in mir drin, Gott ist da, ich kann auf ihn zählen.
Darum dankte ich meinem Gott, das muß ich hier mal erwähnen.
Wäre ich link drauf, hätte miese Gefühle im Bauch,
würde Gott nie was für mich reißen, das weiß ich doch auch.
Aber er hat es getan, hat meine Gebete erhört.
Darum danke ich ihm, weil er mich nicht nur betört,
nein, er nimmt mich ernst, er erhört meine Bitten,
seine Liebe bleibt da, das ist ganz unbestritten.

Liebe Gemeinde,

weder die eine noch die andere Fassung müssen wir uns zu eigen machen - ich für meinen Teil jedenfalls könnte das gar nicht.

Aber auch keine der uns geläufigeren Übersetzung der Zürcher Schule, Luthers oder der Guten Nachricht ist dazu da, einfach rezitiert zu werden.

Zwar können wir uns Psalmworte leihen, wo eigene fehlen, und wir können sogar versuchen, im Nachsprechen der überlieferten Worte durchzubuchstabieren, was die Beter des Alten Bundes an Lob und Klage vor Gott gebracht haben.

Das schult auf jeden Fall unsere Ausdrucksfähigkeit vor Gott. Das hilft uns, die Sprachlosigkeit zu überwinden, die oftmals dort herrscht, wo es darum ginge, Verantwortung gegenüber jedermann zu übernehmen, der von uns Rechenschaft fordert über die Hoffnung, die in uns ist, wie es im zweiten Petrusbrief heißt.

Doch glaubwürdig können wir das nur in unseren eigenen Worten tun - ob eloquent oder gestammelt -, und deshalb ist *jede Form* ernstgemeinten Gotteslobes eine angemessene Umsetzung der eingangs erwähnten Aufforderung zum Jubeln.

Der Psalmist hat Schlimmes erlebt. Aber er hat auch erfahren dürfen, daß Gott uns in der Not nicht allein läßt.

Im Augenblick der Qual wird ihm sicherlich das Gotteslob im Hals stecken geblieben sein wie Hiob.

Aber anders als viele unserer Zeitgenossen führt das bei ihm das nicht dazu, daß er sich empört von Gott abwendet, als schuldete Gott uns - ungeachtet all unserer Unvernunft und all unserem Fehlverhalten - das permanente Glück.

Seine Freude - und seinen Trost im Unglück - bezieht der fromme Beter aus der Rückbesinnung auf das erlebte Gute - unter Einschluß dessen, was er gar nicht *selbst*, sondern was seine Leute vor langer Zeit mit Gott erleben durften.

Angesichts dessen, was Gott uns Gutes getan hat - jedem einzelnen Menschen wie auch insgesamt uns, die wir vormals fern waren, jetzt aber um Christi willen zu ihm gehören dürfen -, angesichts dessen kann man ***wahrhaftig nicht meckern***, sondern gar nicht laut und fröhlich genug loben, singen, jubeln.

Jubilate: Jubelt, laßt es auch andere hören, daß wir einen Gott haben, der unsere Gebete erhört!

Freut euch, denn der Allmächtige ist kein stummer Götze, sondern ein bis zur Selbstverleugnung liebend sich zu uns neigender Gott, der uns aufrichtet aus Tod und Trauer zu Leben und Freude.

Jubilate - auch wenn ihr zurückhaltend norddeutsch seid: Verschweigt nicht, welche Freude uns Gott macht!

AMEN.

Abendandacht am 10.3.2012 in der Kirche auf dem Tempelhofer Feld, Berlin-Tempelhof

Liebe Gemeinde,

nur wenige der 150 Psalmen sind als Predigttexte ausgewählt.

Auch unser Psalm 62 gehört nicht dazu.

Das mag daran liegen, daß ein Psalm - als Gebet - eher geeignet scheint, sich diese fremden Worte gegebenenfalls zu leihen, um eigene Gedanken und Gefühle zum Ausdruck zu bringen, um sie vor Gott zu bringen, und weniger für die öffentliche Auslegung und Verkündigung.

Doch am Sonnabendabend trifft sich hier eine Gemeinde zur Andacht, zur Meditation.

Da könnten die eben gehörten Verse unter Umständen doch passen, um in ein Gespräch einzutreten - ein Gespräch sowohl mit Gott als auch eines jeden von uns mit sich selbst.

Hören wir dieses Gebet Israels noch einmal - wiedergegeben in der Übersetzung der "Bibel in gerechter Sprache":

2 Nur bei Gott wird mein Leben still.

Von ihm kommt meine Befreiung.

3 Nur Gott ist mein Fels und meine Befreiung, meine Burg.

Ich werde nicht wanken – nicht zu sehr.

4 Wie lange wollt ihr eine Einzelne bestürmen?

Wollt ihr sie morden, ihr alle – wie eine fallende Wand, eine stürzende Mauer?

5 Nur das ist ihr Plan: Sie von oben herabzustürzen. Täuschung gefällt ihnen.

Mit dem Mund segnen sie, mit ihrem Inneren fluchen sie.

6 Nur bei Gott werde still, mein Leben!

Ja, von ihm kommt meine Hoffnung.

7 Nur er ist mein Fels und meine Befreiung, meine Burg. Ich werde nicht wanken.

8 Bei Gott liegt meine Freiheit und meine Würde,
Fels meiner Macht, meine Zuflucht bei Gott.

9 Vertraut auf ihn zu jeder Zeit, Leute!

Schüttet vor ihm euer Herz aus! Gott ist Zuflucht für uns.

10 Nur Nebelhauch sind die Menschenwesen,
Täuschung sind Männer und Frauen.

In Waagschalen steigen sie auf, leichter als Nebelhauch.

[11]Vertraut nicht auf Erpressung! Durch Raub laßt euch nicht vernebeln!

Wenn das Vermögen wächst, setzt das Herz nicht darauf.

[12]Eins hat Gott gesagt, zwei sind es, die ich gehört habe:
daß Macht bei Gott ist – [13]und Freundlichkeit, Gebieter über uns, bei dir –,
daß du allen erfüllst, wie es ihrem Handeln entspricht.

Liebe Gemeinde:

Jemand betet, sucht in Gedanken und Worten Zuflucht bei Gott, flieht vor bösen Menschen, die ihn in Bedrängnis bringen, zieht sich in die schützenden Mauern des Tempels zurück.

Hier, in Gottes Gegenwart, ist er sicher.

Man spürt die Stille, kommt zur Ruhe, kann seine Gedanken ordnen, durchatmen, Abstand zum Tagesgeschehen finden.

Insofern ist uns der Beter des Psalms trotz allem zeitlichen und kulturellen Abstand einigermaßen nahe, denn gerade die besinnliche Atmosphäre unserer Abendandachten, umrahmt von Orgelmusik, bietet dem einen oder der anderen - auch denjenigen, die sonst eher keine regelmäßigen Gottesdienstbesucher sind - die Möglichkeit zum geistlichen Auftanken.

Und doch geht es keineswegs etwa nur um *Stimmungen*!

Mag auch ein Raum wie unsere Rundkirche, mag auch die Konzentration einer kleinen Zahl von Menschen auf Worte und Weisen sowie das Licht der Abendstunde dazu einladen, sich Gott zu öffnen -

wir kommen als jene Menschen hierher, die wir auch sonst sind:

Unsere Freude und unsere Betrübnis,
unsere Hoffnungen und Befürchtungen -
all das, was uns geprägt hat und unterschwellig in uns wirkt, bringen wir mit.

Es kann ja keine Befreiung aus Ängsten, keine Ermutigung zum Handeln geben, wenn die Ängste nicht benannt werden. Um mit Gott unterwegs sein zu können, gilt es, Entscheidungen zu treffen; und dazu ist es erforderlich, die Situation in den Blick zu nehmen, in der wir uns befinden, um Wege zu entdecken, die gangbar sind.

Mir fällt sie starke Gegenüberstellung auf zwischen Gott, auf den der Beter all sein Vertrauen setzt, und jenen Menschen, die - wir erfahren nicht, weshalb - als bedrohlich für das Leben des Frommen empfunden werden.

Immerhin trägt sich unser Psalmist nicht mit Selbsttötungsgedanken, er versinkt nicht im Selbstmitleid und richtet seine Enttäuschung auch nicht nach außen, wird nicht aggressiv.

Der da so niedergeschlagen vor Gott tritt, öffnet sein Herz und seine Hände in der Erwartung, daß *wenigstens einer* - **dieser aber bestimmt** - sich bitten läßt, sich als verläßlich erweist, einen Ausweg aus der Sackgasse weisen wird: Gott.

Man stelle sich vor, liebe Gemeinde, jemand stellte sich auf einen belebten Platz oder vor den Eingang eines Einkaufszentrums - wir kennen ja Beispiele dafür - und verkündete laut, wie es in unserem Psalm heißt: Vertraue auf Gott, Volk, zu jeder Zeit. Schüttet euer Herz vor ihm aus. Die Leute würden sich vermutlich, peinlich berührt, beiseite wenden; und ich nehme mich selbst dabei nicht aus. Ich erinnere mich noch daran, als Jugendlicher auf dem Ku'damm einen Mann mit einem Köfferchen gesehen zu haben, der die Aufschrift "Frag mich nach Jesus!" trug. Weder habe ich dies getan noch sonst irgendwer, während ich die Szene beobachtete...

In der Kirche sei das aber etwas ganz anderes, meinen Sie?

Nun, auch in unseren Gottesdiensten kommt es überaus selten vor, daß jemand - wie der Apostel es als alltäglich kennt - in Zungen zu reden begönne oder auch nur spontan in ein "Halleluja!" ausbräche.

Wir sind viel zu zivilisiert, um derart aus der Rolle zu fallen - selbst wenn man davon ausgehen dürfte, daß einem die anderen zustimmen, vielleicht sogar dankbar sind dafür, daß jemand sich traut, der Freude befreit Ausdruck zu verleihen.

Aber nehmen wir einmal an, wir erlebten eine Szene mit, die den Worten unseres Psalms auch nur halbwegs vergleichbar wäre...

Wir täten womöglich gut daran, diesen Menschen ausreden zu lassen, ihm genau zuzuhören. Denn unser Psalmbeter **hat** ja etwas zu erzählen:

Entweder hat er selbst oder eine ihm nahestehende Person eine von Menschen verursachte schwere Krise durchlitten und anscheinend glücklich überstanden.

Von Morden und Zu-Fall-Bringen ist die Rede, zugleich von Täuschung, Raub und Erpressung. Der Psalmist warnt - wie später Jesus - davor, sein Herz an den Besitz zu hängen: Wenn das Vermögen wächst, setzt das Herz nicht darauf.

Der da redet - bei sich selbst oder auch laut und vernehmlich: Ist er einem Mordanschlag mit knapper Not entgangen?

Hat man seine materielle Lebensgrundlage infrage gestellt?

Oder hat am Ende gar er selbst einsehen müssen, daß er auf einem Holzweg war, solange die Mehrung von Wohlstand sein vorrangiges Lebensziel war?

Er wirkt resigniert, wenn er davon spricht, daß die Menschen allesamt nur ein Hauch seien.

Vielleicht hat er ohnmächtig mit ansehen müssen, wie das im Schweiße seines Angesichts Erarbeitete zerrinnt, der allgemeinen Teuerung oder - wie bei uns: einer umfassenden ökonomischen Krise - zum Opfer fällt.

Gleich dem Verfasser der Sprüche qualifiziert er als nichtig ab, was andere für erstrebenswert halten und mitunter für so wichtig, daß sie bereit sind, für die Erreichung dieses Ziels Lebensqualität zu opfern - seien es familiäre und freundschaftliche Beziehungen, seien es Ruhezeiten. Zurück bleiben gehetzte, ja atemlose Menschen ohne Orientierung, ohne Mitte.

Auch wir kennen das und leiden darunter: Mit dem Mund segnen sie, mit ihrem Inneren fluchen sie. So der Psalmist über jene, die scheinheilig daherkommen und ihre eigentlichen Absichten verbergen.

Wir sagen dasselbe vielleicht eher mit Heinrich Heines Worten: Ich kenne die Weise, ich kenne den Text, ich kenn' auch die Herren Verfasser; ich weiß, sie tranken heimlich Wein und predigten öffentlich Wasser. - Wer noch vor Jahren Zurückhaltung anmahnte, als es um die Privilegien anderer ging, besteht jetzt auf allen seinen Rechten und sieht nicht- sieht nicht ein -, daß es einen Unterschied gibt zwischen "legal" und "legitim".

Davon wissen auch jene ein Lied zu singen, einen Klagepsalm, denen man - auf der Grundlage bestehender Gesetze, versteht sich - das Haus weggenommen hat oder denen unter Berufung auf die schwierige Wirtschaftslage der Arbeitsplatz gekündigt wurde.

Was immer im einzelnen unser Beter durchzustehen hatte, am Ende bleibt die Erkenntnis, die zum ***Be***kenntnis wird: Ich werde nicht wanken – nicht zu sehr. Nur Gott ist mein Fels und meine Befreiung, meine Burg. Und weiter: Bei Gott liegt meine Freiheit und meine Würde, Fels meiner Macht, meine Zuflucht bei Gott.

Zwei Dinge sind es, die er festhält und die ihm Halt geben: daß Macht bei Gott ist – und Freundlichkeit, Gebieter über uns, bei dir, was sich darin widerspiegelt, daß Gott nichts auf Lippenbekenntnisse gibt, sondern auf das Herz schaut, und zwar in dem Sinne, wie es der jüdische Theologe und Philosoph Abraham Heschel formuliert hat: Das Herz wird in Taten offenbar.

Nicht erst irgendwann, irgendwie, in einem "Jüngsten Gericht", sondern im Erdenleben selbst bekommt der Mensch von Gott die Quittung für das, was er getan und unterlassen hat: Du erfüllst allen, wie es ihrem Handeln entspricht.

Damit endet unser Psalm - den einen womöglich unbehaglich, weil sie es lieber hörten, daß der "liebe Gott" nicht so genau hinsieht bei dem, was wir im Laufe unseres Lebens alles falsch gemacht haben - meist wider besseres Wissen.

Den anderen aber, den Opfern von Willkür und Gewalt, den Ohnmächtigen ist dieses Wort ein Hoffnungsschimmer: daß ihr Leiden nicht übersehen wird, daß diejenigen, die auf Kosten anderer leben wollen, dies bezahlen müssen mit einem unruhigen Gewissen, das der Anrede Gottes und seiner Frage "Wo bist du, Mensch?" nicht standhält.

Wir, liebe Gemeinde, sind eingeladen, mit dem Psalmisten zu bekennen: Nur bei Gott werde still, mein Leben! Ja, von ihm kommt meine Hoffnung.

AMEN.

KONFIRMANDENVORSTELLUNGSGOTTESDIENST, 1. SONNTAG NACH EPIPHANIAS, 9.1.2011, EV. KIRCHE SCHÖNOW-BUSCHGRABEN, BERLIN-ZEHLENDORF

FRIEDE SEI MIT EUCH VON DEM, DER DA IST UND DER DA WAR UND DER DA KOMMT! AMEN.

Liebe Gemeinde - und das heißt natürlich auch: liebe Konfirmandinnen und Konfirmanden!

Wenn die Kirche "gegen den Trend wachsen" will, wie die Parole vor Jahren lautete, wenn wir zumindest daran festhalten, "Salz der Erde" sein zu wollen, vielleicht sogar "Kirche der Freiheit", dann müssen wir alles daran setzen, daß die GUTE NACHRICHT tatsächlich bei denen ankommt, denen sie gilt.

Die ersten Adressaten der FROHEN BOTSCHAFT sind von Generation zu Generation die eigenen Kinder: Ihnen zu vermitteln, was uns wichtig, ja unverzichtbar erscheint an unserer Tradition, ist Grund genug, kirchlichen Unterricht zu veranstalten - von Kindergarten und Kinderkirche angefangen über den Religionsunterricht in der Schule bis hin zu Konfer und Jugendarbeit.

Im Unterschied zu den älteren Gemeindegliedern, deren Konfirmandenunterricht zumeist in Stillsitzen und Auswendiglernen bestand, möchten wir euch ein Angebot machen, bei dem die Freude am Gruppenerlebnis und der Spaß an Singen und Spielen nicht zu kurz kommt.

Wir sind bemüht, die Schwelle niedrig zu halten, damit niemand von vornherein abgeschreckt ist.

Das gilt - darauf könnt ihr euch verlassen, daran dürft ihr uns jederzeit erinnern!

Allerdings kommt jetzt das große ABER:

Was "Kirche der Freiheit" ist, was überhaupt Freiheit im biblischen Sinn bedeutet, worin sich das "Salz der Erde" praktisch bemerkbar macht - das gilt es erst einmal zu entdecken. Und das ist durchaus auch mit Mühe verbunden.

Wir meinen, daß sich diese Mühe lohnt, und sind gern bereit, einiges an Arbeit, an Zeit, an Phantasie zu investieren.

Und wir hoffen auf eure Neugier, wir zählen auf eure Fragen, wir rechnen mit den Erfahrungen, die ihr einbringt.

Vielleicht ist das doch anspruchsvoller als das, was mir mein Vater aus der Zeit unmittelbar nach dem Zweiten Weltkrieg berichtet hat. Da gab es zwar eine Konfirmandenprüfung - aber das war, bei Licht besehen, nur eine Show: der Pfarrer hatte mit den Prüflingen verabredet, daß bei der öffentlichen Befragung in der Kirche stets alle Arme oben sein sollen - die rechte Hand, wenn man die Antwort wußte, die linke, wenn man sich nur als Statist beteiligte.

Wir möchten euch ***innerlich*** beteiligen - wir sind nicht nur auf eure Teilnahme an den montäglichen Stunden und 18 Gottesdiensten in anderthalb Jahren sowie einer Konferfahrt im Herbst und einer Handvoll Exkursionen aus.

Schon zu biblischen Zeiten war die versammelte Gemeinde *aller Generationen* so etwas wie das Herzstück des Gemeindelebens. Deswegen freuen wir uns, wenn nicht nur heute auch

Eltern beteiligt sind an der Vorbereitung auf die Konfirmation, sich einlassen auf das, was die Gemeinde gerade beschäftigt - in diesem Jahr zum Beispiel das 50. Kirchweihjubiläum.

Als 1961 unsere Kirche von dem später sehr berühmten Architekten Frei Otto gebaut wurde, nahm er uralte Vorstellungen von der Gegenwart Gottes in seine Konzeption auf: Das "Zelt Gottes", mit dem er sein Volk auf der Wanderschaft durchs Leben begleitet, sollte ebenso zum Ausdruck gebracht werden wie das "Schiff, das sich Gemeinde nennt"; wer sich in Ruhe umschaut, wird beides wiedererkennen.

Doch während wir heute recht unbefangen ein Gotteshaus betreten, galten im Alten Israel die allerstrengsten Regeln. Man wollte nicht "Perlen vor die Säue" werfen.

Wer sich Gott nahte, mußte **sehr wohl** eine Schwelle überschreiten. Damit sollte sichergestellt werden, daß das, was im Gottesdienst geschah, auch wirklich ernst genommen wird. Schließlich ging - und geht! - es dabei um etwas.

Letzten Endes geht es sogar um Leben und Tod.

So verstehen sich die Worte des 15. Psalms, die wir gleich hören werden:

Wer miterleben muß, wie Schurken folgenlos ihr Unwesen treiben, fragt sich irgendwann, ob denn mit Gott überhaupt zu rechnen sei, ob er denen treu ist, die sich an ihn wenden. Von diesen Zweifeln und Anfechtungen sind die vorangehenden Psalmen geprägt. Und dann dies:

1 Ein Psalm. Von David.

GOTT, wer lebt als Gast in deinem Zelt?

Wer wohnt auf deinem heiligen Berg?

2 Menschen, die aufrichtig gehen und gerecht handeln.

Die in ihrem Herzen verläßlich reden.

3 Die keine Verleumdungen auf ihrer Zunge tragen.

Die ihren Freundinnen und Freunden nichts Böses tun.

Die auf die Menschen, die ihnen nahe sind, keinen Spott legen.

4 Menschen, in deren Augen Verworfene gering sind,

aber die denen Gewicht beimessen, die GOTT ergeben sind.

Schwören sie zum eigenen Nachteil, halten sie fest an ihrem Schwur.

5 Menschen, die ihr Geld nicht mit Zinsen verleihen,

die Bestechung gegen Unschuldige nicht annehmen.

Die so handeln, werden auf Dauer nicht wanken.

Liebe Geschwister,

Tempeleinlaßliturgie nennen die Fachleute so etwas - und die kommen einige Male im Psalter vor, zum Beispiel im Psalm 24, besser bekannt als Adventslied :"Macht hoch die Tür, die Tor macht weit!". Aber auch im berühmten Psalm 23 heißt es am Ende: "Ich werde bleiben im Haus des Herrn immerdar."

Was den Beter so sprechen läßt, ist aber vermutlich keine besonders ausgeprägte Frömmigkeit. Eher schon klingt es so, als wäre dies der letzte Ausweg eines Menschen, der darauf angewiesen ist, an einem Asylort in Ruhe gelassen zu werden.

Um Kirchenasyl soll es heute jedoch nicht gehen. Wir wollen uns vielmehr dieses Frage-und-Antwort-Spiel unseres Psalms ein wenig näher ansehen.

So wie es heute in bestimmten Etablissements Türsteher gibt und man sich extra eine Krawatte umbinden muß - und sei es das erste Mal im Leben -, um beispielsweise am Dreikönigstreffen der Liberalen teilnehmen zu dürfen, so wurde in den Tempel damals auch nicht jeder hineingelassen:

Frauen mußten sich damit begnügen, im äußeren Bereich zu warten.

Ausländer, d.h. Ungläubige wurden sowieso nur in den Vorhof gelassen.

Mann mußte man sein, um Einlaß zu finden ins Heiligtum. Israelit und erwachsen außerdem.

Aber das sind nur die äußerlichen Kriterien.

Man sieht nur mit dem Herzen gut, das Eigentliche ist für die Augen unsichtbar. Das wußte man auch damals schon.

Deshalb lautet die Antwort auf die Frage, wer sich in Gottes Nähe wagen darf: Menschen, die aufrichtig gehen und gerecht handeln.

Ich möchte auf folgendes aufmerksam machen: Wir reden über Religion. Es geht um die Teilnahme am Gottesdienst. Aber die Voraussetzung dafür lautet ***nicht***, daß man am Eingang seinen Mitgliedsausweis vorzeigen muß, sondern daß man ein anständiger Mensch ist.

Schon hier scheint eine Rolle zu spielen, was bei Paulus im Römerbrief "vernunftgemäßer Gottesdienst" genannt werden wird.

Auch Schurken steht der Tempel offen. Aber dann ist es angemessener, sie schlagen sich an die Brust und bitten: "Herr, sei mir Sünder gnädig!"

Mit offenen Armen empfängt Gott jene, die keinen Dreck am Stecken haben.

Wenn wir uns die kurze Reihe von Forderungen an die Bewährten anschauen, fällt mir auf, daß die in der Kirchengeschichte später so betonten Individualsünden - an erster Stelle sexuelle Verfehlungen - hier überhaupt keine Rolle spielen.

Statt dessen geht es um Wahrhaftigkeit, um Zuverlässigkeit und um Fairness.

Weil ich vermute, daß diese Dinge auch Konfis etwas sagen, habe ich den ansonsten ungepredigt bleibenden Psalm für heute ausgesucht.

"Sei ehrlich!"
"Steh zu deinem Wort!"
"Nütze nicht die Schwäche anderer aus!"

Das kann, denke ich, jeder und jede in seinem oder ihrem Alltag durchbuchstabieren, das gilt in der Familie, das gilt in der Schule, im Freundeskreis, beim Sport.

Auf den zweiten Blick sieht es nun so aus, als sei da gar keine Schwelle, die uns den Zugang zu Gott erschwert.

Klar, man kann so tun als ob - und dann ist da gar nichts dahinter.

Aber das ist so, wie wenn der Arzt gesagt hat, daß abnehmen soll: Manche Leute wechseln dann den Arzt, andere erklären, zuhause wögen sie tatsächlich weniger...

Liebe Leute, jeder weiß: Man kann weder sich selbst bescheißen noch Gott hinters Licht führen!

Wer sich überfordert fühlt von dem, was Gott von uns erwartet, der muß ja nicht eintreten und seine Nähe suchen!

Diese Leute haben dann allerdings auch keinen Anteil an dem, was Gott jenen verheißt, die sich **in der Praxis ihres Lebens** als Gottes Partner **bewähren**:

Die so handeln, werden auf Dauer nicht wanken.

Das ist es doch, was wir uns für unsere Kinder wünschen.

Das ist es ja im Grunde, was wir uns auch für unser eigenes Leben wünschen.

Und nun hören wir, daß Gott uns beisteht, Gelingen schenkt, segnet.

Wie geht das? Wie hängt das eine mit dem andern zusammen?

- Das eben sind die Fragen, die in aller Ruhe geklärt sein wollen. Wir haben dafür beinahe anderthalb Jahre Zeit.

Sicher: Wir müssen uns auch mit Problemen herumschlagen, die - zumindest auf den ersten Blick - wenig mit unsern eigenen Fragen zu tun haben, um beispielsweise zu verstehen, was es mit dem traditionellen Glaubensbekenntnis, mit Taufe, Abendmahl und so weiter auf sich hat.

Aber immer wieder wird sich zeigen: So alt die Geschichten auch sind, die uns in der Bibel erzählt werden - sie berühren den Schnittpunkt zwischen Himmel und Erde, sie zeigen uns, wo wir vor Gott stehen.

Dazu möchte ich euch einladen.

Am Ende steht dann der feierliche Akt der Konfirmation.!

Aber in erster Linie steht da dann die Entscheidung an, sich auf den Weg der Nachfolge Christi zu begeben, beflügelt von Gottes Geist.

In der Hoffnung darauf suchen wir gemeinsam die Nähe unseres Gottes.

Sein Friede, der höher ist als alles Verstehen, bewahre unser Denken und Fühlen in Christus Jesus, unserm Herrn!

AMEN.

2. Adventssonntag, 4.12.2011, Ev. Kirche Schönow-Buschgraben, Berlin-Zehlendorf

Friede sei mit euch von dem, der da ist und der da war und der da kommt! Amen.

Liebe Schwestern und Brüder,

Sie kennen das vielleicht auch: mit manchen Worten im Spanischen habe ich so meine Probleme, weil es - anders als wir das im Deutschen gewohnt sind - mitunter für zweierlei Dinge nur *ein* Wort gibt. So existiert zum Beispiel keine Vokabel für "Abend"; man sagt "buenas tardes" ab dem Nachmittag und bis in die späten Abendstunden hinein.

Wir haben manchmal für absolut unterschiedliche Dinge dasselbe Wort. Man kann daraus das lustige kleine Spiel "Teekesselchen" machen - aber für einen Ausländer ist es anstrengend, wenn es nur **ein** Wort gibt für das, was nicht nur Unterschiedliches *bedeutet*, sondern *in der eigenen Sprache* auch *verschiedene Bezeichnungen* hat: Es ist ja nicht dasselbe, ob ich auf jemanden oder etwas **warte** oder ob ich auf etwas oder jemanden **hoffe**.

"Espero que vengas / vienes" - ich hoffe / warte, daß du kommst. Wenn man Muttersprachler auf diese Schwierigkeit anspricht, lächeln sie und sagen, niemand *hoffe*, daß der Bus kommt, sondern - in der gewissen Erwartung, daß es nur eine Frage der Zeit sei - man wartet ab, bis er schließlich da ist. Und umgekehrt kann ich lange warten, bis die tolle Frau, der ich meine Handynummer gab, mich vielleicht anruft. Wohl kann ich darauf *hoffen*, doch gibt es dafür bei uns das sarkastische Sprichwort: "Hoffen und harren macht manchen zum Narren."

Narren wollen wir nicht sein, die wir uns in der mit Hoffnung verbundenen Wartezeit "Advent" befinden. Die eben gehörten Epistel- und Evangeliumstexte rufen auf zur Geduld, zugleich aber auch zur Wachsamkeit.

Nicht "abwarten und Tee trinken" im Sinne von "die Hände in den Schoß legen und den lieben Gott einen guten Mann sein lassen", ist angesagt. Das adventliche Warten ähnelt eher der gewissenhaften Überwachungstätigkeit eines Laboranten, der beobachtet und vergleicht, Notizen macht und seine Schlüsse zieht. Oder eben dem prüfenden Blick des Bauern, der immer wieder kontrolliert, ob die Saat gedeiht, ob bewässert werden muß oder gar schon bald geerntet werden kann.

"Nun wart's doch ab!", mahnt jemand, der überzeugt ist, daß nur noch ein wenig Zeit vergehen muß, ansonsten aber außer Frage steht, daß die Erwartung sich erfüllen wird. So, in etwa, ist ja auch der Grundtenor im Advent.

Aber wenn ich auch nur eine winzige Akzentverschiebung vornehme, klingt es gleich unfreundlich - etwa wenn ich formuliere: "Wart's nur ab!"

Und zu einer regelrechten **Drohung** wird es, wenn jemand sagt: "Na, warte!"

Eben diesen Ton hat jedoch jener Psalm, den ich mit Ihnen heute bedenken möchte. Er gehört zu der großen Zahl ungepredigter Bibeltexte, und ich habe bei einer Internetrecherche nur ein einziges Beispiel gefunden, wo dieser Psalm ausgelegt wurde - das war bei einer Andacht zum Gedenken der Befreiung des KZ Auschwitz.

Hören wir ihn uns erst einmal an, den Psalm 14 - beinahe wortgleich mit Psalm 53:

1Menschen, die Schandtaten begehen,
sprechen in ihrem Herzen: Gott ist nicht da!

Sie handeln korrupt, benehmen sich abscheulich.

Niemand tut Gutes!

2GOTT schaut vom Himmel auf die Menschen,
um zu sehen, ob Einsichtige da sind, die nach Gott fragen.

3Sie alle sind ausgewichen, sind insgesamt korrupt geworden.

Niemand tut Gutes, nicht eine Einzige, nicht ein Einziger.

4Haben alle, die Unrecht tun, gar keine Erkenntnis?

Sie fressen mein Volk, wie sie Brot essen.

GOTT rufen sie nicht.

5Da – ein gewaltiger Schrecken trifft sie:
Gott ist bei der Generation der Gerechten.

6Die Pläne der Unterdrückten wollt ihr scheitern lassen?

GOTT ist ihre Bergung!

7Wer bringt vom Zion her Befreiung für Israel?

Wenn GOTT das Geschick des Gottesvolkes wendet,
bricht Jakob in Jubel aus und Israel wird voll Freude sein.

Liebe Gemeinde, wieder einmal vermittelt die Wortwahl des Übersetzers einen wichtigen ersten Eindruck, erzeugt sozusagen das Umgebungslicht für unsere Wahrnehmung, noch ehe man sich mit den Einzelheiten befaßt hat.

Luther lädt den Leser ein, sich als frommen Menschen zugleich klug zu wähnen - gegenüber *den Toren, die da sprechen*: "Es ist kein Gott."

Bei Martin Buber begegnet ein anderer Ton: Der Nichtige spricht in seinem Herzen: Da gibt's keinen Gott. Die Alternative lautet hier also eher BESTÄNDIGKEIT *versus* NICHTIGKEIT.

Biblisch laufen die Gegenüberstellungen mehr oder weniger auf dasselbe hinaus. Aber bei TOR denken wir automatisch eher an ein Defizit des Denkvermögens, während NICHTIGKEIT eine philosophische Kategorie ist; übrigens werden bei Buber und seinen Schülern auch die Götzen Nichtse genannt.

In der ebenfalls jüdischen Übersetzung von Leopold Zunz heißen die Leute, die in der Kritik des Psalmbeters stehen, "niederträchtig". Hieran scheint unsere Textfassung aus der BIBEL IN GERECHTER SPRACHE anzuschließen.

Für mich ergibt sich ein Bedeutungsfeld, das Dummheit, Niedertracht und Nichtigkeit eng zusammenrückt.

Allerdings ist es meines Erachtens ein durchaus erheblicher Unterschied, ob man Gott *nie kennengelernt* hat oder ob man ihn **ignoriert**, obwohl man von ihm weiß.

Der Psalmist fragt - ebenso wie später Jesus - nicht nach dem ***Bekenntnis***, verlangt keine Unterschrift unter bestimmte *dogmatische Aussagen*. Er würde, kann man mutmaßen, heute nichts darauf geben, ob jemand Kirchensteuern zahlt oder aber gar nicht getauft ist.

Was ihm wichtig ist - und er nimmt *die Perspektive* ***Gottes*** ein, wenn er das von sich gibt -, worauf es ihm ankommt, ist die ***gelebte*** GOTTESBEZIEHUNG. Der Nichtige / Unverständige / Übeltäter sagt sich: "Es sieht ja sowieso keiner!"

Oder aber er denkt: "Vielleicht sieht der liebe Gott alles, aber dann ist er entweder zu ***lieb***, um einzugreifen, oder aber - und dafür spricht mehr - ihm **fehlt es an Möglichkeiten** zu intervenieren."

So erlauben sich diejenigen, die Schandtaten begehen, die Grenzen von "gut" und "böse" nach eigenem Gutdünken zu definieren: Was immer sie selber tun, ist okay, wird zumindest von niemandem geahndet; das falsche Tun anderer hingegen wird - schon um von sich selber abzulenken - ins Licht der Öffentlichkeit gestellt. (Man vergleiche nur das harte und willkürliche Vorgehen der weißrussischen Behörden gegen angebliche Terroristen, die zum Tode verurteilt und so bequem aus dem Weg geräumt wurden.)

Unser Psalm verharrt nicht darin, die mangelnde moralische Qualität zu beanstanden, er wird auch konkret, was das Fehlverhalten anbelangt: Sie fressen mein Volk, wie sie Brot essen. Es geht also um Hunger, um Armut - Themen, die in der Vorweihnachtszeit mehr Aufmerksamkeit erzielen als das im übrigen Jahr der Fall ist.

Nicht erst in der Finanzkrise - oder sollen wir es "Eurokrise" nennen? -, die im Grunde lediglich offenbart, daß es in den internationalen Beziehungen sowohl an *Vertrauen* mangelt als auch an wirksamen Steuerungsmechanismen, nicht erst in Zeiten drohender Staatsbankrotte und der Diskussion um "Rettungsschirme" und Euro-Anleihen gibt es wirtschaftliche Not (um es sehr gelinde auszudrücken) - im Klartext: wird gehungert und gestorben und gibt es mitten im wohlhabenden Deutschland mehr und mehr Menschen, die eine warme Mahlzeit der Existenz von Suppenküchen verdanken - "Laib und Seele", "Aktion warmes Essen" oder wie sie auch immer heißen mögen.

Und es gibt diejenigen, die davon profitieren, die - mit den Worten des Psalms gesprochen - Gottes Volk fressen, wie man Brot ißt: indem sie kühl kalkulierend ihren Vorteil ausnützen ("das würden doch alle so machen!"), koste es, was es wolle. Hierzulande, immerhin, *ver*hungert deswegen niemand, es gibt ja - soll ich jetzt sagen: Gott sei Dank? - noch immer Reste eines Sozialstaates.

Doch womit diese Herrschaften anscheinend nicht gerechnet haben: Während sie geflissentlich Gott ignorieren, schaut Gott vom Himmel auf die Menschen, um zu sehen, ob Einsichtige da sind, die nach Gott fragen, weiß der Psalmbeter, der den Ertappten daher auch ein böses Erwachen prophezeit: Da – ein gewaltiger Schrecken trifft sie: Gott ist bei der Generation der Gerechten.

Und damit nicht genug! Wollen die Gottvergessenen ihre Ziele verwirklichen und dabei das Lebensrecht ihrer Mitmenschen außer Acht lassen, dann stellt sich Gott ihnen entgegen, wie der folgende Vers festhält: [6]Die Pläne der Unterdrückten wollt ihr scheitern lassen? GOTT ist ihre Bergung!

So weit, so gut, liebe Geschwister. Wenn man dies denn als schlichte Beschreibung unumstößlicher Tatsachen stehen lassen könnte.

Dann aber fragte im letzten Vers niemand mehr: Wer bringt vom Zion her Befreiung für Israel?

Das vorliegende Lied endet nicht in Dur. Dieses Gebet eines Frommen verharrt auch nicht in der Klage - es appelliert an Gott, doch endlich etwas zu tun; und der Beter ist im Grunde sogar überzeugt, daß Gott gar nicht anders kann, als seine Ohren zuzuneigen, sein Herz zu öffnen, die Faust zu ballen und den Arm mächtig auszustrecken, um zu helfen, wie er es von jeher getan hat, wie es sein "Job" ist als Erbarmer Israels:

Wenn GOTT das Geschick des Gottesvolkes wendet, bricht Jakob in Jubel aus und Israel wird voll Freude sein. Da ist sich der Psalmbeter ganz sicher.

Und dennoch ist für ihn "Advent" eine ganz und gar unbehagliche Situation. Es ist ein Warten, wie wenn die Organspende schon in Aussicht steht, ja sogar bereits unterwegs ist: da dauern dennoch die Minuten wie Stunden, endlos erscheint der Zeitraum, bis - hoffentlich - erfolgreich operiert werden kann.

Wir, liebe Gemeinde, haben eine fundamental anderer Perspektive als der Psalmist, denn wir Christenmenschen blicken **zurück** auf das, was da geschehen ist vor 2000 Jahren, während er noch - voller Sehnsucht - *Ausschau* hielt.

Doch sollten wir uns ehrlicherweise die kritische Frage gestatten:

- Was gibt uns Grund zur Zufriedenheit, zur Freude gar?
- Was hat sich verändert durch die Geburt des Gottessohnes?
- Welche Erwartungen sind noch immer unerfüllt?
- Und: Teilen wir sie noch immer - diese Erwartung auf die Herrschaft Gottes über unser Leben und das der ganzen Welt?

Dann erst ist der Advent vorüber und Gottes Verheißung wahr geworden, dann erst wird der Klageruf des Psalmisten verstummen, wenn niemand mehr erschrecken muß, weil Gott sich zeigt, und alle gemeinsam bekennen: Gott **hat** vom Zion her Befreiung gewirkt. Freut euch und jubelt, denn Gott hat das Geschick seines Volkes zum Guten gewendet!

AMEN.

Festival für Folk, Lied und Weltmusik, 10.9.2000, Großer Markt, Perleberg

Liebe Perlebergerinnen und Perleberger, liebe Gäste des Festivals - Christenmenschen und Atheisten!

Ich hoffe, uns alle auf diesem Platz verbindet nicht nur die Freude an Musik und das Interesse an der Vielfalt der Kulturen. Ich hoffe, wir versammeln uns hier auch ganz bewußt unter dem Schlagwort „Tolerantes Brandenburg“ und nehmen die Herausforderung an, dieses Programm mit Leben zu füllen.

Kann man Toleranz lernen? Tahar Ben Jelloun erklärt seiner Tochter, es sei die *Intoleranz*, die man von der Umwelt erlernt, der Mensch an sich sei neugierig und offen für Fremdes und Fremde.

Aber es sieht so aus, als hätten wir es im Moment bitter nötig, Toleranz zu lernen; und ich meine, das kann man gut, kann man sogar am besten aus der Bibel.

Eine besonders schöne Formulierung dafür, was es bedeutet, den andern in Frieden leben zu lassen und dasselbe Recht für sich selbst in Anspruch zu nehmen, stammt von Jesus. In der Bergpredigt formuliert er eine Regel, die wir zumeist nur in ihrer negativen Fassung kennen - und dann ist sie schon verwässert und verdorben; im Original lautet sie: Wie ihr wollt, daß euch die Leute tun sollen, so tut auch ihr ihnen! Anders ausgedrückt: Behandelt die Mitmenschen ebenso, wie ihr von ihnen behandelt werden möchtet.

Die Geschichte, die wir eben gehört haben, vom „barmherzigen Samariter“, der als ungeliebter Ausländer tut, was die hochgeehrten Würdenträger unterlassen - nämlich hinzugehen, statt wegzuschauen -, diese Geschichte zeigt, wie ich meine, sehr deutlich, daß die Goldene Regel der Bibel tatsächlich etwas anderes meint als die Parole: „Laß dich bloß nicht erwischen - irgendwann trifft es dich selbst!“ Unser Sprichwort sagt: Was du nicht willst, daß man dir tu, das füg auch keinem andern zu.

Man höre und staune: Der Volksmund, nicht etwa die Bibel, kommt mit den Verboten daher. Die Bibel beginnt nicht mit den Worten: Du sollst nicht. Denn ehe Gott Grenzen zieht, schafft er Raum, weiten Raum, zum Leben.

Nun ist es schön und gut, weiten Raum zum Leben zu haben. Nicht zuletzt, weil ihnen dieser Raum im eigenen Land fehlt, sind viele Menschen zu uns nach Deutschland gekommen. Aber in der weiten Landschaft braucht man auch Orientierungspunkte, um sich zurecht zu finden: hier ein Baum, dort ein Fluß, da ein Hügel - niemand würde solche „natürlichen Grenzen“ als Einschränkung seiner Bewegungsfreiheit empfinden und im Ernst auf die Idee kommen, sie allesamt beseitigen zu wollen.

Mit den Wegweisern und Grenzpfählen, die Gott gegeben hat, ist es im Grunde genauso: Wer sie entfernt, gaukelt eine Freiheit vor, die Menschen verloren gehen läßt in der endlosen Steppe.

In der Sprache der Wirtschaftspolitik, die heute unser Bewußtsein beherrscht, nennt man das stolz: „Deregulierung“. Da werden, um des freien Handels willen, Dämme eingerissen, die dazu da sind, die Schwachen vor der Willkür der Starken zu schützen, nun aber als Hindernis gelten für die freie Entfaltung der Kräfte. Heute steht der Feierabend zur Disposition, morgen der Sonntag - und vielleicht tritt übermorgen an die Stelle des Jahresurlaubs ein Lebens-Arbeitszeitkonto, dessen Guthaben man aufzehren soll, statt Arbeitslosengeld zu beziehen...

Liebe Nachbarn und Gäste! Wenn die Grenzen, die Menschen vor Menschen und Mächten schützen, infrage gestellt und abgeschafft werden - kann es da im Ernst noch verwundern, wenn Jugendliche jegliche Orientierung verlieren, kein Maß mehr kennen, sich ihre Werte-Welt zusammenbasteln und dabei den Mitmenschen hintanstellen, so wie sie selbst auch am Rande der Gesellschaft stehen?!

Wie soll Toleranz lernen, wer selbst das Gefühl hat, nur geduldet zu sein?!

Die Furcht vor Strafe, die auf dem Fuße folgt, mag abschrecken - Bewußtsein verändern wird sie kaum.

Der Samariter in unserer Beispielgeschichte hat lebendig veranschaulicht, was das heißt: SEINEN NÄCHSTEN zu LIEBEN, ihn so zu behandeln, wie man selbst behandelt werden möchte. Aber eben dieser zweite Teil des Gebotes, das Wie-dich-Selbst, scheint das Problem zu sein: Wer nicht erfährt, daß er geliebt wird, wer sich selbst nichts zutraut, weil einem andere nichts anvertrauen, der ist dazu gezwungen, festzuhalten, was man irgendwie ergattern konnte, und deshalb auch mißtrauisch gegenüber allem und jedem, der einem wegnehmen könnte, was einem ein bißchen Halt gibt.

Die Würde eines Menschen beruht aber weder auf seiner Leistung, noch auf seiner Geburt, weder auf seiner nationalen noch seiner religiösen Identität noch auf seinem Geschlecht. Die Würde jedes Menschen basiert nach christlichem Verständnis auf der Liebe Gottes zu allen Menschen, zu seiner ganzen Schöpfung.

Die Selbstliebe hat ihre Berechtigung darin, daß Gott uns liebt, und in dieser Liebe zu uns steckt auch der Grund dafür, weshalb wir unsere Mitmenschen lieben sollen, denn wir sind Schwestern und Brüder auf dieser Erde - ob schwarz, ob weiß, ob rot, gelb oder braun.

Und weil Gott uns liebt wie ein Vater seine Kinder, sieht er nicht einfach zu, wie sie sich im Geschwisterstreit gegenseitig umbringen, bestehlen, betrügen, einander verächtlich und das Leben zur Hölle machen.

Er gibt uns Gebote und Regeln als Geländer, damit wir Halt machen, bevor wir ins Bodenlose stürzen. Er gibt uns Wegmarken, damit der weite Raum des Lebens nicht zu einer Wüste wird für viele mit Oasen nur für die wenigen, die stärker und rücksichtsloser als die anderen sind und für sich allein beanspruchen, was doch für alle geschaffen worden ist.

Der Kernsatz: DU SOLLST DEINEN NÄCHSTEN LIEBEN WIE DICH SELBST ist eingerahmt in weitere Bestimmungen, aus denen klar hervorgeht, wie Gott sich ein gutes Zusammenleben zwischen Menschen vorstellt und auf wessen Seite er steht; ich lese Beispiele aus dem 3. Buch Mose, Kapitel 19:

– Wenn du dein Land aberntest, sollst du nicht alles bis an die Ecken deines Feldes abschneiden, auch nicht Nachlese halten.

– Auch sollst du in deinem Weinberg nicht Nachlese halten noch die abgefallenen Beeren auflesen, sondern dem Armen und Fremdling sollst du es lassen.

– Ihr sollt nicht stehlen noch lügen und betrügerisch handeln einer mit dem andern.

– Ihr sollt nicht falsch schwören bei meinem Namen und den Namen eures Gottes nicht entheiligen.

– Du sollst deinen Nächsten nicht bedrücken noch berauben. Es soll des Tagelöhners Lohn nicht bei dir bleiben bis zum Morgen.

– Du sollst dem Tauben nicht fluchen und sollst vor den Blinden kein Hindernis legen...

– Du sollst nicht unrecht handeln im Gericht; du sollst den Geringen nicht vorziehen, aber auch den Großen nicht begünstigen, sondern du sollst deinen Nächsten recht richten.

– Du sollst nicht als Verleumder umhergehen unter deinem Volk. Du sollst auch nicht auftreten gegen deines Nächsten Leben.

– Du sollst deinen Bruder nicht hassen in deinem Herzen, sondern du sollst deinen Nächsten zurechtweisen, damit du nicht seinetwegen Schuld auf dich ladest.

Schließlich auch die ausdrückliche Anweisung:

Wenn ein Fremdling bei euch wohnt in eurem Lande, den sollt ihr nicht bedrücken. Er soll bei euch wohnen wie ein Einheimischer unter euch, und du sollst ihn lieben wie dich selbst; denn ihr seid auch Fremdlinge gewesen in Ägypten. Ich bin der Herr, euer Gott.

„Toleranz lernen aus der Bibel" heißt eben nicht, liebe Festgemeinde, daß jeder nach seiner Façon selig werden soll, so daß man am Ende gar nicht mehr danach fragt, welche Werte für den anderen wichtig sind. Es geht **nicht** darum, einander in Ruhe zu lassen, sondern darum, daß das Lebensrecht und die Würde anderer Menschen unantastbar sind.

Deshalb: ***Keine*** Toleranz für Haß, keine Duldung von Gewalt, kein Pardon für Rassismus und Antisemitismus!

Ich freue mich natürlich, wenn dem auch solche Menschen zustimmen, die sich ansonsten nicht an der Bibel orientieren, sondern lediglich hier Übereinstimmungen zwischen Christen und Atheisten in Sachfragen feststellen. Vielleicht darf man das sogar noch immer als eine Nachwirkung dessen betrachten, was die christliche Kirche - trotz all ihrer eigenen Verbrechen - im Laufe von Jahrhunderten an ethischen Normen geschaffen hat.

Aber ich sage es noch einmal: Die Werte der Bibel beruhen nicht auf Vernunft, nicht auf Konvention, sondern sind die Folge dessen, daß Gott die Welt und alle seine Geschöpfe liebt.

Jeder ist eingeladen, auf dieser Grundlage Regeln des menschlichen Miteinanders zu formulieren, so wie das in der UN-Menschenrechtscharta geschehen ist.

Aber für gläubige Menschen kommt noch ein anderes hinzu: Wir wissen, daß wir Gott Antwort zu geben haben mit unserem Leben, daß seine Liebe unsere Liebe wecken will.

Gott erwartet keine überschwenglichen Gefühle, sondern nüchterne Taten, die einem schlichten JA zum Nächsten entsprechen: Gott hat JA gesagt zu mir, Gott hat JA gesagt zu dir - wir sind Geschwister, ob wir uns mögen oder nicht.

Weil wir alle die Kinder unseres Vaters im Himmel sind, kann ein Christenmensch weder die Todesstrafe befürworten, noch den Krieg wollen.

Es ist Gotteslästerung, das Geld mehr zu lieben als seine Mitmenschen und Mitgeschöpfe!

Und schließlich: Wie sollten wir Unterschiede machen zwischen Rassen und Nationen, wenn denn Gott in Christus alle Schranken beseitigt hat, die uns voneinander trennen und von ihm?!

Als seine Blutsverwandten Jesus von der Menge wegholen wollten und ihm sagen ließen: Komm heraus, deine Mutter und Geschwister warten auf dich, da hat er vor den Ohren aller deutlich gesagt, was wichtiger ist als Abstammung und Herkunft: Wer den Willen meines Vaters im Himmel tut, der ist mir Bruder und Schwester und Mutter.

Am Beispiel des Samariters steht uns klar vor Augen, was heute und immer zu tun ist: DEN NÄCHSTEN LIEBEN in der konkreten Tat - seine Wunden verbinden und ihn beschützen, damit sich die Schlägerbanden nicht mehr an ihn wagen.

AMEN.

Konfirmation, 7.5.2006, Ev. Kirche Schönow-Buschgraben, Berlin-Zehlendorf

Freut euch in dem Herrn, und abermals sage ich: Freut euch!

Liebe Fest-Gemeinde,

diesem Aufruf des Apostels Paulus kommen wir an diesem Feier-Tag gern nach wie auch der Aufforderung des Psalmisten: *Jubilate* - Freut euch!

Genau das haben wir heute vor und sind schon mittendrin: Wir feiern Eure Konfirmation. Wir singen und hören festliche Musik, wir beten und hören Gottes Wort, wir erleben Gemeinschaft mit vielen Menschen, die wir zum Teil längere Zeit nicht mehr gesehen haben.

Zu jedem Fest gehört, daß wir gemeinsam essen und trinken, und zu einer ausgelassenen Feier gehören fröhliche Musik und Tanz, liebe Gäste und gute Laune. Für all das ist heute wohlgesorgt - die Freude der Eltern und Paten darüber, daß ihre Sprößlinge nun sichtbar herangewachsen sind, beflügelt die Phantasie, wenn es gilt, ein Geschenk auszusuchen und Glückwünsche zu formulieren. Unübersehbar habt Ihr Euch fein gemacht - und ich hoffe und wünsche Euch, daß all die liebevollen Vorbereitungen, die für dieses Fest getroffen wurden, darin münden, daß alle einen unvergeßlich schönen Tag erleben!

Freut euch - jubelt - feiert - tanzt! Das muß einem nicht extra gesagt werden, wenn man einen langersehnten Freudentag schließlich erlebt.

Und doch darf - vielleicht sogar *muß* - gefragt werden: Was wird hier eigentlich gefeiert?

Die Konfirmation ist ja schon seit Jahrzehnten nicht mehr das Schulentlassungsfest früherer Zeiten. Gott sei Dank werdet Ihr noch mindestens bis zum Ende der 10. Klasse zur Schule gehen; und das Vorrecht, lange Hosen zu tragen, genießen die Jungen mittlerweile schon im Kleinkindalter.

Was feiern wir? Vielleicht gibt es nicht *die eine* Antwort auf diese Frage, sondern mehrere verschiedene - je nachdem, wen man befragt.

Was feiern die Eltern und Paten? Womöglich feiern sie einen kleinen Abschied - den Abschied von der Kinderzeit ihrer Söhne und Töchter, die nun ein solches Maß an Selbständigkeit entwickelt haben, daß man als Vater oder Mutter mit einem weinenden Auge bedauert, was man mit einem lachenden Auge begrüßt: Die Kleinen sind groß geworden, brauchen die Erwachsenen nicht mehr wie vor Jahren, haben dafür inzwischen aber auch schon ihre eigenen Ideen im Kopf, ihre eigenen Gefühle im Bauch und den dringenden Wunsch nach Freiheit, um weiter Erfahrungen machen und wachsen zu können in ihrer Persönlichkeit.

Was feiert Ihr, liebe Konfirmandinnen und Konfirmanden? Wahrscheinlich genießt Ihr die Aufmerksamkeit, die Euch heute zuteil wird, und die Geschenke, die Ihr erhaltet, und ich vermute, Ihr hofft auf ein Mehr an Möglichkeiten, die Regie über Euer Leben selbst zu führen. Vielleicht gibt es heute "zur Feier des Tages" Ausnahmegenehmigungen, etwa zum Alkoholkonsum. Vielleicht aber beginnt mit diesem Tag tatsächlich ein neuer Lebensabschnitt, der mit jeder hinzugewonnenen Freiheit zugleich auch ein höheres Maß an Verantwortung mit sich bringt - also etwa, daß Ihr erkennen lernt, wo beim Alkoholkonsum die Grenze erreicht ist, wo der Spaß aufhört und die Probleme beginnen...

Und, liebe Gemeinde, was feiern wir? Gewiß, es ist immer eine Freude und ein Grund zum Feiern, wenn ein Projekt abgeschlossen, wenn ein Prozeß zu einem guten Ende gekommen ist. Der kirchliche Unterricht hört auf; was jetzt folgt, hat rein freiwilligen Charakter, ist ein Angebot, das wir Euch machen in der Hoffnung, auch weiterhin Gesprächspartner und Begleiter von Euch Jugendlichen sein zu können.

Aber: War da nicht *noch* etwas?

Ach ja, KONFIRMATION bedeutet ja dem Wortsinne nach "Befestigung", nämlich im Glauben, basierend auf dem Grund, der in Eurer Taufe gelegt wurde, zu der Ihr heute aus eigenem Entschluß "ja" sagen wollt.

Es wäre schön, wenn neben den zuvor genannten, legitimen Gründen zum Feiern auch deswegen heute Anlaß zum Jubeln bestünde, weil all das Lesen und Diskutieren und Singen und Basteln und Spielen und ich weiß nicht, was noch alles, tatsächlich dazu geführt hätte, daß Ihr Gottes Spuren in Eurem Leben entdeckt und beschlossen habt, diesen Weg weiter zu beschreiten!

Sonst ginge es uns wie den Alten Israeliten bei einer Feier, die zwar sehr ausgelassen war, aber beileibe nichts mehr mit ihrem und unserem Gott zu tun hatte, so daß Mose wutentbrannt dem wilden Treiben ein Ende bereitete. Ich lese in gekürzter Fassung die Geschichte vom Tanz um das Goldene Kalb:

Das Volk Israel hatte lange auf die Rückkehr von Mose gewartet. Als er immer noch nicht kam, liefen alle Männer bei Aaron zusammen und forderten: »Mach uns einen Gott, der uns schützt und führt!

Aaron sagte zu ihnen: »Nehmt euren Frauen, Söhnen und Töchtern die goldenen Ringe ab und bringt sie her!« Alle nahmen ihre goldenen Ohrringe ab und brachten sie zu Aaron. Er schmolz sie ein und machte daraus das Standbild eines Jungstiers.

Da riefen alle: »Hier ist dein Gott, Israel, der dich aus Ägypten hierher geführt hat!«

Aaron errichtete vor dem goldenen Stierbild einen Altar und ließ im Lager bekannt machen: »Morgen feiern wir ein Fest für den HERRN!«

Früh am nächsten Morgen brachten die Leute Tiere, die als Brandopfer dargebracht oder für das Opfermahl geschlachtet wurden. Sie setzten sich zum Essen und Trinken nieder und danach begannen sie einen wilden Tanz.

Mose stieg den Berg hinunter. In der Hand hatte er die zwei Steintafeln, die auf beiden Seiten beschrieben waren. Gott selbst hatte die Tafeln gemacht und mit eigener Hand das Bundesgesetz darauf geschrieben.

Als sein Begleiter Josua das Lärmen und Schreien im Lager hörte, sagte er zu Mose: »Es ist Krieg ausgebrochen!« »Nein«, widersprach Mose, »das hört sich nicht an wie Siegesjubel und auch nicht wie das Klagegeschrei nach einer Niederlage. Ich höre Festgesang!«

Als Mose näher kam, sah er das Stierbild und das wild tanzende Volk. Da packte ihn der Zorn und er zerschmetterte die Tafeln auf dem Felsboden am Fuß des Berges. Das Götterbild, das sie gemacht hatten, schmolz er ein.

“Du lieber Gott”, wird manch einer vielleicht denken, “eine Konfirmationsfeier ist doch keine Orgie!”

Ich habe zwar durchaus schon mache Prahlerei von Konfirmierten gehört, die *eben diesen* Eindruck erwecken wollte. Aber das ist gar nicht der Punkt, den ich kritisch unter die Lupe nehmen möchte - puritanische Freudlosigkeit zu predigen, liegt mir fern.

Mag ja sein, daß die Israeliten ein bißchen zuviel getrunken hatten damals. Mag sein auch, daß in der Ekstase die Regeln des Anstandes verletzt worden sind. Wer darüber spekulieren möchte, mag das tun; Faktenwissen darüber besitzen wir nicht.

Worüber Mose sich aufregte, waren nicht “Wein, Weib und Gesang”. Was ihn empörte, war, daß diejenigen, die - aus ihrer eigenen Sicht womöglich durchaus ehrlichen Herzens - Gottesdienst feierten, Gott vergessen hatten.

Wie konnte das passieren?

Ich erkläre es mir so: Sie hatten zwar Gott kennengelernt - er hat sie immerhin aus der Sklaverei befreit und in das Land der Freiheit geführt -, aber anscheinend hatten sie trotzdem nicht begriffen, um wen es sich bei ihrem Befreier handelt. Vielleicht hatten sie bei allem, was zuvor geschehen war, nicht richtig hingesehen, bei Moses Worten nur mit halbem Ohr hingehört, irgendwie hingenommen, was sich ereignete, ohne groß Fragen zu stellen und selber nachzudenken...

Angekommen an einem entscheidenden Etappenziel - nicht mehr in Ägypten, aber längst noch nicht in jenem Land, wo Milch und Honig fließen würden -, meinten sie, ohne jeden Blick zurück den Weg in eine unbekannte Zukunft antreten zu können.

Weil ihnen das aber doch nicht ganz geheuer war, fragten sie nach Gott. Aber sie wollten etwas Anschauliches, einen Gott zum Anfassen, etwas, woran man sich festhalten kann in der Not.

Verständlich irgendwie. Geht es uns nicht ganz genauso, gerade in einer so unübersichtlichen Zeit, wo niemand sich sicher wähnen darf vor drohender Arbeitslosigkeit, wo jedermann fürchten muß, daß er nicht fit genug sein könnte für die Anforderungen, mit denen man noch konfrontiert wird, daß man nicht mithält und auf der Strecke bleibt - ein Loser, der von den anderen mitleidig belächelt wird?

Genau das ist es doch, was wir wünschen, daß Euch erspart bleiben möge, liebe Konfirmandinnen und Konfirmanden, von anderen denkbaren Katastrophen mal ganz abgesehen!

Nur eben, das erzählt unsere biblische Geschichte recht drastisch: Der Tanz ums Goldene Kalb bringt uns nicht weiter.

Und sage bitte niemand: “Was will der Pfarrer denn, die waren doch immerhin religiös!”

Die Taumelnden vom Sinai gerieten in Verzückung vor dem Machwerk *ihrer Hände*. Sie fielen auf die Knie vor einer Projektion!

Wenn Ihr etwas gelernt habt im vergangenen Jahr, dann wünsche ich mir, daß es das sei, was Dietrich Bonhoeffer *so* formuliert hat: “Einen Gott, den es gibt, gibt es nicht.”

Wohl aber gibt es einen Gott, der da ist bis an das Ende dieser Welt, der mitgeht und sich mitteilt in seinem Wort, das unterscheiden lehrt zwischen lebens*förderlich* und lebens*bedrohlich*, und in seinem fleischgewordenen Wort, Jesus Christus, unserem Bruder, dessen Leben am Kreuz endete wie das eines Losers - und das eben doch nicht zu Ende ging, sondern zu Gott, der *eben diesen Lebensweg und diese Lebensorientierung bestätigt hat*, indem er ihn nicht im Tod beließ, sondern ihn auferweckte von den Toten.

Und jetzt macht deswegen keine Trauermienen, nur weil ich doch ein wenig theoretisch geworden bin!

Aufgrund eben dieses Geschehens ruft uns der Apostel Paulus uns ja sein "freuet euch!" zu, genau deswegen haben wir allen Grund zum Jubeln - nicht nur an diesem besonderen Tag, wenn auch heute mehr als sonst:

Laßt uns feiern und uns freuen, weil unser Gott uns frei macht, weil unser Bruder Jesus den Tod auf sich genommen hat, damit wir leben, weil Gottes Geist uns lebendig macht, Gemeinschaft schenkt, tröstet, wachrüttelt, mit Freude erfüllt!

AMEN.

KREISSYNODE TEMPELHOF, 17.3.2012, GEMEINDEZENTRUM GÖTZSTRAßE

DIE LIEBE GOTTES, DIE GNADE UNSERES HERRN JESUS CHRISTUS UND DIE GEMEINSCHAFT DES HEILIGEN GEISTES SEI MIT UNS ALLEN! AMEN.

Liebe Schwestern und Brüder im Kirchenkreis Tempelhof,

"denen Seinen gibt's der Herr im Schlaf" - Träume, Visionen: Worte, die Zukunft öffnen.

Manchmal ist es aber auch der gezielte Blick zurück, der uns Perspektiven erkennen läßt; wenn uns bewußt wird, daß bestimmte Probleme schon früher existierten und gewisse Fragen bereits diskutiert worden sind.

Den Bibelkundigen unter uns sagt der Name Jethro etwas. Den weniger Bewanderten sei aufgeholfen: Dieser Mann war der Schwiegervater des Mose, ein Priester im Wüstenvolk Midian. Seine Worte sind uns in der Bibel *nicht* überliefert, aber wer im zweiten Buch Mose das 18. Kapitel aufschlägt, erfährt einiges über seine langjährige Erfahrung als Religionsführer.

Mose war klug genug, Jethros Rat anzunehmen, als es darum ging, neue Leitungsstrukturen zu etablieren, um die Handlungsfähigkeit während der Wüstenwanderung Israels aufrechtzuerhalten.

Lassen Sie mich Ihnen erzählen, wie sich das damals abgespielt haben mag, als sich die Frage nach dem Ehrenamt in einer - zugegeben: - außergewöhnlichen Situation stellte:

Das war ein Wiedersehen! Aus dem Flüchtling von einst, dem ich meine Tochter Zippora zur Frau gegeben habe, ist ein mächtiger Anführer eines riesigen Volkes geworden. Mann, was war der damals zerlumpt, dieser Mose! Hatte einen der ägyptischen Aufseher erschlagen im Zorn, weil der seine Landsleute schikaniert hatte. Aber der Totschlag war beobachtet worden; also mußte er das Land verlassen - und wenn er zehnmal das Findelkind der Prinzessin war!

Na ja, das ist jetzt schon einige Jahre her. Zwei Kinder hat er meiner Tochter hinterlassen, dann war er eines Tages wieder fort, fast so schnell wie er gekommen war.

Ehrlich gesagt: Ich habe kaum damit gerechnet, ihn jemals wiederzusehen. Gibt ja 'ne ganze Menge Leute, die man erst für anständig hält, und die sich dann doch aus dem Staub machen, wenn es um die Verantwortung für eine Familie geht.

Jedenfalls: Alimente hat er keine geschickt, als er wieder in Ägypten war.

Und dann hörte ich, was ich erst für ein Märchen hielt: Die Hebräer auf der Flucht aus Ägypten - nicht einer, nicht eine Handvoll, sondern das ganze Volk mit Mann und Maus; und die Ägypter, die in blinder Wut hinter den Entronnenen herjagten, versanken mit Roß und Reiter in den Fluten des Schilfmeeres.

Dieser Troß zog nun schon geraume Zeit durch die Sinaihalbinsel. Mal plagte sie Durst, dann litten sie Hunger. Aber irgendwie hielt ihr Gott, der sie zu ihrem Wagnis angestiftet hatte, doch zu ihnen.

Aber jetzt saßen sie fest, schien mir, als ich hörte, daß Mose und seine Leute nicht mehr weiterzogen, sondern auf freiem Feld campierten.

"Die Chance nutze ich", dachte ich mir, und machte mich mit Tochter und Enkelsöhnen auf den Weg.

Klar, Zippora hat sich gefreut und war unheimlich stolz auf ihren Mose, der ein so vielgeachteter Mann geworden war. Die Kinder kannten ihn natürlich nicht mehr.

Aber auch ich hatte Mühe, in ihm den wiederzuerkennen, den ich einst kennengelernt und zum Hüter meiner Schafe und meiner Tochter gemacht hatte.

Er hat, wenn man so sagen will, jetzt im Grunde denselben Beruf wie ich: Priester. Aber in aller Bescheidenheit: Es hat erst *meines* Ratschlags bedurft, bis er zwischen Wichtigem und Unwichtigem zu unterscheiden in der Lage war, so daß er sich jetzt erst - endlich - mit voller Kraft seiner Leitungsverantwortung widmen kann.

Wir kamen also an, irgendwo zwischen Refidim und dem Berg Sinai, wo das Volk der Hebräer lagerte. Auf meine Frage, ob mir jemand sagen könne, wo ich Mose finden kann, reagierten die meisten Leute ärgerlich-zurückweisend. Es dauerte eine Weile, bis ich begriffen hatte, daß ihr Argwohn mir gegenüber nicht etwa daher rührte, daß ich ein Ausländer bin. Sie fürchteten vielmehr, ich wolle mich *vordrängeln*, um schneller als die anderen meinen Rechtsstreit dem Richter des Volkes, Mose, vorlegen zu können.

Hier half nur der Hinweis auf unsere verwandtschaftlichen Bande.

Die Nachricht von der Anreise seiner Familie veranlaßte ihn sogar, unter dem Murren des Volkes seine Amtsgeschäfte zu unterbrechen, um uns herzlich in Empfang zu nehmen.

Aber wie elend sah er aus! Besser gekleidet vielleicht als das übrige Volk, aber mit dicken Rändern unter den Augen und reichlich abgemagert.

"Keine Zeit zum Essen, keine Zeit zum Schlafen", rief er lächelnd, als er meinen sorgenvollen Blick bemerkt hatte. Doch dann - das war schon eine kleine Sensation - gab es einen richtigen Ruhetag, und beim gebratenen Ochsen tauschten wir alle Nachrichten aus, die sich in der Zwischenzeit ergeben hatten.

So erfuhr ich von den zähen Verhandlungen mit Pharao, von dessen ewigem Hin und Her, das der Gott Israels mit harten Strafen beantwortete. Aber erst das äußerste Mittel, die Tötung aller männlichen Erstgeborenen, führte schließlich dazu, daß Pharao die Hebräer ziehen ließ, und zwar mit Kind und Kegel.

Doch weitaus beeindruckender war das, was Mose mir über sein spezielles Verhältnis zu Gott offenbarte; na ja, immerhin sind wir sozusagen Kollegen...

Aus einem brennenden Dornbusch, der jedoch nicht *ver*brannte, will Mose eine Stimme gehört haben, die ihm den Auftrag zu all dem gab, was er dann Zug um Zug verwirklicht hat.

Der Gott der Hebräer, der noch immer nur "der Gott Abrahams, Isaaks und Jakobs" gennant wird, obwohl er doch, nach allem, was ich weiß, ebenso der Gott Josefs war und jetzt ganz gewiß der Gott Moses, Aarons und Mirjams ist, hat sich ihm vorgestellt mit der merkwürdigen Selbstbezeichnung: "Ich bin, der ich bin".

Wunder über Wunder wurden mir berichtet, angefangen von vielfältigen Plagen, die die Ägypter hart trafen und schließlich dazu veranlaßten, Gottes Volk endlich in die Freiheit ziehen zu lassen. Es soll aber auch keine Frage von Ebbe und Flut gewesen sein, weshalb die Hebräer trockenen Fußes das Schilfmeer durchschritten, während die Streitwagen Ägyptens und das ganze Heer ertrunken ist. Später wurde bitteres Wasser genießbar, und vom Himmel ließ Gott Manna regnen - alles, um sein Wort zu halten, dieses Volk aus der Sklaverei in die Freiheit zu führen.

Aber wo ist jetzt all der Elan geblieben? Von Aufbruchsstimmung war kaum noch etwas zu spüren, selbst bei Mose, dem Anführer der Bewegung, nicht.

Er hatte sich verzettelt, saß tagein, tagaus zu Gericht. Entweder trauten nur ihm die Hebräer zu, in Gottes Namen Recht zu sprechen, oder aber - und das vermute ich als eigentliche Ursache - Mose hat sich da in eine Idee verrannt, als könne oder dürfe nur er schlichten und richten zwischen seinen Landsleuten.

"Warum tust du das?", fragte ich meinen Schwiegersohn, und er antwortete schlicht und ergreifend: "Die Leute erwarten das von mir. Was soll ich machen? Sie wollen eine Entscheidung von mir. Wenn zwei von ihnen Streit haben - und bei der Menge kommt das ständig vor -, dann kommen sie zu mir. Ich entscheide ihren Fall und sage ihnen die Gesetze und Weisungen Gottes."

"Du mußt das anders anfassen", riet ich ihm, "es ist einfach zu viel für dich; du kannst das nicht allein tun. Du reibst dich sonst noch auf, und auch für die Leute ist es viel zu anstrengend."

Wäre ich ihm mit seiner Verantwortung als Familienvater gekommen, wer weiß, ob er mir überhaupt weiter zugehört hätte. Aber bei seiner Leitungsverantwortung ließ er sich behaften; also fuhr ich fort: "Paß auf, was ich dir rate - Gott möge seinen Segen dazu geben:

Deine Aufgabe soll es sein, in schwierigen Rechtsfällen die Entscheidung Gottes einzuholen. Du sollst deinen Leuten auch die Gebote und Anordnungen Gottes erklären und ihnen sagen, welche Regeln für das Zusammenleben des Volkes gelten sollen.

Für die leichteren Streitfälle solltest du angesehene Männer auswählen, die zuverlässig und unbestechlich sind. Setze sie ein als Verantwortliche für jeweils tausend, hundert, fünfzig und zehn. Sie sollen dem Volk jederzeit als Schiedsleute zur Verfügung stehen und die gewöhnlichen Rechtsfälle entscheiden; nur mit den schwierigen Fällen kommen sie dann zu dir. Mach dir die Last leichter, laß sie daran mittragen!

Wenn Gott damit einverstanden ist und du so verfährst, wirst du unter der Last deines Amtes nicht zusammenbrechen, und die Leute werden immer zufrieden nach Hause gehen."

Liebe Geschwister, dem Zeugnis der Bibel zufolge wurde der Ratschlag des Jethro in die Tat umgesetzt.

Einer allein kann unmöglich alles entscheiden, worum es im Volk Gottes geht - eine Erkenntnis, die, so Gott will, vielleicht eines Tages sogar bis nach Rom dringt.

Wo es nicht um die Teilhabe an der Macht, sondern um praktische Verrichtungen geht, sind die Kirchen, auch unsere, etwas entschlossener. Auch wenn von frühester Zeit an Menschen mit der Wahrnehmung bestimmter Aufgaben betraut wurden - man denke an die Einrichtung des Diakonenamtes in der Apostelgeschichte -, so wurde doch, wir haben das bei Paulus gehört, mit der Geistbegabung aller gerechnet, die sich an der Auferbauung des Leibes Christi - mit unseren Worten: - *die sich aktiv an der Gestaltung des Gemeindelebens* beteiligt haben.

Die Kirche ist heute ebenso wie die Sportvereine ohne das Engagement unbezahlter Mitarbeitender überhaupt nicht vorstellbar. Umgekehrt bieten diese Organisationen denjenigen, die sich dort einbringen möchten, um einen Beitrag zum Gelingen des "Vereinszwecks" zu leisten, die Möglichkeit, ihren Neigungen Raum zu geben, Anerkennung zu finden und eine Vielzahl sozialer Kontakte. - So profitieren also beide Seiten davon, daß die vielfältigen Aufgaben auf viele Schultern verteilt werden.

Was veranlaßt uns dann überhaupt, uns dieses Themas auf einer Synodaltagung anzunehmen?

Wenn wir allein auf die schon erwähnten Bibelstellen schauen, scheint alles reibungslos funktioniert zu haben. Weiten wir unseren Blick, dann entdecken wir, daß es vermutlich schon immer Probleme gab, das Zusammenwirken so zu regeln, daß es segensreich ineinander greifen konnte.

Nicht umsonst gibt es sogenannte "Tugendkataloge" - heute würden wir vielleicht eher von "Anforderungsprofilen" sprechen: Nicht jede und jeder kann alles gleich gut, und nicht jeder und jede hat bei der eigenen Aktivität tatsächlich das Ganze im Blick.

Persönliche Eignung und Sachkompetenz liegen zuweilen auseinander, hinzu kommen die uns allen sattsam bekannten Kommunikationsprobleme, wo viele Menschen am Werk sind.

Fortbildungsangebote und gemeinsam formulierte Leitlinien mögen weiterhelfen, aber sie müssen immer wieder neu durchdacht und verabredet werden.

Führungsqualität, die nicht in Herrschsucht mündet, ist ebenso gefragt wie selbstbewußte Einsatzbereitschaft, die honoriert wird.

Liebe Schwestern und Brüder, mit der Auswahl des Bibelabschnittes war es mir darum zu tun, diejenigen Ehrenamtlichen zu würdigen, die sich als Synodale und Kirchenälteste, als Mitglieder in Beiräten und themenbezogenen Ausschüssen jenseits der öffentlichen Wahrnehmung an der Leitung und Entwicklung unserer Kirche beteiligen.

Das heißt aber nicht, daß ich die vielfältigen anderen Formen freiwilligen Engagements geringer achte - vom Konferteamer bis zur Chorsängerin.

Sie alle können das für ihren jeweiligen Bereich übersetzen, wenn ich sage: Unsere Paulusgemeinde wäre nicht dieselbe ohne die kontinuierliche Mitarbeit der Frauen, die den Mittagstisch wöchentlich anbieten, ohne die große Schar derer, die an "Laib und Seele" beteiligt sind; viele weitere Beispiele müssen hier unerwähnt bleiben.

Und auch diese Synode kommt nicht ohne die Hilfe derjenigen aus, die sich um das Buffet kümmern, ebenso wie wir für morgen auf praktische Hilfe im Zusammenhang mit dem Gottesdienst zu meiner Einführung rechnen dürfen. Ereignisse wie der Parkgottesdienst oder der Kirchentag kämen überhaupt nicht zustande ohne eine Vielzahl ehrenamtlich Engagierter.

Ehren-Amt: In Anbetracht einer Diskussion um die würdevolle Amtsführung hoher Staatsrepräsentanten und der Frage einer Apanage, die dem Titel nach eine Ehrung darstellt, scheint der Zeitpunkt für ein Gespräch über dieses Thema nicht ideal. Und wenn sich bezahlte Mitarbeiter wie ich allzu lautstark zu Wort melden, kann dies ebenfalls kontraproduktiv sein.

Doch soviel darf und muß gesagt werden: Es gereicht der Kirche zur Ehre, wenn sie anerkennend die Gaben derer annimmt, die Aufgaben zu übernehmen bereit sind, und zwar - so ist zu hoffen -, indem beide Seiten darauf aus sind, daß das getan wird, was dem Gemeinwohl der Kirche dient.

Das sollte denn auch unsere Debatte über Gegenwart und Zukunft des Ehrenamtes in den Gemeinden und Einrichtungen des Kirchenkreises Tempelhof bestimmen! AMEN.

PREDIGTREIHE "75 JAHRE BARMER THEOLOGISCHE ERKLÄRUNG", 26.4.2009, EV. KIRCHE SCHÖNOW-BUSCHGRABEN, BERLIN-ZEHLENDORF

DIE LIEBE GOTTES, DIE GNADE UNSERES HERRN JESUS CHRISTUS UND DIE GEMEINSCHAFT DES HEILIGEN GEISTES SEI MIT UNS ALLEN! AMEN.

Liebe Geschwister,

vergangene Woche, so hörte ich, wurde viel über die historischen Hintergründe von Barmen berichtet. Das ist, denke ich, notwendig - insbesondere zu Beginn einer Predigtreihe -, aber ich bin doch froh, daß wir dies nicht Sonntag für Sonntag neu entfalten müssen und setzte die *Vor*geschichte jener denkwürdigen Zusammenkunft als mehr oder weniger bekannt voraus.

Zur *Wirkungs*geschichte jedoch sei mir noch eine Bemerkung erlaubt - wobei die Wirkungsgeschichte ja keineswegs abgeschlossen ist; unsere aktuelle Beschäftigung mit Barmen schreibt diese mit fort!

Die lutherischen Landeskirchen haben sich in den Jahren nach dem Krieg schwer getan mit BARMEN. Wohl haben sie die Abgrenzungen gegenüber dem Mißbrauch durch Staat und Deutsche Christen unterstrichen, damit zugleich jedoch indirekt die positiven Aussagen, die, wie es im Text selbst heißt, - "evangelischen Wahrheiten" angesichts der die Kirche verwüstenden Irrtümer - nicht übernehmen mögen.

Das mag überraschen oder gar befremden. Schließlich können wir Nachgeborenen - nein: können *auch und gerade diejenigen*, die diese Zeit bewußt miterlebt haben - froh und dankbar sein, daß es inmitten von so viel Mißbrauch ***auch*** eine wahrhaftige kirchliche Stimme gab, an die man doch hätte anknüpfen können! Wenn man denn gewollt hätte...

Daß etliche kirchenleitende Personen dies nicht wollten, lag daran, daß manch einer hoffte und dachte, an die Zustände *vor* der Machtübernahme der Nationalsozialisten anknüpfen zu können und zu sollen, das heißt von einem einflußreichen evangelischen Kirchentum träumte, das nach der moralischen Katastrophe eines ganzen Volkes - so meinte man zumindest - doch hochwillkommen sein mußte, um wieder deutlich werden zu lassen, was recht und was unrecht ist. Ganz nebenbei ging es diesen Menschen darum, wieder Macht und Einfluß zu gewinnen - nicht nur innerkirchlich - und sich mit aller Kraft und neuen Verbündeten einem alten Kampf hinzugeben: gegen den gottlosen Kommunismus.

> Bei diesem Stichwort muß ich einen Einschub machen und auf die Volksabstimmung zu sprechen kommen - selbst um den Preis, daß deswegen jemand aus der Kirche austreten könnte: So wenig ich den kirchlichen Antikommunismus der 50er Jahre gutheiße, so wenig Verständnis habe ich heute für die kirchenfeindliche Politik des Berliner Senats. Ärgerlich finde ich die Augenwischerei, mit der Wahlfreiheit als "Wahlzwang" verunglimpft und einem Pflichtfach Religion zum Vorwurf gemacht wird, die notwendige Auseinandersetzung mit problematischen Seiten des Islam zu erschweren. Es geht beim Volkentscheid um die Freiheit der Wahl zwischen zwei Pflichtfächern, um ein Recht auf religiöse Bildung für alle - und nicht um Privilegien. Bildung ist

keine reine Privatangelegenheit - und das Christentum hat einen Öffentlichkeitsauftrag. Das gilt es heute zu verteidigen mit einem Ja!

Wenn ich Ihnen jetzt gleich These II Vorlese - wobei Sie ja den Text selbst in Händen halten -, dann darf ich noch vorausschicken, daß *insbesondere an dieser Stelle* Unmut bei einer Reihe lutherischer Theologen entstand: die Barmer Theologische Erklärung sei zu sehr der reformierten Tradition verpflichtet, die Eintragung lutherischer Kernaussagen wie etwa die von den zwei Regimentern Gottes sei schwierig. Schauen wir selbst:

DURCH GOTT SEID IHR IN CHRISTUS JESUS, DER UNS VON GOTT GEMACHT IST ZUR WEISHEIT UND ZUR GERECHTIGKEIT UND ZUR HEILIGUNG UND ZUR ERLÖSUNG. (1.Kor 1,30)

Wie Jesus Christus Gottes Zuspruch der Vergebung aller unserer Sünden ist, so und mit gleichem Ernst ist er auch Gottes kräftiger Anspruch auf unser ganzes Leben; durch ihn widerfährt uns frohe Befreiung aus den gottlosen Bindungen dieser Welt zu freiem, dankbarem Dienst an seinen Geschöpfen.

Wir verwerfen die falsche Lehre, als gebe es Bereiche unseres Lebens, in denen wir nicht Jesus Christus, sondern anderen Herren zu eigen wären, Bereiche, in denen wir nicht der Rechtfertigung und Heiligung durch ihn bedürften.

Liebe Schwestern und Brüder, mir liegt am Herzen festzuhalten - mit Dankbarkeit festzuhalten -, daß nach Jahrhunderten, in denen die Anhänger Luthers und die der nach Gottes Wort reformierten Kirche sich gegenseitig in die Hölle gewünscht hatten, angesichts jener Hölle, die Hitler dabei war, auf Erden zu errichten, sich endlich verantwortungsbewußte und -bereite Christenmenschen beider evangelischer Konfessionen zusammensetzten, um die gemeinsamen Grundüberzeugungen zum Ausdruck zu bringen.

Egal, welche Worte man gebraucht, aber gemeinevangelische Überzeugung ist es, daß wir Menschen aus unserem Elend, nämlich der Gottesferne, die wir "Sünde" nennen", ohne alles eigenes Verdienst erlöst wurden, *allein* aus Gottes Gnade.

Was man bei Martin Luther in der Auslegung des Römerbriefes formuliert findet, das klingt im Heidelberger Katechismus der Reformierten Tradition sehr verwandt; ich lese Frage und Antwort Nr. 21 - *Was ist wahrer Glaube?* WAHRER GLAUBE IST NICHT ALLEIN EINE ZUVERLÄSSIGE ERKENNTNIS, DURCH WELCHE ICH ALLES FÜR WAHR HALTE, WAS UNS GOTT IN SEINEM WORT GEOFFENBART HAT, SONDERN AUCH EIN HERZLICHES VERTRAUEN, WELCHES DER HEILIGE GEIST DURCHS EVANGELIUM IN MIR WIRKT, DAß NICHT ALLEIN ANDEREN, SONDERN AUCH MIR VERGEBUNG DER SÜNDEN, EWIGE GERECHTIGKEIT UND SELIGKEIT VON GOTT GESCHENKT IST, AUS LAUTER GNADE, ALLEIN UM DES VERDIENSTES CHRISTI WILLEN.

Soweit also der Zuspruch der Vergebung: Eine gemeinsame evangelische Grundposition, die nur deshalb manch einem traditionsbewußten Lutheraner Bauchschmerzen bereitet, weil nach deren Verständnis mit dem Konkordienbuch von 1580, das die innerlutherischen Streitigkeiten der zweiten Reformations-Generation zum Schweigen brachte, die **Bekenntnisbildung** ein für allemal abgeschlossen ist.

Man mag ja ansonsten der Theologie Luthers und seiner Schüler mit Freude anhangen, aber ob man das heute noch so streng nehmen muß, mögen diejenigen entscheiden, die es betrifft; für mich ist deren Bekenntnisfreude einer jener Punkte, die mich für die Reformierte Tradition gewonnen haben.

Wie sieht es nun mit den inhaltlichen Unterschieden, womöglich Gegensätzen, aus?

Die Zwei-Reiche-Lehre Luthers unterscheidet ja zweierlei Verantwortungsbereiche des Christenmenschen im Hinblick auf Gott: Zur Rechten gilt das Wort Gottes ohne Abstriche und regiert das fromme Herz, lenkt es zu Glaube, Liebe und Hoffnung. Zur Linken ist ein *indirekter* Gehorsam gefordert, denn Gott hat allen Völkern Regierungen verordnet, die dazu da sind, die Bösewichter im Zaum zu halten. Dazu ist unter Umständen auch die Androhung und Ausübung von Gewalt erforderlich - andererseits gilt Gottes Loyalitätsforderung gegenüber der von ihm eingesetzten Obrigkeit ausdrücklich selbst dann, wenn diese nicht christlich ist. Luther dachte seinerzeit an die Muslime; ob er dabei auch an Spanien dachte, wo es zumindest phasenweise zwischen den Angehörigen unterschiedlicher Religionen harmonischer zuging als nach der christlichen Rückeroberung, entzieht sich meiner Kenntnis. Andererseits haben lutherische Theologen im sich selbst atheistisch verstehenden Staat DDR hierin eine Handhabe gefunden, ein konstruktives Verhältnis zum Staat zu definieren.

In der zweiten These, am deutlichsten zu erkennen in der Verwerfung, hat sich allem Anschein nach die reformierte Theologie mit ihrer Rede von der “Königsherrschaft Jesu Christi” durchgesetzt. Kurz gefaßt, kann man sagen, daß die Reformierten fordern, daß ein Christenmensch sich in allen Lebensvollzügen zu fragen hat, ob sein Tun mit Gottes Gebot und Willen in Einklang steht oder nicht. Das hat natürlich Rückwirkungen auf den Bereich einer öffentlichen Ethik - ob sie nun den Staat betrifft, das kulturelle Leben, die Wirtschaft, die Wissenschaften und so fort.

Nicht erst der totale Staat der Nazis ruft dann **christlichen Widerspruch** hervor, sondern auch eine alles determinierende Medienwelt, eine Ökonomie, bei der kaum Nischen bleiben für eine nicht an Profit - und damit Ausbeutung - orientierte Wirtschaftsweise oder eine Wissenschaftshörigkeit, die das Wohl und Wehe der Menschheit in die Hände von Forschern legt, die keinem Gott, sondern allein ihrer Eitelkeit und einem größenwahnsinnigen Machbarkeitskult verpflichtet sind. Selbst Politikerinnen einer sich selbst christlich nennenden Partei findet man unter den Unterstützern einer solchen Denkart - nun, unsere Wissenschaftsministerin ist ja auch Barmen in keiner Weise verpflichtet, da katholisch.

Wenn Bereiche unseres Lebens - insbesondere des öffentlichen Lebens - in der christlichen Ethik ausgeklammert werden, weil sie einer vorgeblichen “Eigengesetzlichkeit” folgen, dann werden - ich unterstelle sogar: in bester Absicht - meinetwegen Technologien erforscht wie etwa die Nutzung der Atomkraft, die dann jedoch nur noch beurteilt werden nach ihrem praktischen Nutzen und allenfalls den Kosten, nicht aber danach, ob damit Schöpfung bewahrt oder zerstört wird oder ob zur Verteidigung von Demokratie und Menschenrechten die Entwicklung, Bereithaltung und also Drohung mit Kernwaffen zu rechtfertigen ist, die ja nur dann beeindruckt, wenn dem Gegenüber deutlich wird, daß auch ein Wille vorhanden ist, derartige Mordmaschinerien im Ernstfall anzuwenden. Was das mit sich bringt, haben jene Wissenschaftler und Militärs, die Deutschland das Ende des Nazikrieges aufzwingen wollten, längst nach dessen Ende in Hiroshima und Nagasaki erfahren...

Nun sagt die zweite Barmer These, daß uns frohe Befreiung aus den gottlosen Bindungen dieser Welt in Christus widerfährt, also aus Habsucht und Eitelkeit und anderen Übeln mehr, die ein Hauen und Stechen nach sich ziehen.

Was schon viele Theologen geäußert haben, will ich an dieser Stelle kurz aufgreifen, nämlich eine Kritik daran, daß die versammelten Synodalen in Barmen kaum einen Blick aufs Judentum werfen - schon gar keinen solidarischen - und so auch dem Alten Testament nicht die gebührende Beachtung schenken - im Sinne Calvins war dies gewiß nicht!

Der hätte - bei aller Konzentration auf Christus und aller Wertschätzung für das Neue Testament - darauf hingewiesen, daß es von der ersten Seite der Bibel an darum geht, daß Gott einen Bund macht mit den Menschen und diese Bindung exklusiv ist, d.h. keinen Raum läßt für irgendwelche anderen Bindungen - etwa jenen dieser Welt, die dann als gottlos zu bezeichnen sind, eben weil sie Gottes einzigartigen Bund mit uns Menschen infragestellen.

Bei jeder Taufe wird die Zusage Gottes ausgesprochen: Du bis mein liebes Kind, an dir habe ich Wohlgefallen. So oder so ähnlich klingt das dann jeweils. Wir lassen uns, wenn man so sagen möchte, von Gott adoptieren, und lassen uns gern gefallen, nun einen Vater im Himmel zu haben, der uns segnen und behüten möge, wenn es nach uns geht.

Es geht aber gar nicht nach uns, es geht nach ihm! Nur: Daß aber unser mächtiger Beistand eine Absicht damit verfolgt, daß er uns zu seinen Kindern macht, daß er uns annimmt trotz aller Unannehmbarkeit, die uns eigentlich anhaftet, das hören wir dann schon nicht mehr mit derselben Verbindlichkeit.

In der zweiten Barmer These ist dieser Anspruch Gottes wieder kenntlich gemacht. Er gilt, so wird eigens hervorgehoben, mit gleichem Ernst wie die Befreiung - denn sachlich läßt sich das eine vom anderen ohnehin nicht trennen, es handelt sich sozusagen um die zwei Seiten einer Medaille: Entweder man ist an die gottlosen Mächte dieser Welt gebunden oder an Gott. Im letzteren Fall gilt die Beauftragung der Befreiten und im Bund mit diesem Befreier Lebenden zu freiem, dankbarem Dienst an seinen Geschöpfen.

Ob ein ordentlicher Lutheraner jedes Mal schlucken muß, wenn er diese Worte hört? Immerhin klingt mir bei diesen Worten Frage und Antwort Nr. 86 des Heidelberger Katechismus im Ohr, die man getrost als "Reformiertes Sondergut" bezeichnen darf:

Da wir nun aus unserm Elend ganz ohne unser Verdienst aus Gnade durch Christus erlöst sind, warum sollen wir gute Werke tun?

WIR SOLLEN GUTE WERKE TUN, WEIL CHRISTUS, NACHDEM ER UNS MIT SEINEM BLUT ERKAUFT HAT, UNS AUCH DURCH SEINEN HEILIGEN GEIST ERNEUERT ZU SEINEM EBENBILD, DAMIT WIR MIT UNSEREM GANZEN LEBEN UNS DANKBAR GEGEN GOTT FÜR SEINE WOHLTAT ERWEISEN UND ER DURCH UNS GEPRIESEN WIRD.

DANACH AUCH, DAß WIR BEI UNS SELBST UNSERS GLAUBENS AUS SEINEN FRÜCHTEN GEWIß WERDEN UND MIT EINEM LEBEN, DAS GOTT GEFÄLLT, UNSERN NÄCHSTEN AUCH FÜR CHRISTUS GEWINNEN.

Das mit den Früchten, obwohl der Bergpredigt entnommen, stellt heute noch für manchen eine Zumutung dar. Gleichwohl darf ich zum Schluß noch einmal mit Freude und Dankbarkeit feststellen, daß die gegenseitigen Verwerfungen der Vergangenheit angehören. An ihre Stelle ist eine gegenseitige fruchtbare Durchdringung getreten.

Wie sonst wäre es denkbar, daß die große Mehrheit der Lutherischen und Unierten mit der kleinen Minderheit der Reformierten gemeinsam in Bremen einen Kirchentag feiern werden, der unter dem Motto steht: "Mensch, wo bist du?" - was ja in diesem Fall weniger Standortbestimmung als vielmehr die Frage nach der Übernahme von Verantwortung ist.

Blättert man das Programmheft durch, stößt man ständig auf jenen Anspruch, vom dem heute zu sprechen war: den Anspruch Gottes auf unser ganzes Leben, auf unseren ungeteilten Gehorsam, auf unsere lautere Liebe, auf unseren dankbaren, freien Dienst an seinen Geschöpfen.

Letzteres hat der Apostel Paulus sehr schön zum Ausdruck gebracht im 1. Timotheusbrief, Kapitel zwei:

Insbesondere bitte ich euch nun, vor Gott einzutreten für alle Menschen in Bitte, Gebet, Fürbitte und Danksagung, für die Könige und alle Amtsträger, damit wir ein ruhiges und gelassenes Leben führen können, fromm und von allen geachtet. Das ist schön und gefällt Gott, unserem Retter, der will, daß alle Menschen gerettet werden und zur Erkenntnis der Wahrheit kommen.

AMEN.

Predigtreihe "75 Jahre Barmer Theologische Erklärung", 10.5.2009, Ev. Kirche Schönow-Buschgraben, Berlin-Zehlendorf

Die Liebe Gottes, die Gnade unseres Herrn Jesus Christus und die Gemeinschaft des Heiligen Geistes sei mit uns allen! AMEN.

Liebe Gemeinde, man hat es die ganze Saison über schon erwartet, und nun - kurz vor dem letzten Spieltag - ist es dann tatsächlich so gekommen: der große Erneuerer mußte gehen: zu heftig war die Unzufriedenheit der Fans mit seiner experimentellen Konzeption.

Um ehrlich zu sein: Weder fiebere ich mit dem deutschen Rekordmeister mit, noch tut mir der lächelnde Millionär leid. Aber als Beispiel taugen die Bayern und Klinsmann wunderbar, denn zwar ist in München keine Revolution ausgebrochen, aber immerhin hat mal jemand ausprobiert, seine ungewöhnlichen Vorstellungen in die Tat umzusetzen, was in einem so traditionsbehafteten Metier wie dem Profifußball in etwa so riskant ist, wie wenn man den Feiertagschristen am Heiligen Abend Neuerungen unterjubeln wollte, die sie kaum zu begeistern vermögen - meinethalben ein Krippenspiel, das den historischen Wahrscheinlichkeiten Rechnung trägt, statt an einer Legende mit Ochs' und Esel zu haften...

Etwas ganz Neues wäre es in unserer an Köpfen und Namen orientierten Medienwelt, wenn einmal nicht der Star im Mittelpunkt stünde, sondern das Team, an dem freilich ständig herum gefeilt werden muß. Vermutlich wäre das in einem Mannschaftssport effektiver, aber es ist nun mal weniger spektakulär. Das Volk will Helden sehen - sei es zum Vergöttern, sei es zum Verteufeln.

Das Volk - unser Volk - hatte sich darauf eingelassen, daß es Helden und allerlei "Führer" gab; das hielten die meisten für besser als einen als "Debattierclub" diskreditierten Reichstag. Demokratie funktioniert nicht, meinten viele. - Nun, man kann zugegebenermaßen ohne Demokraten eine Demokratie schlecht etablieren; das galt damals und das gilt genauso heute. Wenn dann auch noch ein verlorener Krieg horrende Kosten verursacht und man mit Inflation und Weltwirtschaftskrise zu kämpfen hat, dann fehlt bald die Zustimmung des Volkes, von dem alle Macht auszugehen hat in einer Volksherrschaft. So jedenfalls zu Beginn der 30er Jahre.

Die Kirche plagte nach dem Ersten Weltkrieg eine Art Phantomschmerz. So wurde bereits auf dem Evangelischen Kirchentag 1919 der Zusammenbruch des "landesherrlichen Kirchenregiments", also der Allianz von Thron und Altar, mit den Worten beklagt: "In den evangelischen Kirchen unseres Vaterlandes bestanden seit den Tagen der Reformation die engsten Zusammenhänge mit den öffentlichen Gewalten des Staates. Wir können nicht anders als hier feierlich es bezeugen, welcher reiche Segen von den bisherigen engen Zusammenhängen von Staat und Kirche auf beide - auf den Staat und die Kirche - und durch beide auf Volk und Vaterland ausgegangen ist."

Damit war der Boden bereitet nicht nur für extremen Nationalismus, sondern auch für ein Führerprinzip in Staat und Kirche- obwohl damit doch ur-evangelische Grundüberzeugungen infrage gestellt wurden. Und so ließ in Barmen die Reaktion der Bekennenden Kirche *auch in dieser Frage* nicht auf sich warten, man einigte sich auf folgenden Text:

IV Jesus Christus spricht: Ihr wißt, daß die Herrscher ihre Völker niederhalten und die Mächtigen ihnen Gewalt antun. So soll es nicht sein unter euch; sondern wer unter euch groß sein will, der sei euer Diener. (Mt 20,25.26)

Die verschiedenen Ämter in der Kirche begründen keine Herrschaft der einen über die anderen, sondern die Ausübung des der ganzen Gemeinde anvertrauten und befohlenen Dienstes.

Wir verwerfen die falsche Lehre, als könne und dürfe sich die Kirche abseits von diesem Dienst besondere, mit Herrschaftsbefugnissen ausgestattete Führer geben oder geben lassen.

“Reibi”, so sprach man gemeinhin spöttisch über den der Kirche - in Analogie zur staatlichen Ordnung - verordneten Reichsbischof Müller. Nicht nur seine Person und Amtsführung, sondern schon die pure Tatsache, daß die Deutschen Christen in ihrem nationalsozialistischen Taumel anscheinend alles mitzumachen bereit waren (mochte es reformatorischen Einsichten entsprechen oder zuwiderlaufen), rief die kirchliche Opposition auf den Plan, die einmal mehr kundtat, daß die Kriterien kirchlichen Handelns nicht von außen gewonnen werden dürfen - also heutzutage auch nicht von McKinsey und Konsorten -, sondern allein der Heiligen Schrift Alten und Neuen Testaments zu entnehmen sind.

Und da sind deutliche Worte zu finden, die ein hierarchisches System ausschließen - auch wenn manche christlichen Kreise argumentieren, die Herrschaft Christi sei z.B. ein Urbild für die Herrschaft des Mannes oder der weißen Rasse.

Gewiß gibt es diese Bilder - aber ich verstehe sie gerade umgekehrt als eine - wenn auch manchmal dezente und lediglich implizite - Kritik an einem an Machstreben orientierten Denken.

Etwa so: Wenn der Ehemann über seine Frau - das steht ja wirklich so da! - *herrschen* soll wie Christus über die Gemeinde, dann ist zu fragen: Welche Machtmittel gebraucht unser Herr Jesus Christus, um seine Herrschaft auszuüben? - Und da komme ich dann sehr schnell zu dem Ergebnis, daß seine Ohnmacht, sein Leiden und Tod am Kreuz ja die *Umkehrung aller vorherigen Wert- und Ordnungsvorstellungen* mit sich bringt!

Wenn also ein Eheherr die - ihm nach antiker Vorstellung zustehende - Gewalt über sein Eheweib ausübt und sich dabei *an Christus ein Vorbild nimmt*, dann läuft das ***gerade nicht*** auf Bevormundung oder gar Drangsalierung hinaus, sondern auf einen Verzicht, als “natürlich” betrachtete Rechte tatsächlich zur Anwendung zu bringen!

Aber viele Leute können sich einen derart radikalen Machtverzicht nicht vorstellen. Daß jemanden, der gefangen ist in herkömmlichen Denkmustern, das Schicksal des Goliath ereilen kann, während sich David wider alle Wahrscheinlichkeit durchsetzt, das erzählt nicht nur die Bibel in mehr als dieser einen berühmten Geschichte, sondern das haben die DDR-Bonzen und Spitzel erleben müssen, als sie sich 1989 mit Kerzen und Gebeten konfrontiert fanden, gegen die ihre Spezialeinheiten nichts auszurichten vermochten.

Der große Lehrer der Kirche und Mitautor der Barmer Theologischen Erklärung, Karl Barth, empfahl, die Predigt mit der Bibel in der einen und der Zeitung in der anderen Hand vorzubereiten. Ich bemühe mich, nach diesem Grundsatz zu verfahren, und so las ich vor ein paar Tagen - die Medien sind ja derzeit voll davon - über die Vorwendezeit, in der es (vor allem in christlichen Kreisen) unüberhörbar zu rumoren begann.

Die offenkundig gefälschte - und erstmals deswegen öffentlich kritisierte - Kommunalwahl vom 7. Mai '89 stellte engagierte Menschen auf eine harte Probe: Bei der Sache bleiben und Strafverfolgung riskieren oder lieber die Klappe halten, weil derartige Proteste ohnehin noch nie zum Erfolg geführt hatten?

Wie schon in der vorherigen Diktatur versuchten die Hüter der staatlichen Ordnung, durch eine Mischung aus Zuckerbrot und Peitsche die Stimmung im Land in ihrem Sinne zu beeinflussen: Helfen Verhaftungen nicht weiter, dann kann ja immer noch verhandelt werden; und die Kirche hat sich doch noch immer auf Kompromisse eingelassen - schließlich geht es um menschliche Schicksale, da gilt es, verantwortlich zu handeln!

Aber zumindest im Hinblick auf die Strukturen der Evangelischen Kirche täuschten sich die Machthaber ganz gewaltig. Zwar gab es hier - wie überall - auch Gemeinheiten: Verrat, Schielen nach persönlichem Vorteil usw.. Aber die von den Parteifunktionären vorausgesetzte Parallelität zum eigenen Laden gab es so nicht: Die evangelischen Christenmenschen hielten sich einfach nicht an das, was mit Kirchenleitungen vereinbart worden war, sie folgten im Zweifelsfall dem Gewissen freudiger als den Vorgaben ihrer Vorgesetzten.

Darin, liebe Geschwister, *besteht die Stärke der Kirche*, zumindest in ihrer refomatorischen Ausprägung - und wenn ich das ein weiteres Mal hinzufügen darf: am aller deutlichsten aufbewahrt in der Reformierten Kirche, die nicht einmal ein Bischofsamt kennt und presbyterial-synodal - d.h. von unten nach oben - geordnet ist. Denn wie hieß es in These III? - Die Kirche hat auch durch ihre Ordnung *zu bezeugen, daß sie allein Christi Eigentum ist, allein von seinem Trost und von seiner Weisung in Erwartung seiner Erscheinung lebt und leben möchte.*

Gewiß, in der Medienwelt wirkt ein Papstauftritt in all seinem Prunk für viele beeindruckender als so eine nüchterne protestantische Zusammenkunft, und was der EKD-Ratsvorsitzende, Bischof Huber, offiziell erklärt, klingt für eine Mehrheit verbindlicher als die Meinungsäußerung eines x-beliebigen Gemeindepfarrers - ganz zu schweigen davon, daß etliche Gemeindeglieder das Gefühl haben, ihre Meinung und ihr gesunder Menschenverstand sei gar nicht mehr gefragt, und deshalb (bedauerlicherweise) längst aufgehört haben, sich überhaupt noch einzumischen.

Natürlich gibt es Leute, die etwas zu sagen haben - und zwar nicht, weil sie ein Amt bekleiden, sondern weil sie von der betreffende Sache etwas verstehen. Nur eben können das auch die oft beschworenen "Laien" sein - Menschen, die einfach aus Überzeugung und Leidenschaft in der Kirche aktiv werden und nicht - wie soll ich sagen? - "zwangsläufig", weil sie ihren Lebensunterhalt damit bestreiten.

Die verschiedenen Ämter in der Kirche begründen keine Herrschaft der einen über die anderen, sondern die Ausübung des der ganzen Gemeinde anvertrauten und befohlenen Dienstes.

Nicht, daß eine Person möglichst viele Charismen auf sich vereinigt - die sind ja ohnehin Gottes Gnadengabe, nicht verfügbar, nicht erlernbar -, sondern daß bestimmte Aufgaben in einer Gemeinde erfüllt werden, darauf kommt es an.

Inmitten einer vorwiegend lutherisch geprägten Landeskirche und umgeben von einer Mentalität, die noch immer gern nach oben schaut, zum "Herrn Pfarrer", steht die Gemeinde Schönow-Buschgraben *in guter Barmer Tradition*, wenn hier die "Freiwillig Engagierten" nicht nur eine Vielzahl von Aufgaben eigenständig wahrnehmen, sondern auch darauf achten, daß ihre Interessen gewahrt bleiben.

Ein Pfarr-Herr, der gern regiert und mithilfe seiner Fußtruppen eigene Vorstellungen umzusetzen trachtet, wäre hier nicht am rechten Platz; ein Grund mehr, weshalb wir uns glücklich schätzen können über die Wahl meines lieben Kollegen Claas Ehrhardt, der wie ich sein Amt als das eines Moderators versteht, der Ideen einbringt und aufnimmt, aber weder alles selber machen muß noch andere vorschickt, damit sie an seiner Statt tätig werden.

Die vielen Ämter der Kirche Jesu Christi - man sollte statt dessen lieber von Aufgaben sprechen, denn darum geht es im Kern - werden von uns nicht ohne Rangelei (angefangen bei der Raumvergabe)wahrgenommen, aber doch immer in dem Bewußtsein, letztlich an einem Strang zu ziehen:

Da gibt es den diakonischen Dienst, an dem wir Pfarrer einen relativ kleinen Anteil haben; aber nicht nur Frau W. nimmt jenen Dienst wahr, sondern eine ganze Reihe langjährig im Besuchsdienst Tätiger - und seit kurzem auch einige Konfirmandinnen und Konfirmanden.

Da gibt es das Amt zu predigen, das durchaus fast auschließlich von studierten Theologen wahrgenommen wird; aber zumindest gibt es seit bald zwei Jahren die gute Sitte, sich anschließend darüber auszutauschen "mit Leuten bis zum Läuten".

Da gibt es das Erfordernis, die Gemeinde zu leiten, für das wir eine vermutlich von vielen beneidete Lösung haben, indem Älteste und Pfarrer im Gemeindekirchenrat zusammenwirken und außerdem aktive Gruppenmitglieder im Gemeindebeirat über das Gemeindeleben beraten; seit kurzem installieren wir Ausschüsse, in denen GKR-Mitglieder mit interessierten Laien sich über Sachfragen beraten, um Beschlüsse gründlich vorzubereiten, die dann im Leitungsgremium nicht mehr ganze Abende in Anspruch nehmen.

Und schließlich gibt es das Lehramt, oft in eins gesetzt mit dem Predigtdienst - aber darin geht es nicht auf. In unserer Gemeinde gehört zum Beispiel die KiTa dazu, die Jugendarbeit und selbstverständlich der Biblische Gesprächskreis, der zwar von einem Pfarrer geleitet wird, aber eben nicht von einem aus der Gemeinde, sondern einem lieben Gast, der sich hier aus Freude einbringt.

Viele Gaben, viele Aufgaben, ein Dienst, ein Ziel. Zumindest auf der Gemeindeebene - wenigstens können wir das für unsere Gemeinde sagen - funktioniert das ohne Eitelkeit und Eifersüchteleien..

Belassen wir es bei dieser Feststellung und freuen wir uns darüber!

PREDIGTREIHE "75 JAHRE BARMER THEOLOGISCHE ERKLÄRUNG", 17.5.2009, EV. KIRCHE SCHÖNOW-BUSCHGRABEN, BERLIN-ZEHLENDORF

DIE LIEBE GOTTES, DIE GNADE UNSERES HERRN JESUS CHRISTUS UND DIE GEMEINSCHAFT DES HEILIGEN GEISTES SEI MIT UNS ALLEN! AMEN.

Liebe Schwestern und Brüder, wir leben weder in einer THEOKRATIE noch in einer MONARCHIE - wie das die Bewohner des sogenannten "Fürstentums Germania" in der Prignitz von sich behaupten -; wir leben in einer Demokratie - Gott sei Dank!

Und dennoch sei die Frage nicht nur gestattet, sondern bitte auch ernst genommen: Soll man - oder soll man besser nicht: dem Kaiser Steuern zahlen?

Die meisten von Ihnen werden wohl der Ansicht sein, diese Frage sei hinreichend geklärt durch Jesu abschließendes Votum: *Gebt dem Kaiser, was des Kaisers ist, und Gott, was Gottes ist!*

Aber so einfach ist das meines Erachtens nicht, und zwar nicht in erster Linie, weil wir in einem anderen Staatsgebilde leben als die Menschen im Römischen Reich. Vielmehr ist das Verhältnis Glaube ↔ Politik / Religion ↔ Macht / Gott ↔ Regierung / Kirche ↔ Staat vielschichtiger und die als Beleg für christliche Staatstreue bemühte Geschichte mehrdeutiger, als es auf den ersten Blick erscheint.

Immerhin wird unser Augenmerk darauf gelenkt, daß die vorgeblichen Gerechten Jesus eine Falle stellen wollten, als sie ihn nach der Steuerpflicht befragten, und Jesus reagierte zunächst, wie man das von einem rigorosen Rom-Gegner erwarten durfte: Er fragte nach, *wessen Bild* denn die Münze trage (,die er selbst wohlbemerkt nicht bei sich hatte, seine Widersacher hingegen sehr wohl). Ein Bild, ein GÖTZENBILD wie das des als Gott verehrten Kaisers in Rom, ist natürlich religiöser Frevel, indiskutabel für einen frommen Juden. Das Ebenbild Gottes freilich ist der Mensch; so steht es geschrieben ganz am Anfang der Schrift. Wer also 1 + 1 zusammenzählen kann, schlußfolgert aus Jesu vermeintlich staatstragender Antwort: Der Kaiser möge die Kultgegenstände seiner heidnischen Religion für sich behalten, aber Gott hat Anspruch auf alles, dem sein Bild aufgeprägt ist - kein Mensch, der davon ausgenommen wäre!

Diese Interpretation hätte 1934 sicher weniger zu überzeugen vermocht, als das heute der Fall ist, da immerhin befreiungstheologische Impulse längst zum theologischen Diskurs gehören.

Die Barmer Synodalen haben sich damals in sechs Thesen vom Grundsätzlichen, dem Bezug auf Gottes Wort, über die Wesensbestimmung der Kirche hin zu der Frage bewegt, die überhaupt jene denkwürdige Versammlung überhaupt erst notwendig gemacht hatte, nämlich: "Wie hältst du's, Kirche, mit dem Dritten Reich?" Da gab es ja durchaus nicht nur glühende Gegner des Nationalsozialismus, da gab es ebenso auch Sympathisanten eines kraftvoll auftretenden neuen Deutschland, daneben Kaisertreue und nur vereinzelt auch ein paar demokratisch Gesonnene.

In These V wird eine Verhältnisbestimmung vorgenommen, die derjenigen entgegensteht, die seitens der Deutschen Christen und des offiziellen deutschen Kirchentums propagiert und praktiziert wurde:

Fürchtet Gott, ehrt den König. (1.Petr 2_{17})

Die Schrift sagt uns, daß der Staat nach göttlicher Anordnung die Aufgabe hat, in der noch nicht erlösten Welt, in der auch die Kirche steht, nach dem Maß menschlicher Einsicht und menschlichen Vermögens unter Androhung und Ausübung von Gewalt für Recht und Frieden zu sorgen. Die Kirche erkennt in Dank und Ehrfurcht gegen Gott die Wohltat dieser seiner Anordnung an. Sie erinnert an Gottes Reich, an Gottes Gebot und Gerechtigkeit und damit an die Verantwortung der Regierenden und Regierten. Sie vertraut und gehorcht der Kraft des Wortes, durch das Gott alle Dinge trägt.

Wir verwerfen die falsche Lehre, als solle und könne der Staat über seinen besonderen Auftrag hinaus die einzige und totale Ordnung menschlichen Lebens werden und also auch die Bestimmung der Kirche erfüllen. Wir verwerfen die falsche Lehre, als solle und könne sich die Kirche über ihren besonderen Auftrag hinaus staatliche Art, staatliche Aufgaben und staatliche Würde aneignen und damit selbst zu einem Organ des Staates werden.

Auch wenn diese Schlacht geschlagen - und verloren - ist, liebe Gemeinde: Ethik ohne Alternative ist für mich *heute* ein solcher Fall unerlaubter Grenzüberschreitung durch den Staat, der sich damit anmaßt, weltanschauliche Orientierung über Religionsgrenzen hinweg vermitteln zu können und zu dürfen (was beides nicht zutrifft) oder aber, indem er vorgibt zu moderieren und Fundamentalismus vorzubeugen, dreist Früchte einbringen will, wo nicht er, sondern andere, nämlich die Religionsgemeinschaften, gesät haben, indem sie den Grundschülern Basiswissen vermittelten über das, was ihnen Halt gibt im Leben und im Sterben.

Wenngleich insbesondere die Politik des Berliner Senats in meinen Augen deutlich kirchenfeindliche Züge trägt - ich nenne als weiteres Beispiel die systematische Aushöhlung des Sonntagsschutzes -, bleiben derartige Übergriffe hierzulande gottlob die Ausnahme. Und die auf Zermürbung zielende Konfrontationsstrategie der DDR haben wir schon oft genug ins Visier genommen, deshalb möchte ich darauf nicht noch einmal zu sprechen kommen.

Da wir in einem demokratischen Rechtsstaat leben, mag die von lutherischen Theologen immer wieder in ihrer Bedeutung unterstrichene Lehre von den zwei "Regimenten" Gottes zur Erklärung seines Waltens auf Erden taugen, deren Spuren sich in These V finden, wenn von Androhung und Ausübung von Gewalt als Mittel staatlichen Handelns in der noch nicht erlösten Welt, in der auch die Kirche steht die Rede ist; zur Zeit des Naziregimes war jene Aufteilung zwischen "geistlichen" und "weltlichen" Aufgaben jedoch außer Kraft gesetzt worden.

Nicht nur die Spielregeln des demokratischen Staatswesens wurden wenige Wochen nach dem Regierungsantritt Hitlers durch das sogenannte "Ermächtigungsgesetz" ausgehebelt, umgehend wurden Parteien und Gewerkschaften verboten, Vereine und Verbände "gleichgeschaltet", d.h. ihrer Eigenständigkeit beraubt und den Strukturen des faschistischen Staates angepaßt.

Davon blieb auch die Kirche nicht verschont. Während die Katholische Kirche - in dem Bemühe zu retten, was noch zu retten war - einen durchaus fragwürdigen Staatskirchenvertrag (Konkordat) abschloß, bedienten sich die Nazis innerhalb der Evangelischen Kirche der Möglichkeit, per Mehrheitsbeschluß Form und Inhalt zu verändern, bis nur noch die äußere Hülle übrig war, von christlicher Verkündigung aber nicht mehr gesprochen werden kann. Die Kirche war eine - teils willige - Erfüllungsgehilfin des Machtwillens der Nazis.

Aber eben auch nicht alle. Ein Dietrich Bonhoeffer formulierte bereits 1933: “Der Staat, der die christliche Verkündigung gefährdet, verneint sich selbst.” Und er leitet daraus drei mögliche Konsequenzen ab, die die Kirche zu ziehen habe: “Erstens ..... die an den Staat gerichtete Frage nach dem legitim staatlichen Charakter seines Handelns, d.h. die Verantwortlichmachung des Staates. Zweitens der Dienst an den Opfern des Staatshandelns. (.....) Die dritte Möglichkeit besteht darin, nicht nur die Opfer unter dem Rad zu verbinden, sondern dem Rad selbst in die Speichen zu fallen.”

So weit mochten die in Barmen Versammelten denn doch nicht gehen: Unmittelbar politisches Handeln kam für sie nicht infrage.

Aber, was wir heute als selbstverständliche Aufgabe kirchlichen Handelns zu sehen gelernt haben - damals war es durchaus innovativ: Die Kirche ermahnt sich selbst, das ihr aufgetragene Wächteramt ernstzunehmen, dem Staat ein zwar loyaler, aber auch kritischer Gesprächspartner zu sein.

Freilich blieben die evangelischen Christen mehrheitlich hinter diesem Anspruch zurück, und auch die Bekennende Kirche konnte sich nicht dazu durchringen, ein deutliches Wort für die bedrängten und verfolgten Juden zu sagen.

BARMEN immerhin begrenzt den Anspruch des Staates auf christlichen Gehorsam, indem Kriterien staatlichen Handelns benannt werden, die erfüllt sein müssen. Seine Aufgabe wird darin gesehen, nach dem Maß menschlicher Einsicht und menschlichen Vermögens für Recht und Frieden zu sorgen. Der Staat kann und darf nicht alle Bereiche des gesellschaftlichen Lebens nach seinen Vorstellungen ordnen; tut er es doch, überschreitet er seine Kompetenzen - und Widerworte, wenn nicht gar Widerstand ist christlicherseits gefragt.

Umgekehrt hat die Kirche sich damit zufrieden zu geben, an Gottes Reich, an Gottes Gebot und Gerechtigkeit und damit an die Verantwortung der Regierenden und Regierten zu erinnern, statt daß sie etwa selbst quasi-staatliche Strukturen herausbildet oder entsprechende Institutionen schafft. Weder “Staat im Staate” noch Erfüllungsgehilfe staatlicher Politik kann und darf die Kirche sein, sondern schlicht und ergreifend Kirche Jesu Christi, d.h. Gemeinschaft der Heiligen, Bewahrerin der Verheißungen Gottes und Mahnerin zu einem Leben, das an Gottes Geboten orientiert ist.

Hier gibt es nun unendlich viele Anknüpfungspunkte an Barmen, und ich muß mich auf ein Minimum beschränken: Das Belhar-Bekenntnis der Uniting Reformed Church of Southern Africa ist eben deshalb in diesen Gottesdienst eingeflossen, weil es erkennbar nach Form und Inhalt in der Barmer Tradition steht und ein Beispiel für die ökumenische Dimension dieses theologischen Dokuments ist: Auch hier werden Kirche und Staat (resp. Gesellschaft) auf ihre jeweiligen Aufgaben und deren Grenzen hingewiesen.

Aber auch hier und heute hat die Kirche jene in der fünften Barmer These angesprochene Aufgabe wahrzunehmen, denn noch immer gibt es politische Entscheidungen, bei denen es um Leben und Tod geht. Ich nenne Genforschung und Sterbehilfe, Waffenexporte und Bundeswehreinsätze, Klimaschutz und weltweite Ressourcenverteilung.

Wenn in dieser Woche in Bremen der 32. Deutsche Evangelische Kirchentag gefeiert wird, dann geht es - wie das ja gute Tradition ist - abermals um eine evangelische Positionsbestimmung, um eine - wie es im Jargon heißt - christliche Zeitansage. “Was hat die

Stunde geschlagen?" in Punkto Rettung der Schöpfung, im Hinblick auf Menschenrechte, in bezug auf Krieg und Frieden - und nicht zuletzt: Wie gehen wir verantwortlich nicht nur mit den Folgen, sondern auch und ganz besonders mit den Ursachen der Weltfinanzkrise um?

Manche meinen, Kirche ginge all dies nichts an.

Auch wenn der Bezugsrahmen damals deutlich kleiner war: Die Synodalen in Barmen sahen das ganz anders. Ohne selbst Machtmittel zu haben oder diese auch nur anzustreben, legten sie den Finger in die Wunde - und eben dies ist es, das wir als Barmer Erbe schätzen und bewahren sollten in den ethischen Auseinandersetzungen unserer Tage!

Gottesdienst zur Amtseinführung in der Ev. Paulus-Kirchengemeinde Tempelhof, 18.3.2012, Kirche auf dem Tempelhofer Feld

Gnade sei mit euch und Friede von Gott, unserm Vater, und des Herrn Jesus Christus! AMEN.

Liebe Gemeinde, liebe Gäste:

Gott sei Dank leben wir in einem freien Land!

An diesem symbolträchtigen 18. März, 22 Jahre nach der ersten und einzigen demokratischen Volkskammerwahl, bekommt das vereinigte Deutschland einen Präsidenten, der trotz manch anstößiger Äußerung zum Afghanistankrieg oder zur Integration von Migrantinnen und Migranten parteiübergreifend Zustimmung für sein Lebensthema erhält: Freiheit in Verantwortung.

Wie weit kann man seiner Verantwortung noch gerecht werden, wenn man der Freiheit beraubt ist? Heute sind es zum Beispiel die Christenmenschen in Syrien, die sich einer Todesgefahr aussetzen, wenn sie sich zur Situation in ihrem Land kritisch zu Wort melden.

Und wieviel Freiheit bleibt einem, wenn man sich müht, seiner Verantwortung nachzukommen? Nach dem "Arabischen Frühling" in Ägypten kennt die politische Szene dort plötzlich nur noch Muslime, obwohl doch 10% der Bevölkerung koptische Christen sind.

Freiheit in Verantwortung - Der Apostel Paulus war genötigt, sich mit dieser Frage auseinanderzusetzen. Auch er lebte unter politischen Verhältnissen, in denen die Freiheit der Rede beschränkt war; und wer sich dem widersetzte, riskierte drakonische Strafen. Die Staatsmacht fackelte nicht lange, einen Unruhestifter ans Kreuz zu bringen - es sei denn, er besaß das Römische Bürgerrecht.

Paulus berief sich auf eben dieses Privileg - nicht um der Freiheit willen, denn dann hätte er mit seiner Missionsarbeit aufhören müssen, sondern im Gegenteil: um seine Verantwortung für das Verkündigungswerk wahrzunehmen; dafür war er auch bereit, Gefangenschaft in Kauf zu nehmen.

Wir sollten uns dies Haft eher als eine Art "Hausarrest" vorstellen auf dem weitläufigen Gelände des Prätoriums - wobei die Forscher nicht eindeutig klären können, ob der Brief, den der Apostel an die Gemeinde in Philippi geschrieben hat - wir werden gleich einen Blick darein werfen - in Ephesus verfaßt wurde oder in Cäsarea Philippi, wo er immerhin zwei Jahre ausharren mußte.

Die Verse 15-21 des ersten Kapitels, zur Auslegung am heutigen Sonntag "Lätare" empfohlen, verstehen sich vor dem Hintergrund dieser Gefangenschaft. Sie sind an eine Gemeinde gerichtet, zu der Paulus offenbar in besonders inniger Beziehung steht: Nirgends sonst findet man so viel Persönliches und derart emotional gefärbte Aussagen.

Philippi, eine römische Mustersiedlung, in der Veteranen nicht nur ihr Gnadenbrot verzehren, sondern ganz nebenbei in ihrem Ruhestand einen Job zu erfüllen haben als Garanten der "Pax Romana" - dieses Philippi liegt dem Apostel besonders am Herzen.

Denn hier, wo es noch nicht einmal eine Synagoge gibt, soll sich erweisen, wie das im Messias erneuerte Judentum sich als Gottes Volk aus Christen und Heiden in der Welt bewährt - ein Unterfangen, das schon deshalb überaus ambitioniert ist, weil der Rabbi Scha'ul alias Paulus der einzige Mensch ist, der überhaupt jüdische Wurzeln hat.

Während sein Mitarbeiter Timotheus - zu Deutsch in etwa: Fürchtegott - ein Beschnittener ist, obwohl seine Eltern heidnischer Herkunft waren, findet sich sonst in der EKKLESIA - der "Bürgerversammlung Gottes" oder, wie Paulus hier auch häufig sagt: *unter den Heiligen* (jenen Menschen also, die bewußt im Einklang mit Gottes Wort und Willen leben) - niemand, der Christ geworden ist, indem er vor dem Hintergrund der Überlieferung der Väter und Mütter sich taufen ließ.

Nun wird es Zeit, sich unsere Perikope anzusehen:

15 Einige, die sich jetzt der Christusverkündigung widmen, tun das aus Neid und Streitsucht, andere aber
in guter Absicht. 16 Die einen tun es aus Liebe, weil sie wissen, daß ich zur Verteidigung der guten
Botschaft hier liege, 17 die anderen verkündigen Christus aus Ehrgeiz, nicht ohne Hintergedanken, denn sie
meinen, mir in meiner Gefangenschaft zusätzlich das Herz schwer machen zu können. 18 Aber was tut das
schon? Jedenfalls wird in jeder Weise, unter einem Vorwand oder aus ehrlichem Herzen, Christus
gepredigt. Darüber freue ich mich und werde mich auch in Zukunft darüber freuen. 19 Denn ich weiß, daß
mir das alles, was ich jetzt erleide, *zum Heil dienen wird* durch eurer Gebet und die Unterstützung der
Geistkraft Jesu Christi.

20 So harre ich aus und hoffe, daß meine Erwartungen nicht zerschlagen werden, sondern daß – wie bisher
so auch jetzt – in aller Öffentlichkeit an meiner Person Christus in seiner Größe sichtbar wird, sei es durch
mein Leben oder durch meinen Tod. 21 Für mich nämlich bedeutet Christus das Leben und Sterben
bedeutet Gewinn.

Lieber Bruder Paulus!

Ich habe mich entschlossen, dir einen Brief zu schreiben, der ebenso wie deine zahlreichen Briefe auch vor die Ohren anderer gelangen mag.

Wie du vermutlich weißt, sind deine Worte unter uns Christenmenschen durch die Jahrhunderte hindurch und bis ans Ende der Welt diskutiert worden, als befänden wir uns in einem jüdischen Lehrhaus.

Zwar gibt es in Rom eine Instanz, die eine offizielle Interpretation der kanonischen Schriften vorschreibt, und bei den Kirchen der Reformation herrscht die Meinung der Mehrheit, aber immer wieder fragen sich einzelne und Gruppen - nicht nur die ordinierten Theologinnen und Theologen -, was es mit dieser oder jener deiner Ausführungen auf sich hat. Das ist - aus meiner Sicht - ein spannender und allem Anschein nach unerschöpflicher Diskussionsprozeß.

Nehmen wir zum Beispiel den letzten Vers des eben gehörten Briefabschnittes: Man mag das relativieren und sagen: *Was dem Paulus Gewinn oder Verlust ist, muß noch lange nicht für alle Christenmenschen gelten.* Aber deine starken Formulierungen haben nun mal eine prägende Kraft, und so bekommen gewisse Aussagen bald normatives Gewicht. Und dann folgt für etliche aus deinem Zeugnis, Christus bedeutet das Leben und Sterben bedeutet Gewinn, daß es "christlicher" sei, sich nach dem Tod zu sehnen als am Leben zu hängen.

Ich bekomme das, ehrlich gesagt, nicht in Einklang mit den zahlreichen lebensbejahenden Aussagen der Heiligen Schrift. Mir scheint diese deine Bekundung eher auf einen Zwiespalt zu deuten zwischen einer Mattigkeit, wie wir sie vom Propheten Elia kennen, der sich hinlegte und nur noch sterben wollte, und dem Bewußtsein, daß deine Mission noch nicht erfüllt und also die Zeit auszuruhen noch nicht gekommen ist.

So verstanden, wäre Sterben noch immer ein Gewinn, weil wir dann bei Christus sind, der das Leben ist - ein Gewinn jedoch, den es erst noch zu erlangen gilt, wenn unser Werk getan ist, die Frohe Botschaft von der Liebe Gottes in Christus Jesus zu verkündigen.

Mit Ehrfurcht blicken wir auf deine Biographie: deine Konsequenz im Dienst ohne Furcht vor Unannehmlichkeiten aller Art, aber auch die radikale Neuausrichtung nach der Berufung, die dir in Damaskus zuteil wurde.

Wir sind - gottlob - nicht ständig mit Anfeindungen konfrontiert, die sich zuweilen gewaltsam entladen, sehen aber - mitunter ohnmächtig und ratlos -, daß es auch in unserer Zeit mutige Bekenner gibt, die ihr christliches Zeugnis im Angesicht des Todes leben.

Doch ich möchte nun zum Anfang jenes winzigen Ausschnittes deines Briefes kommen, den wir heute betrachten: Du erwähnst Menschen, die aus unlauteren Motiven heraus predigen, und befremdlicherweise heißt du diese Praxis gut.

Erst der Vergleich mit anderen Briefen, in denen du durchaus harsche Kritik äußerst an falscher Lehre und heuchlerischen Boten, hilft mir zu unterscheiden zwischen Grundsätzlichem und einer situationsbedingten Aussage.

Wenn ich recht verstehe, würdest du heute ebenso wie wir Anstoß nehmen etwa an Fernsehpredigern, die weniger darauf aus sind, Gottes Wort zu verbreiten, als sich selbst Einfluß und Einkommen zu sichern, wobei sie oft genug - gelinde gesagt: - fahrlässig mit der Heiligen Schrift hantieren.

Und bei allem Verständnis, das du den sogenannten "Schwachen" im Glauben entgegenbringst, wo es beispielsweise um Speisefragen geht, wehrst du doch in aller Entschiedenheit die Ansprüche jener ab, die fordern, ein Christenmensch müsse zuvor beschnitten, müsse zuerst Jude werden, ehe er den Messias Israels als seinen Retter annehmen kann.

Man läge also gewiß ganz daneben, wenn man sich auf dich berufen wollte, um Werte in Frage zu stellen - obwohl wir durchaus manchmal unsere Schwierigkeiten haben, aus deinen Worten Wegweisung für uns zu gewinnen: immer dann nämlich, wenn schwer zu erkennen ist, ob eine ethische Position **ohne wenn und aber** gilt oder - wie etwa in der Sklavenfrage - vor dem Hintergrund deiner Lebensumstände zu verstehen und nicht auf unsere Zeit übertragbar ist, da wir - leider Gottes - noch immer mit Menschenhandel zu kämpfen haben.

Einerseits gibt es noch immer Kirchen, die unter Berufung auf deinen ersten Brief an die Korinther Frauen verbieten, öffentlich das Wort zu verkündigen; andererseits gibt es aber auch christliche Gemeinschaften, die sich von einer sklavischen Wortbindung befreit haben und im Geiste der Liebe gleichgeschlechtlichen Paaren dasselbe Recht zugestehen, in Freiheit und Verantwortung zusammenzuleben, wie sie das auch heterosexuellen Lebensgemeinschaften zubilligen.

Aber ich schweife ab. Bleiben wir bei dem Geschehen am Ort deines Arrestes!

Im Prätorium muß es ja, deinen Worten zufolge, hoch her gegangen sein!

Vielleicht liege ich nicht ganz daneben, wenn mir als Vergleich dazu eine provokante Pressekampagne einfällt, bei der Grenzen - zum Beispiel des guten Geschmacks und der fairen Auseinandersetzung - verletzt werden; wo man aber am Ende doch froh ist, daß über Gott und Glaube überhaupt noch gesprochen wird jenseits der Kirchenmauern, außerhalb des durch die christliche Tradition geschützten Bereiches.

Bei den Menschen, die sich im Rahmen der verfaßten Kirche in irgendeiner Weise am Dienst der Verkündigung beteiligen, setze ich voraus, daß sie dies nach bestem Wissen und Gewissen tun.

In unserer nach dir benannten Gemeinde gibt es - zu meiner großen Freude - eine ganze Reihe von Leuten, die Verantwortung für Gottesdienst und Predigt übernehmen. Jede und jeder von ihnen, von uns, hat seine oder ihre Stärken und Schwächen. Mitunter ist es ein wenig mühsam, sich auf gemeinsame Regeln zu verständigen, und manchmal gibt es Unverständnis und Ärger über die Eigenarten anderer.

Deinem Votum gemäß soll das niemanden bekümmern. Ich bewundere dein Vertrauen in die Wirkkraft des Heiligen Geistes, lieber Bruder, denn nur mit solchem Vertrauen ist es möglich, in aller Gelassenheit seinen eigenen Beitrag zu leisten, neben den der übrigen zu stellen und es dann Gott zu überlassen, daraus das Beste zu machen.

Das zu tun will ich mich bemühen. Und ich hoffe, daß sich die Geschwister im Verkündigungsdienst, aber auch die hörende und nachfragende Gemeinde darauf einläßt und wir einander durch Zuspruch und konstruktive Kritik bestärken.

Wer wüßte besser als du, lieber Paulus, daß man dabei auf Grenzen stößt, daß man Fehler macht, sich in Fettnäpfchen begibt?

Aber das darf einen nicht lähmen. Wir leben aus der Gnade Gottes, und sehr zu recht sagen wir: "Pecca fortiter - auf Berlinerisch: Wer wat macht, macht ooch wat vakehrt."

Ich sehe eher auf der anderen Seite eine Gefahr, eine Versuchung: Wo man viel Zustimmung findet, geht leicht kritische Distanz verloren. Eitelkeit ist eine Anfechtung für Menschen, die öffentlich wahrgenommen werden; und ich weiß, daß ich davon nicht frei bin.

Umso mehr bitte ich Gott um Demut, das ist: um den Mut zum Dienst - nicht als Knecht der Gemeinde, ebensowenig als ihr Herr, sondern an ihrer Seite, als Bruder und Begleiter, getragen vom Herrn der Kirche, Jesus Christus.

Gott befohlen, lieber Paulus - Shalom, Sha'ul!

OSTERSONNTAG (8.4.) 2012, EV. KIRCHE AUF DEM TEMPELHOFER FELD

FRIEDE SEI MIT EUCH IN DESSEN NAMEN, DER DA IST, DER DA WAR UND DER DA KOMMT! AMEN.

Schwestern und Brüder, nun ist vorbei der Passionszeit liturgisches Einerlei.

Nun freun wir uns wieder, sing'n fröhliche Lieder:
"Christus, der Herr, ist auferstanden", "er ist wahrhaftig auferstanden",
schallt es freudig und befreit durch die gesamte Christenheit.

Nun ist auch das Fasten endlich gebrochen, jetzt trinken wir wieder - nach sieben Wochen -,
erlaub'n wir uns Fernseh'n und Süßigkeit, nach langem Verzicht wurd' es ja auch mal Zeit!

Der Prediger derbe Witze macht, damit das Christenvolk herzhaft lacht.
Schon früher wußte man: Mit Zoten erreichst du bequem anständige Quoten.

Doch muß ich gestehen: mir liegt das nicht so. Drum hoffe ich, euch machen Verse froh.
Ich steig in die Bütt wie zur Faschingszeit - ihr seid, möcht' ich meinen, zum Hören bereit.

Der Text, der heut auszulegen ist, erzählt nicht direkt vom Herren Christ.
Im ersten Buch Samuel, Kapitel zwei, findet sich, was heut zu lesen sei.

Es ist ein Gebet, ein Dankeslied von Hanna, die gar nicht weiß, wie ihr geschieht:
Nach Jahren des Flehens, vergeblicher Bitten, in den' sie geweint und unendlich gelitten,
hat Gott ihr einen Sohn geschenkt, der später des Volkes Schritte lenkt:

Samuel ruft seine Mutter ihn, sie bringt ihn zum Priester Eli hin
und weiht ihren Jungen zum Gottesmann - hier fängt nun der Text ihres Lobliedes an:

In meinem Innern juble ich, denn Gott hat aufgerichtet mich,
er ist verläßlich, er ist treu gegen die Feinde täglich neu;
die frechen Pläne lasset bleiben, Gott wird sie euch gewiß austreiben.

Der Starken Waffen er zerbricht, die Schwachen fleh'n vergeblich nicht
um seinen Beistand, seinen Segen. Wer hungert, dem wird Brot gegeben,
darf feiern und auf Thronen sitzen; die Reichen jedoch müssen schwitzen,
wenn sie zu essen haben wollen. Im Haus der Kinderlosen tollen
die Sprößlinge in großer Zahl, indes bereitet große Qual
der Kinder Tod den Kinderreichen - wem soll ich dich, o Herr, vergleichen?

Du tötest und du machst lebendig, verbannst ins Totenreich, und endlich
rufst du zurück zu dir, ins Leben; verleihst auf Zeit, was du gegeben:

Wer heute arm, wird morgen reich, und umgekehrt geschieht es gleich.
Du bringst zu Fall und machst erhaben, du läßt sich deiner Güte laben
die Elenden, bringst sie zu Ehren. Und was wir unsre Kinder lehren,
ist, daß du bist der Herr der Welt, du hast sie in das All gestellt
und schützt und leitest, die dir vertrauen, doch deinen Feinden bereitest du Grauen.

In Finsternis werden alle enden, die sich von deiner Güte weg wenden,
wer mit dir streitet, wird unterge h'n, wird Donnergroll hör'n und Blitze sehn.

Du hältst Gericht, Herr, über die Erde, schickst deinen Gesalbten, damit er werde
der König, zu unsrer Rettung erkoren, zu wandeln in Kraft, ob (auch) in Schwachheit geboren.

Dies also, ihr Lieben, sind Hannas Worte, vor langer Zeit und an fernem Orte
geschrieben, gesungen, zu Gott gewandt. Was könn' sie uns sagen in *unserem* Land,
was soll'n sie bedeuten zu *heutiger* Zeit - und halten sie österlich' Botschaft bereit?

Zunächst einmal fällt uns wohl allen auf, daß dieser Lobshymne Lauf
Erinnerung weckt ans Magnifikat das damals Maria gebetet hat,
als ihr verheißen der göttliche Sohn. Da blickt sie voraus und sieht ihn schon
Mächtige stürzen von ihrem Thron.
Auch sie sieht: aus Waffen wird Schrott, und daß der Elenden Gott
sie aus dem Staub hebt der Erden, auf daß sie Geachtete werden.

Zwei Frauen am Rande der Weltgeschichte stehen mit einem Mal im Lichte
der Pläne Gottes mit seinen Leuten. Sie wissen nur vage die Zukunft zu deuten.

Sie sprechen von ihrer Hoffnung für Kleine, doch für die Mächtigen haben sie keine.
Sie sprechen von Frieden und singen von Glück, erträumen für uns jene Zeiten zurück,
als man noch lebte im Paradies, wo es sich wunderbar leben ließ:

wenn jede Frau und jeder Mann, wer Hunger hat, auch essen kann.
Vor'm Alter keiner bangen muß, mit Krieg und Gewalt ist endlich Schluß.
Das klingt nach 'ner schönen Utopie, das hören wir gern; doch glauben wir's nie!

Und hier, meine Lieben, kommt es, glaub' ich, zum Schwur:
ist es ein Lippenbekenntnis denn nur,
das wir am Sonntag von uns geben, ohne zu tragen durch unser Leben?

Ihr sagt feierlich: Auferstanden ist aus seinem Grabe Jesus Christ,
und daß man, wo die Toten sind, ihn, den Lebendigen, nicht find't:

Das klingt phantastisch, das räume ich ein, doch es verhallt, bleiben's Worte allein!
Darf ich dran erinnern, falls ihr es vergessen, woran der Messias sein wollte gemessen,
als Johannes ihm seine Jünger sandte und er sich an sie mit folgendem wandte:

Hört her, schaut hin und eilig geht dem Meister sagen, was ihr seht:
Blinde sehen, Lahme gehen,
wer Aussatz hatte, wurde rein, wer tot war, wird lebendig sein;
und selig ist, wer nicht verzagt ob dem, was ich zuletzt gesagt:
Die Armen freu'n sich der frohen Kunde, daß Gott mit ihnen ist im Bunde.

Was folgt daraus, Brüder und Schwestern? Die Botschaft ist doch nicht von gestern
und Auferstehung nicht historisch zu versteh'n, nicht allegorisch,
als hätt' das nichts mit uns zu schaffen, und wir steh'n nur dabei und gaffen...

Daß Tod und Trauer sei begraben, Gewalt und Elend ebenso,
das mögen wir begriffen haben, die Friedensbotschaft mache uns froh.
Das ist der Osterbotschaft Kern, und wirkt sich's aus in unserm Leben,
dann dienen wir dem Nächsten gern und teilen, was uns Gott gegeben
an Kraft, an Hoffnung, Energie.

Und neue Lieder singen wir in lebensfroher Harmonie.
Befreit vom Stein, der einst dafür, wie Jesu Gruft
ist neues Leben uns geschenkt, und der uns ruft,
gewiß auch unsre Schritte lenkt
vom Grabe weg ins neue Sein, wo alle Furcht Vergangenheit
und Gegenwart der Liebe Schein - und vor dir liegt die Ewigkeit.

Das heißt: Ins Leben auferstehen, das heißt: auf Gottes Wort vertraun.
Gott hat erhört der Menschen Flehen, will mit uns seine Zukunft bau'n.

Doch geht es nicht ums Hören bloß, bekenn' nicht mit der Zung' allein!
Das Himmelreich fällt nicht in' Schoß, es muß bezeugt, errungen sein.

Verkündet laut, daß jeder höre: Der Herr ist auferstanden heute.
Daß man die Schlafenden aufstöre, auf daß auch sie aufsteh'n, die Leute,
die lebendig tot, denn daß sie **leben**, das will Gott.

Wenn andern du die Botschaft sagst, wenn diesen Schritt zu tun du wagst,
dann **bist** du ja schon aufgewacht, weil jemand dir die Kunde bracht,
daß Gott es dabei nicht beläßt, daß Jesus seine Gruft verläßt.

Der Herr macht' Ende zum Beginn: der Tod vom Leben ist verschlungen.
Er zieht uns alle zu sich hin, ihm sei ohn' Ende Lob gesungen!

Lasset uns preisen den hohen Namen
des, der uns gerettet vom Tode! AMEN.

Printed by Books on Demand GmbH, Norderstedt / Germany